市县法治建设案例选编

中央全面依法治国委员会办公室 编

中国法治出版社

编写说明

党的十八大以来，以习近平同志为核心的党中央高度重视基层法治建设。习近平总书记指出，"全面推进依法治国，推进国家治理体系和治理能力现代化，工作的基础在基层"，强调要"更加注重系统观念、法治思维、强基导向"，"更加重视基层基础工作，充分发挥共建共治共享在基层的作用，推进市域社会治理现代化"，为基层法治建设指明了前进方向，提供了根本遵循。2022年5月，中央全面依法治国委员会印发《关于进一步加强市县法治建设的意见》（以下简称《意见》）。《意见》深入贯彻落实习近平总书记重要指示精神，坚持问题导向、目标导向，聚焦基层法治建设薄弱环节，对加强市县法治建设的目标要求、任务举措、组织保障等作出系统谋划。《意见》印发以来，各地认真落实《意见》要求，紧紧围绕推进基层治理体系和治理能力现代化的目标任务，从立法、执法、司法、守法普法各个环节深化市县法治建设工作实践，积极探索创新基层法治建设的路径、载体、平台、抓手，促进市县法治工作能力和保障水平不断提升，形成了一批好经验好做法。

为深入贯彻落实党的二十大和二十届二中、三中全会精神，贯彻落实习近平法治思想，挖掘总结、推广交流各地市县法治建设的生动实践和特色亮点，中央依法治国办秘书局组织各省、自治区、直辖市党委全面依法治省（区、市）委员会办公室开展了市县法治建设典型案例选编工作。各地共报送案例422个，经过梳理初审、部门评审、研究复审，选取115个案例集结成册，作为典型案例编辑出版。这些案例紧扣《意见》部署要求，聚焦服务大局、法治为民、改革创新，涵盖地市、县区、乡镇（街道）、村（社区）等层级，从完善党领导市县法治建设的制度机制、服务高质量发展、服务保障和改善民生、加强地方立法和规范性文件制定工作、推进市县法治政府建设、推进市县公正司法、深化基层普法和依法治理、强化市县法治建设基础保障8个方面，提炼总结基层法治建设有实效、可复制、能推广的举措办法，为各地推进基层法治建设提供有益借鉴，对于示范带动市县法治建设整体提质增效具有积极意义。希望各地认真学习，从典型案例中汲取经验、把握规律，进一步推进习近平法治思想学习宣传贯彻在基层走深走实，结合本地实际进一步深化市县法治建设实践，切实解决人民群众反映强烈的基层法治建设突出问题，切实提升市县法治工作能力和保障水平，打通党中央关于全面依法治国决策部署在基层落实的"最后一公里"。

目 录

第一编 完善党领导市县法治建设的制度机制

河北省唐县
003 立足"三个强化" 夯实基层基础 推动全面依法治县高质量发展

上海市黄浦区
006 健全法治建设领导体制与工作机制 推进基层法治建设新实践

上海市金山区
009 探索专题述法 发挥"头雁效应"

安徽省宣城市
012 建立健全工作机制 常态化开展法治领域巡察工作

山东省禹城市
015 构建"四级+多维"模式 推动领导干部述法工作走深走实

湖南省郴州市苏仙区
018 打造"1234"工作法 推进法治督察与政治巡察协作配合

湖南省娄底市
021 用好法治考核"三字诀" 激活法治建设"一盘棋"

四川省乐山市
024 坚持"三个导向" 充分发挥司法所在基层法治建设中的作用

四川省巴中市恩阳区
027 以建设法治监督中心为抓手 构建高效法治监督体系

云南省文山壮族苗族自治州
030　强化法治督察实效　奋力推进法治建设工作高质量发展

陕西省商洛市
033　建立双"126"述法点评模式　夯实推进法治建设第一责任人职责

甘肃省酒泉市
036　强化督察问效问责　促进提升法治建设水平

第二编　服务高质量发展

北京市海淀区
041　创新开展网络市场监管与服务　推进网络市场高质量发展

北京市房山区
044　构建"三协同"模式　法治护航京津冀生态文明建设

天津市宁河区
047　在法治轨道上推进七里海湿地生态保护修复

河北省唐山市
050　创新建立税费争议调解机制　精准发力提升专业化调解水平

山西省平遥县
053　多点发力　协同推进　法治服务文旅产业高质量发展

山西省忻州市
057　法治之力赋能专业镇高质量发展

吉林省四平市
060　坚持"全链条"发力　筑牢黑土地保护的法治屏障

上海市徐汇区
063　紧扣企业法治需求　数治赋能法治供给

浙江省宁波市
066　创新构建营商环境投诉监督体系　以法治力量护航民营经济健康发展

安徽省池州市
069　建设"五免之城"　打造一流法治化营商环境

福建省顺昌县
072 集聚法治力量　助力实现生态产品价值

江西省赣州市南康区
075 打造惠企兴业"法治链"　以法治之力擦亮"家具之都"金字招牌

山东省青岛市
078 深化"法智谷"建设　打造上合法务区　以"硬举措"优化营商"软环境"

横琴粤澳深度合作区
081 改革和法治"双轮驱动"　助推重大战略落地实施

重庆市涪陵区
085 法治助力榨菜产业迭代升级　让"青疙瘩"变"金疙瘩"

重庆市江北区
088 加强金融法律服务　助力防范金融风险和营商环境最优区建设

重庆市丰都县
091 法治护河　生态惠民　打造美丽河湖示范样本

四川省泸州市龙马潭区
094 紧扣服务便企主题　集聚法务政务资源　构建企业全生命周期政务服务体系

四川省宜宾市
097 汇集法治资源　打造法务中心　助力法治化营商环境建设

贵州省黔西南布依族苗族自治州
100 聚焦"治、建、立"　法治护航万峰湖生态综合整治

西藏自治区措美县
103 强化环境执法　守护碧水蓝天

陕西省西咸新区
106 聚焦知识产权全链条保护　服务秦创原高质量发展

第三编　服务保障和改善民生

内蒙古自治区库伦旗
111 打造"8分钟法律服务圈"　实现优质服务移步可至、触手可及

内蒙古自治区鄂尔多斯市康巴什区
114　"无证明城市"暖城暖企暖民心

辽宁省大连市普兰店区
117　用好"五办"工作法　清根式、穿透式解决"办证难"顽疾

辽宁省彰武县
120　以优质服务树良好窗口形象　让"办事不找关系"成常态

黑龙江省双鸭山市
123　打造政务服务新模式　提质增效优体验

山东省日照市
126　深入实施"12345+"工程　助推精准满足群众法治需求

河南省许昌市
129　打好法治组合拳　护航就业促发展

湖北省武汉市武昌区
132　公共法律服务"大篷车"　打通法治惠民"连心路"

湖北省郧西县
135　"律师乡村行"　法治惠民生

广东省东莞市
138　运用法治思维和法治方式　探索"规范治电"新路径

广西壮族自治区隆安县
141　法治护航集中安置区探索"三个一"　实现搬得出、住得稳、融得入、逐步能致富

四川省成都市成华区
144　党建引领　三治融合　四力并驱　积极探索网约房治理新路径

西藏自治区当雄县
147　优化整合法律服务　大力提升农牧民群众法治获得感

陕西省渭南市华州区
150　改革完善行政审批制度流程　跑出行政审批"加速度"

青海省格尔木市
153　打造政务"心温度"　优化服务"不止步"

宁夏回族自治区银川市金凤区
157 以法治方式打通居民小区治理堵点

第四编 加强地方立法和规范性文件制定工作

北京市顺义区
163 以"三化"建设为抓手　深入推进行政规范性文件管理工作

上海市浦东新区
166 用好立法授权　以高质量法治赋能高质量发展

江苏省昆山市
169 创新构建"365"循环工作体系　推动基层立法联系点提质增效

浙江省杭州市
172 发挥"小快灵"立法优势　精准服务保障"大民生"

安徽省合肥市
176 发挥立法引领保障作用　助推养老事业高质量发展

湖北省宜昌市
179 探索生物多样性保护区域协同地方立法

广西壮族自治区三江侗族自治县
182 以基层立法联系点促民族地区立法工作　护航县域经济社会高质量发展

宁夏回族自治区石嘴山市
185 坚持守正创新精益求精　以良法促发展保善治惠民生

第五编 推进市县法治政府建设

北京市朝阳区
191 提升行政复议质效　发挥化解行政争议主渠道作用

天津市红桥区
194 全主体全要素全流程全方位协调联动　打造"一中心"统筹推进行政争议多元解纷

山西省长子县
198　围绕"放得下、接得住、管得好"　推动乡镇综合行政执法改革提质增效

辽宁省盘锦市
201　齐抓共管　同向发力　多措并举推进行政执法与纪检监察贯通协同

浙江省衢州市衢江区
204　专设机构　多维破难　纵深推进合法性审查工作提质增效

浙江省舟山市
207　数字赋能强协同　积极探索海洋"一支队伍管执法"

湖北省黄冈市
210　推进"市长审案"　建设法治政府

湖南省湘潭县
213　建立健全"三个三"机制　推动乡镇"一支队伍管执法"落地落实

重庆市綦江区
216　构建行政执法考核评议体系　创新设立行政执法指数

贵州省毕节市
219　四个维度推动行政执法协调监督实现新突破

陕西省宁强县
222　"一二三四"工作法　赋能基层执法改革试点工作走深走实

宁夏回族自治区中卫市
226　"小试点"撬动"大改革"　行政复议体制改革蹚出新路子

第六编　推进市县公正司法

北京市密云区
231　积极构建"一体两翼多方"工作机制　高质效推动生态检察创新发展

吉林省桦甸市
234　以"检察之智"助力县域金融治理

浙江省天台县
237　创新个人债务清理机制　助力诚信债务人"东山再起"

安徽省黄山市
240 建立"520"关怀型少年审判机制　全面立体保护未成年人权益

湖北省大冶市
243 协调联动打造破产案件审理快车道

广西壮族自治区贵港市
246 以"三个注重"公正高效办理涉企案件　助推经济高质量发展

重庆市渝中区
249 运用数字监督模型治理非羁押人员监管难题

四川省仪陇县
252 大数据赋能强制报告　照亮未成年人保护"隐秘角落"

贵州省湄潭县
255 践行"两山"理念　法护黔茶产业

甘肃省张掖市甘州区
258 "种子法庭"倾心守护农业"芯片"

第七编　深化基层普法和依法治理

北京市东城区
263 坚持首善标准　提升公民法治素养

河北省阜城县
266 建设高品质"民主法治示范村"　谱写法治乡村建设新篇章

山西省古县
269 深耕乡镇法治建设沃土　助力"枫桥式"司法所建设结硕果

黑龙江省哈尔滨市呼兰区
272 坚持和发展新时代"枫桥经验"　创新打造"星网式"多元解纷新模式

上海市虹口区
275 创新实践"三所联动"机制　深化新时代"枫桥经验"都市实践

江苏省常州市武进区
278 "左邻右理"法官服务站　家门口的"矛盾终点站"

江苏省泰州市
281　推进"法治小区"建设　拓展基层依法治理新路径

福建省尤溪县
284　打造"蒲公英+朱子家训"普法模式　为基层社会治理赋能增效

福建省上杭县
287　践行"1334才溪工作法"　打造基层社会治理品牌

江西省吉安市
290　在继承中发展　在守正中创新　走好法治文化特色之路

湖北省咸宁市
293　完善多元解纷体系　提升市域社会治理水平

湖南省益阳市
296　倾力打造医疗纠纷调解"三全"模式　筑牢化解纠纷"第一道防线"

广东省广宁县
299　普法战斗"叽"奏响动漫普法新乐章

广西壮族自治区金秀瑶族自治县
302　"四用"石牌律　创新法治与民族区域自治相融合的社会治理新模式

海南省陵水黎族自治县
305　构建"大调解"格局　提升基层社会治理法治化水平

重庆市南川区
308　最差行政效能乡镇（街道）大家评　促进提升基层治理能力与治理效能

云南省景东彝族自治县
311　探索构建"六八四"工作模式　推进法治乡村建设走深走实

云南省泸水市
314　"玛腊"调解探路　创新边疆民族地区矛盾纠纷多元化解机制

陕西省安康市
317　"无忧调解超市"一站式化解矛盾纠纷

青海省互助土族自治县
320　"四注重四结合"　努力打造法治文化建设新模式

新疆维吾尔自治区和田地区

323　打造"国旗下普法"模式　推进全民守法普法工作走深走实

新疆生产建设兵团第六师五家渠市

326　打造齐抓共管"大普法"工作格局　普法依法治理迈出新步伐

新疆生产建设兵团第十四师昆玉市

329　坚持和发展新时代"枫桥经验"　打造"昆仑山下古丽花"人民调解品牌

第八编　强化市县法治建设基础保障

上海市杨浦区

335　实施法治人才"三项工程"　锻造新时代高素质法治工作队伍

江苏省仪征市

338　借智借力促进双向交流　助推法治人才队伍建设

山东省济南高新技术产业开发区

341　实施事中事后模块化智慧监管　推进新型监管机制落地见效

山东省济宁市

344　打造"三平台"数智化引擎　助推行政执法监督体系化改革

山东省泰安市

347　创新"三个一"工作模式　加快推进高素质法治人才队伍建设

河南省新乡市

350　构建"三个体系"　以"智慧法治"开启法治建设高质量发展新阶段

广东省佛山市南海区

353　打造无人机执法新模式　推进镇街综合行政执法改革

广西壮族自治区藤县

356　建立首席法律咨询专家制度　助推社会治理法治化

海南省万宁市

359　推行"审管法信"一体联动改革　提升基层依法行政效能

海南省定安县

362　全方位推进"法律明白人"培养工程　不断为法治乡村建设添动能

甘肃省天水市秦州区
365 用好"选育管用"四字诀 培养"法律明白人"队伍

新疆维吾尔自治区沙雅县
368 用好"法律明白人" 汇聚法治正能量 全面提升基层治理法治化水平

第一编

完善党领导市县法治建设的制度机制

河北省唐县

立足"三个强化" 夯实基层基础
推动全面依法治县高质量发展

河北省唐县深入学习贯彻习近平法治思想，认真落实省委全面依法治县规范化建设工作部署，扎实推进法治建设各项工作，法治化营商环境不断优化，人民群众获得感、幸福感、安全感逐年提升，为县域经济社会发展提供了有力的法治保障。

一、强化制度建设，推进法治工作规范高效运行

一是县级层面，围绕强化党委统筹，构建法治思维养成体系、法治队伍能力提升体系、规范高效推进体系、职责明确责任体系、严密有力监督体系、科学精准考核体系7个方面，建立65项制度，内容涵盖党委领导、依法决策、依法行政、公正司法、全民守法、社会治理、监督考核等各个方面。二是部门层面，县直各执法部门按照依法执政、依法行政、普法守法和内部管理4个方面，全面梳理相关工作制度并印发实施。三是乡镇层面，创新建立乡镇党委统筹推进法治建设的工作制度，制定基层法庭、公安派出所、司法所、乡镇综合执法队规范化建设制度，全面规范基层执法司法工作。

二、强化法治素养，全面提升法治工作能力水平

一是注重领导干部法治思维养成。强化学法、考法、述法三个环节，坚持县委理论学习中心组定期学法、县政府常务会会前学法，确保全县科级干部法治培训实现全覆盖，制定《唐县领导干部法治素养和法治能力测评办法》。开展年度述法评议，分期分批组织会议述法，实现党政主要负责人年度述法全覆盖，切实提升领导干部法治思维。二是注重领导班子法治人才配备。县委高度重视法治人才

的选拔任用，为县直部门、乡镇班子配齐配强法治工作力量。全县20个乡镇、55个部门配备法律专业背景和法治工作经历干部185人，配备率达到93%。三是注重法治人才引进。加大法学相关专业人员公务员招录、事业岗位聘用比例，近两年共招录法学相关专业人员68人，有效解决了法治工作队伍人员短缺问题。加强与高校的合作，签订法治建设合作协议，从法学院校聘请2名教授为"候鸟型"专家，助力提升全面依法治县工作水平。四是加强乡镇法治队伍建设。全县7个基层法庭、19个公安派出所、20个乡镇司法所，全部按照标准配齐配强力量。全县拿出265个编制充实到乡镇综合执法队，明确1名党政班子成员兼任乡镇综合执法队第一队长，有效提升乡镇综合执法水平。

三、强化末端落实，确保依法治县重点任务落地见效

一是建立职责清单。实行县乡村法治建设清单制度，建立党政主要负责人法治建设职责清单、法治建设年度重点任务清单、村党支部书记法治建设职责清单，全面压实各方责任，确保各项工作始终有人抓、有人管。二是强化法治督察。制定实施《唐县全面依法治县法治督察制度》，将法治督察纳入县委、县政府重点督察计划，建立法治督察与纪检监察协作配合机制，重点围绕法治建设第一责任人职责落实、优化法治化营商环境、道路交通安全和运输执法领域等方面开展专项法治督察，先后制发提示函、督办函18件，推动解决法治建设突出问题。三是强化考核评价。将法治建设纳入党政领导班子和领导干部年度综合考核内容，在乡镇、县直部门考核分值中分别占比5%和4%。同时定期组织群众满意度测评，委托专门机构对重点法治工作部门和乡镇法治建设情况进行评价，紧盯群众需求及时改进工作。

经验启示

党的领导是根本。 推动县域法治建设高质量发展，关键在于落实党委主体责任，发挥党委领导作用，以此抓纲带目，激活法治建设工作全局。**制度机制是基础。** 加强法治建设，离不开制度机制的有力支撑，必须织密县乡各层级各领域全面依法治县制度机制网络，确保各项工作在制度框架下高效运行。**队伍建设是保障。** 法治工作队伍是推进全面依法治县的主力军，提升队伍能力和素养

是推进法治建设高质量发展的重要保障,必须打造革命化、正规化、专业化、职业化的法治工作队伍,更好适应法治建设新形势新任务新要求。**末端落实是关键**。法治建设是一项系统工程,涉及方方面面,必须压实各方责任,狠抓末端落实,才能确保全面依法治国决策部署真正落地落实。

上海市黄浦区

健全法治建设领导体制与工作机制
推进基层法治建设新实践

上海市黄浦区深入学习贯彻习近平法治思想,多维度健全基层法治建设领导体制与工作机制,在区委领导下,全区协同推进法治建设,不断将体制机制的完善与创新转化为基层法治建设的持久动力。

一、以法治黄浦建设为主线,不断完善全面依法治区领导体制

一是纲举目张,构建一体推进法治建设格局。制定全面依法治区"十四五"规划和"三年行动计划",建设完成党委统筹领导、系统垂直推进、部门各司其职、全社会共同参与的工作架构。制定区委依法治区领导体制运行的"一规则两细则",健全重要法治情况报告、重要法治工作事项审批备案、法治考核和评估等九项制度,统筹全面依法治区具体工作。二是秉要执本,深化专题述法制度。区委、区政府领导在区委常委会、区政府常务会上带头述法,带动实现全区党政部门一把手专题述法全覆盖。创新探索分级述法,街道其他负责人、综合执法队队长开展述法,鼓励社区居委会等基层自治组织参照执行。三是督办有力,建立系统高效闭环法治督察机制。将法治建设责任制纳入区委"四个责任制"(管党治党、基层党建、意识形态、法治建设)同步部署、同步考核、同步检查。法治考核体系纳入区委、区政府绩效考核,占比率提升至5%。开展专项法治督察,建立"部署—督察—反馈—整改—考评"法治督察闭环机制,建立本区巡察监督与法治督察协同配合机制。

二、以法治政府建设为突破口,不断完善基层行政权力运行机制

一是广聚共识,提升行政决策水平。实行重大行政决策事项目录管理和动态

调整，挂牌重大行政决策联系点，拓宽群众参与渠道。健全街道、居委会法律顾问制度，开展履职评估调研，提升法律顾问履职能力。全面落实司法所长列席街道办事处主任办公会议制度，规范街道行政权力运行边界，确保法治思维贯穿行政决策全过程。二是健全机制，规范综合行政执法。推动全区各街道建立综合行政执法队伍，设立执法监督协调小组，推动街道更高质量承接市级"赋权清单"。建立司法所新收法制审核案件"首案必报"制度，即上报区层面，由区司法局会同职能部门指导司法所开展法制审核。推广五里桥街道法制审核指南，从司法所重大法核、综合执法队法制审核、街道领导审查三个方面强化指导。三是拓宽渠道，强化行政权力监督。开设行政复议线上申请通道，各街道设立行政复议基层咨询收件受理服务点，在基层一线开展行政纠纷实质性化解工作。区行政检察监督办公室主动履职，拓展依法监督、类案调研、社会治理功能，2023年参与案件68件，制发行政合规和社会治理等领域文书33件，开展专项活动3次，推动磋商解决了久诉不息的涉旧改案、跨区重复登记婚姻案等一批疑难案件，推动建章立制，稳步提升监督质效。

三、以法治社会培育为重点，不断释放基层法治建设创新活力

一是创新驱动，完善基层法治建设协同机制。成立基层依法治理共同体，完善跨部门协商、协同、联动制度，进一步贯通区街两级法治建设领导体系和工作体系。排定共同体建设主要任务，编撰并应用《黄浦区基层依法治理法治宝典》《黄浦区社区工作者法律事务指引》2.0版。二是项目引领，推进基层法治建设实践。开展区法治为民办实事活动，对行政复议为民、"小梁薄板"改造等6个项目进行立项。连续7年开展区法治建设优秀案例征集，评选出规模化租赁整治、"场景式"治理等优秀案例。三是传承深化，推广基层法治优秀经验。推广半淞园街道《住户守则》新型自治规约，探索推出黄浦区《住户守则》示范样本，全区形成各类自治规约244个。深化五里桥街道"三会"制度，即听证会、协商会、评议会，推动"三会"制度运用向全领域拓展，探索楼宇"三会"协商治理方法。总结推广南东街道公民法治素养提升试点经验，发布区级"公民法治素养评价指数"，推动以数据检验成效形成工作闭环。

经验启示

一是基层法治建设离不开系统谋划。立足本地区法治建设实际,构建黄浦特色工作架构,建立健全法治督察、考核、述法等工作机制,畅通区街两级沟通协调机制,夯实法治建设基层基础,构建形成一体推进法治建设格局。二是基层依法治理离不开践行全过程人民民主。坚持问题导向,畅通民意渠道,通过全区32个基层法治观察点,收集基层法治建设问题建议,拓展法治化解决路径,着力解决基层治理的痛点、难点、堵点。三是基层法治实效离不开激发自治内在活力。发挥基层群众智慧力量,鼓励各街道结合街情、社情推动基层法治建设,探索创新工作方法和实施路径,形成一批可全市推广的基层法治经验。

上海市金山区

探索专题述法 发挥"头雁效应"

上海市金山区深入学习贯彻习近平法治思想，长期重视领导干部法治意识的养成，从 2017 年开始，开展区级机关、街镇党政主要负责人向区委常委会专题述法工作，逐步形成了"区级机关、街镇党政主要负责人述法—区委主要负责人点评—督促整改落实"的领导干部专题述法机制，通过以"关键少数"引领"绝大多数"，推动全区法治建设水平持续提升。

一、坚持制度创新、先行先试，积极探索专题述法实践

金山区在开展依法治区工作中，积极贯彻落实中央文件精神，落实党政主要负责人履行推进法治建设第一责任人职责，大胆创新、勇于实践，推动形成了富有金山特色的专题述法模式。一是探索开展专题述法。金山区贯彻落实中共中央办公厅、国务院办公厅印发的《党政主要负责人履行推进法治建设第一责任人职责规定》精神，发挥区委在区域法治建设中的领导作用，提出"述法对象向区委常委会会议专题汇报法治建设工作"，并于 2017 年开展了首次专题述法。二是明晰专题述法制度。出台《金山区区级机关、街镇（金山工业区社区）党政主要负责人向区委常委会专题述法规则》，对专题述法形式进行固化，明确每年开展两次专题述法，每次均从党委（群团）部门、区政府工作部门和街镇（高新区）党政主要负责人中选择 3 名作汇报。区人大、区政府、区政协分管领导，区委办公室、区政府办公室等与统筹推进法治建设相关的重点部门主要负责人列席，增强述法工作的仪式感、参与度。三是严把专题述法质量。制定实施向区委常委会会议专题述法报告（参考格式），进一步规范专题述法内容，确保述法效果。要求述法对象以第一人称作口头汇报，对本单位法治建设的做法、成效、不足开展全方位检视和深入剖析。提前对述法材料进行把关，对达不到要求的稿件予以退回修改，有效提升述法报告质量。

二、扩大覆盖范围、层层落实，推动专题述法工作纵深发展

为提升各级领导干部的法治意识和法治能力，引领全区法治建设水平全面提升，金山区逐步拓展述法对象覆盖面，探索形成四个层面的负责人向党委（组）专题述法机制。一是区级层面，开展区委、区政府主要负责人专题述法。区委书记、区长分别作为区委、区政府推进法治建设第一责任人进行述法，有效发挥了以上率下的示范引领作用，推动形成法治建设责任制"一层抓一层、层层抓落实"的良好局面。二是区级机关层面，推动党政主要负责人专题述法常态化。推动各单位因地制宜，探索党政班子成员和内设科室负责人向所在党委（组）述法机制，实现全区层面领导干部专题述法的全覆盖。2023年，50家区级机关党政主要负责人向所在党委（组）进行述法。三是街镇层面，实现街镇党政领导干部述法全覆盖。深化街镇（高新区）党政主要负责人向所在党（工）委专题述法机制，同时将党政班子副职列入常态化述法对象范围，并将部门、村居负责人专题述法作为基层法治建设的"规定动作"在全区推开，2023年，全部11个街镇均完成述法工作。四是区属国企层面，将企业主要负责人纳入述法范围。积极落实依法治企工作要求，聚焦法人治理机构、合规管理等关键点，推动企业负责人切实履行法治建设职责，2023年，10家区属国企主要负责人完成专题述法。

三、强化整改提高、狠抓督察，引领构建法治金山新格局

金山区高度重视专题述法"后半篇文章"，发挥现场点评、督察考评等杠杆作用，强化专题述法的效果导向。一是做实现场点评环节。邀请相关领域专家列席，就述法内容进行点评，从法治专业角度提升点评的效果。每位述法对象均由区委分管领导进行点评，最后由区委书记点评讲话，既督促述法对象全面提升法治建设责任制的履职能力，又明确全面依法治区工作的阶段性部署。二是注重督察整改落实。将专题述法整改情况纳入区委重点工作督查内容。述法结束后，区委办公室以会议纪要形式将区委领导点评及工作要求发送至述法对象，要求述法对象在3个月内完成整改并上报整改情况。待检查评估后，在下一轮述法中进行通报。同时，将专题述法及整改落实情况列为区党政领导班子年度绩效考评内容，运用考核杠杆实现述法效果最大化。

经验启示

一是制度先行。通过制定专题述法规则和述法报告参考格式，将专题述法的规则形式进行固化，同时规范述法内容，彰显专题述法的制度化、规范化、科学化。二是逐步推开。坚持抓住领导干部这个"关键少数"，逐步扩展述法对象范围，探索形成区委区政府、区级机关、街镇（高新区）、区属国企四个层面的党政主要负责人向党委（组）专题述法机制，实现全区层面领导干部专题述法的全覆盖。三是效果导向。述法时，通过相关专家、区委分管领导、区委书记依次点评，专业性、针对性得到进一步提升。述法后，将述法整改情况纳入区委重点工作督查内容和党政领导班子年度绩效考评内容，实现述法效果最大化。

安徽省宣城市

建立健全工作机制　常态化开展法治领域巡察工作

为贯彻落实习近平法治思想，加强党对法治建设的领导，压实党政主要负责人履行推进法治建设第一责任人职责，安徽省宣城市将法治建设纳入市委巡察内容，与市委巡察同步开展法治建设专项检查，常态化推动法治领域巡察工作。截至2023年年底，全市完成对383个部门的法治领域巡察工作，查阅法治建设台账900余份、执法案卷870余份，列出问题清单556条，问题整改完成率95.4%。

一、建立三项机制，保障法治领域巡察有章可循

一是建立工作联动机制。探索"巡察+法治"工作模式，印发《关于加强党政主要负责人履行推进法治建设第一责任人职责巡察监督的意见（试行）》，明确推动年度法治领域巡察方案编制、巡察实施、落实整改"三同步"工作要求，为常态化推动法治领域巡察工作提供有力制度支撑。二是建立共享协同机制。组建36人的法治建设领域巡察人才库，法治建设专项检查组人员统一参加市委巡察办组织的巡察业务培训，全面掌握巡察工作的方式方法及组织纪律。组织业务骨干进行"巡前"培训，逐条讲解法治建设巡察要点、巡察方式和常见问题，切实提升巡察工作针对性和实效性。三是建立问题分解机制。坚持分类施策，及时向被巡察单位反馈问题，提出明确整改建议，限期整改。针对法治建设普遍性、苗头性、倾向性问题，选取有代表性的单位，通过实地调研、召开座谈会等方式，深入调查研究，提出针对性举措。截至2023年年底，共开展6次专题调研，一批法治建设领域突出问题得到有效解决。

二、探索三项举措，确保法治领域巡察有的放矢

一是实施清单化管理。坚持抓重点、找差距、补短板，结合上级文件精神和

法治建设实际，专题研究制定巡察工作方案，整理法治领域巡察内容清单和问题清单。以党政主要负责人履行推进法治建设第一责任人职责、重大行政决策管理、行政执法"三项制度"、"谁执法谁普法"普法责任制落实等情况为重点内容，对党委、政府部门分别列出11项重点巡察内容和23项指标。二是组建工作专班。组建"3+N"巡察专班，以法治督察、行政执法、法治宣传等3大专业领域人员为固定班底，成立由分管领导、业务科长、业务骨干、行政执法人员、基层法治工作人员等组成的法治建设专项检查组，共同参与法治巡察工作。三是开展"组团式""机动式"巡察。每次巡察前与市委巡察办充分沟通研究，确定法治建设专项检查组参与方式：在四届市委第十三轮巡察中，法治建设专项巡察组整体并入市委第四巡察组，对4个重点执法部门开展巡察，其他法治巡察"委托"市委巡察组完成；在四届市委第十四轮巡察至五届市委第六轮巡察工作等9次巡察中，专项检查组采取"机动式"方式同步入驻，提前撤出被巡察单位，实现了与市委4个巡察组同步开展工作。

三、实施"三步"协同，确保问题整改见底见效

一是多渠道查摆问题。坚持"三查三问"，以查资料问成效、查制度问职责、查问题问落实为主抓手，配套运用投诉举报、信访接待等辅助方式，扩大法治巡察广度。延伸巡察触角，以群众满意度为主要衡量标准，深入基层一线走访人民群众及基层单位，详细了解推进科学民主决策、依法行政的工作成效。截至2023年年底，共下沉走访服务对象79人、下属单位8家，收集意见建议172条。二是全方位反馈督导。对每个被巡察单位逐一反馈法治巡察报告，并呈报市委和市政府分管领导。建立整改"双销号"台账，每轮整改期满，将被巡察单位整改情况通报给巡察办。同时，根据司法行政部门日常检查反馈的问题线索处置情况，适时开展整改"回头看"，真正形成监督闭环。三是出实招推进整改。实施分类跟进巡察整改，扎实做好法治领域巡察"后半篇文章"。充分运用全面依法治市重点工作"三项清单"和督办制度，建立"提醒清单+通报+抄报"倒逼机制，对整改不力的被巡察单位进行通报，同时将通报情况抄报市委。截至2023年年底，结合巡察反馈整改，对28个单位发出"提醒清单"，督促限期整改并提交整改报告。同时，将巡察中发现的问题和整改情况纳入市政府目标管理绩效考核法治政府建设项目指标，以考核促落实。

经验启示

一是理顺政治巡察与业务的关系。聚焦贯彻落实习近平法治思想,聚焦党中央关于全面依法治国的决策部署贯彻落实情况,突出被巡察单位法治建设领域的职能职责,透过法治建设领域业务工作中发现的问题,分析查找政治能力建设上的差距,有力强化法治监督。二是理顺法治巡察与发展的关系。通过法治巡察发现问题并督促整改,更加有力地推动解决法治建设体制机制运行不畅、法治队伍建设不强、行政决策和行政执法不规范等问题,确保全面依法治国的决策部署落实到位,为推动经济高质量发展提供坚实的法治保障。三是理顺巡察有形与有效的关系。在抓好常规有形法治督察、法治领域巡察工作的同时,加强法治督察与纪检监察监督协作配合,强化工作统筹、协同配合以及成果运用等,有效凝聚监督合力。同时,针对常规巡察、督察检查中发现的突出问题,适时开展"回头看"和专项治理,不断增强工作实效。

山东省禹城市

构建"四级+多维"模式
推动领导干部述法工作走深走实

山东省禹城市深入学习贯彻习近平法治思想，压紧压实领导干部履行推进法治建设职责，实施"四级+多维"领导干部述法工作模式，形成述法对象"市级+市直部门（单位）+乡镇（街道）+村（社区）"四个层级全覆盖，"书面+会议+专题+媒体"多个维度齐发力的良好工作格局。

一、高站位谋划，四级干部"齐上阵"，述法工作更有分量

一是高点定位健全述法机制。出台《党政主要负责人履行推进法治建设第一责任人职责情况列入年终述职内容工作实施方案》，明确组织人事部门将党政主要负责人和其他领导班子成员学法用法情况列入年终述职内容。制定《禹城市"四级+多维"述法工作实施方案》，将党委部门、群团组织、政府部门、人大、政协、法院、检察院、事业单位的领导班子成员和村（社区）两委负责人纳入述法主体，形成述法工作"上下贯通"体系。二是分级分类打造述法框架。聚焦"怎么述、向谁述、述什么"，按照"主体分级、内容分类"的原则，构筑起专题述法工作框架。述法主体包括市本级党政主要负责人、领导班子成员，部门、乡镇（街道）主要负责人、领导班子成员，村（社区）两委负责人。在述法内容上，党政主要负责人重点围绕履行推进法治建设第一责任人职责六个方面述法；其他领导班子成员重点围绕法治学习情况、重大事项依法决策情况、依法履职情况三个方面述法；村（社区）两委负责人重点围绕法治建设组织领导情况、重大事项依法决策情况、法治宣传教育情况、基层民主规范有序情况四个方面述法，切实提升述法工作针对性和实效性。三是统筹协调规范述法模式。坚持"示范引领、跟踪指导"原则，召开全市"四级+多维"专题述法部署会，组织各乡镇（街道）、部门负责同志全程观摩市司法局专题述法,情景化演示"述法+质询+点评+评议"流程,认真落实代表质询评议、述法对象脱稿回答等规定动作。邀请人大代表、政协委员、法律顾问、公职律师、企业代表、群众代表等到场参与质询和评议,确保述法工作的严肃性、公开性。开展全市基层党组织书记法治培训,系统讲解述法流程、内容、标准和要求,确保全市专题述法工作"一盘棋"开展、"一体化"落实。

二、高效率推进,多个维度"同发力",述法工作更有力量

一是"书面+会议",注重工作落实。每年年初开展全市领导干部述法工作,做到年终述职"普遍述"、会议现场"重点述"。2023年度,共组织557名领导干部参与年终述职述法,60余名党政主要负责人在专题会议"书面+现场"述法,市委主要负责同志现场点评。全市53个单位(部门)及11个镇街390余名领导班子成员、558个村(社区)两委负责人完成2023年度专题述法。二是"新闻+媒体",强化公众参与。在"禹城司法"公众号开设专题述法专栏,刊登部门、镇街述法工作报告40余篇。打造电视栏目《一把手谈法治》述法特别节目,市委主要负责同志带头"亮相"晒法治"成绩单"。在《禹城市报》开辟"法治大家谈"专栏,每月定期刊登述法报告。通过公开述法,广泛征求社会各界意见建议30余条。三是"学法+考法",延伸述法链条。将述法与学法、考法有机结合,以述明责,以考促学,以学促用。在全市广泛开展学习宣传习近平法治思想"四个一"(一次领导干部原文诵读、一次青年干部心得分享、一次学习培训专题研讨、一个法治案例总结归纳)活动,通过线上搭建考试平台、线下组织法治素养考试等方式,组织200余名领导干部参考,大力提升领导干部法治意识和依法办事能力。

三、高标准落实,跟进联动"看成效",述法工作更有质量

一是述法与跟进整改联动。分类设定述法工作评议票和述法报告评议标准,邀请法律顾问、公职律师、部门法制科长及司法所长成立评议团,对全市1000余份述法报告进行全面"法治体检",以通报和问题清单形式逐一反馈存在的问题。坚持问题导向,督促制定整改方案,明确整改时限,持续跟踪问效,述法报告评议整改实现全覆盖。二是述法与督察巡察联动。将述法评议整改落实情况纳入法治督察重点内容,政法委书记、司法局负责人带头对全市11个乡镇(街道)和36

个部门（单位）进行实地督察，形成"一对一"反馈督察意见书47份，专项通报督察整改落实情况。三是述法与年终考核联动。将党政主要负责人、领导班子成员和村（社区）两委负责人述法评议整改情况纳入2023年度高质量发展综合绩效考核"法治建设"指标，作为衡量党政主要负责人工作实绩的重要内容和考察干部、推进干部能上能下的重要依据，通过考核的"催化剂"作用助推述法工作质效稳步提升。

经验启示

  知责明责是前提。通过构建"四级+多维"述法模式，指导镇街、部门、村居结合工作职责，制定本单位党政领导干部推进法治建设职责"个性化"清单，将依法执政、依法行政、依法治理融入日常工作全过程，强化各级领导干部依法履职、依法办事意识。**履责督责是关键**。将述法工作列为年度法治督察重要内容，压实工作举措。与党委理论学习中心组学法、法治镇街（部门）典型培树、领导干部任前法律知识考试、行政机关负责人行政诉讼出庭应诉等工作紧密结合，推动"软述法"催生"硬约束"。**考责问责是保障**。推动年度述法与年终考核深度融合，将领导干部述法工作纳入镇街（部门）绩效考核，将法治素养和依法履职情况纳入考核评价干部的重要内容，进一步发挥述法制度的刚性约束作用。

湖南省郴州市苏仙区

打造"1234"工作法
推进法治督察与政治巡察协作配合

湖南省郴州市苏仙区深入学习贯彻习近平法治思想，着眼于推进法治督察与政治巡察协作配合，打造"1234"工作模式，形成"同步同向同频、到底到边到位"的工作格局，为建立法治督察与政治巡察协作机制提供了鲜活的实践样本。

一、建立"一套机制"，凝聚工作合力

2022年，六届区委第二轮巡察，将良田镇党委、卜里坪街道党工委、区市场监管局党组、区发改局党组4个单位法治建设情况纳入区委巡察范围，先行先试，探索经验。2023年，印发《苏仙区关于法治建设纳入党委（党组）巡察工作方案》，建立检查监督协同、反馈协同、整改协同、结果运用协同的协同配合机制，实现优势互补、形成监督合力。通过近3个月的"解剖麻雀"，有效破除了政治巡察和法治督察中"巡不深、察不透"等难题，法治督察和政治巡察合力得到进一步发挥。

二、用好"两张清单"，厘清法治职责

落实《党政主要负责人履行推进法治建设第一责任人职责规定》有关要求，根据中央、省、市关于法治建设的决策部署，建立法治建设责任清单和问题清单，明确职责内容。"责任清单"即《苏仙区关于法治建设纳入党委（党组）巡察工作方案》明确的33项巡察内容，涵盖贯彻落实习近平法治思想、党政领导履行法治建设职责任务、依法行政、学法普法等方面，将法定职责、工作要求清单化。"问题清单"即根据上级检查、法治巡察、专项督察和日常监督中发现的问题和短

板，列出清单进行梳理和交办，以问题为导向，加强整改和提升。"两张清单"解决了法治建设做什么和怎么做的难题，实现了法治督察和政治巡察的有机统一。

三、突出"三个抓实"，务求工作实效

一是抓实队伍建设。从全区政法部门及行政执法部门选聘法治业务骨干100余人，通过加强业务交流和培训，建立一支既能适应监督执纪执法、又能满足法治督察需要的法治人才库。二是抓实问题销号。会同区纪委监委、区委组织部对被巡察单位党组织整改情况进行评估验收，针对巡察过程中发现的法治建设方面问题，由相关部门共同督促整改落实，实施整改销号。截至2023年年底，已完成对18个单位的法治建设巡察，发现法治建设方面存在的问题187个，下发交办函53份，整改完成率100%。三是抓实未巡先改。针对被巡察单位在法治建设方面存在的问题，梳理出7个方面39项具有倾向性和普遍性的问题，"靶向"制定法治建设共性问题清单，开展"未巡先改"治"共病"。要求各乡镇（街道）及区直各单位对照共性问题清单进行自查整改，整改情况列入绩效考核，全力推动未巡先改、以巡促改。

四、推进"四个联动"，实现同频共振

一是推进法治督察与政治巡察联动。定期或随机通报信息、召开联席会议，促进政治巡察与法治督察同步推进。通过建立协作配合机制，强化了党对全面依法治区工作的领导，推进法治建设各项工作任务落实。二是推进法治督察与深化改革联动。通过法治督察倒逼责任落实，深化乡镇（街道）综合行政执法改革取得新突破。2023年，区直部门下放到乡镇（街道）执法事项及权限30项，各乡镇（街道）执法队伍全部组建完成，全区新增执法人员248名，行政执法迈向专业化和规范化，有效解决了基层权责不明、执法缺位、多头执法的治理难题。三是推进法治督察与人才引进联动。针对法治督察中发现的基层法律专业人才紧缺现状，进一步加强与组织人事部门的沟通对接，每年招考公务员和事业编制人员，优先招录法律专业人员充实到镇街和区直单位。近两年全区共引进法律专业人才150余人。四是推进法治督察与纪检监察联动。将法治督察整改情况纳入党风廉政建设重要评估内容，在法治督察过程中发现督察对象存在需要给予党纪政纪处分的，

及时将问题线索和有关情况移送纪检监察机关，通过监督执纪问责压实法治建设责任。截至 2023 年年底，已移交问题线索 5 条，处理违纪违法人员 7 人。

经验启示

健全制度机制是前提。依托联合巡察机制，坚持闭环管理，强化协作，优势互补，通过把督察反馈问题的整改情况纳入依法治区和党风廉政建设考核，不断完善工作制度，改进内容和方法，全面提高了法治督察与政治巡察质效。**督促问题整改是关键**。针对巡察中发现的法治建设方面的突出问题和短板，一方面，形成巡察综合检查报告，建账督办，落实"闭环销号"；另一方面，梳理制定法治建设共性问题清单，督促各单位对照整改，推动"未巡先改"，切实提升全区法治建设水平。**强化考核运用是保障**。通过跟踪问效督促责任落实，将巡察发现的法治建设方面问题的整改情况纳入法治督察考核重要内容，对巡察整改进度缓慢、责任不落实、敷衍整改的，及时商有关部门提出处理意见，确保法治建设各项任务落地落实。

湖南省娄底市

用好法治考核"三字诀" 激活法治建设"一盘棋"

　　湖南省娄底市委、市政府深入学习贯彻习近平法治思想，充分发挥法治建设考核"指挥棒"作用，把握"实、准、严"三字诀，围绕法治建设"考核谁、谁来考、考什么、结果怎么用"等问题，逐步完善考核体系、优化考核机制，持续压紧压实"第一责任人职责"，有效推动市县法治建设。

一、坚持目标导向，在考核体系设计上突出一个"实"字

　　一是确保上级决策部署落实。坚持以学习贯彻习近平法治思想为主线，以落实法治建设"一规划两纲要"为主题，对标对表中央、省委和市委年度法治工作要点设置考核内容，确保上级决策部署得到有效落实。截至2023年年底，娄底市落实法治建设"一规划两纲要"措施清单明确的858项具体工作任务，已完成310项，取得阶段性进展473项，正在推进75项。二是保障市委、市政府中心工作落实。围绕市委、市政府打造中部地区先进材料产业高地的决策，突出优化法治化营商环境考核；围绕市域社会治理现代化工作，突出基层法治建设考核；围绕平安娄底建设，突出执法司法工作和公共法律服务考核，通过实实在在的考核内容保障市委、市政府中心工作落实见效。三是督促突出问题整改落实。通过网络、12345政务服务便民热线等途径收集汇总群众反映突出的问题，强化道路交通安全和运输执法、食品药品、公共卫生、自然资源、劳动保障等领域突出问题整治工作的考核，推动专项整治工作走深走实，全市道路交通安全和运输执法领域65个问题整改到位，立案调查10件，追究问责10人。

二、坚持效果导向，在考核机制建设上突出一个"准"字

　　一是区分考核对象。针对考核对象在立法、执法、司法和守法普法各领域职

能任务的差异，实行考核对象差异化分类。第一类为县市区人民政府，第二类为党委工作机构及群团组织、重点企事业单位，第三类为司法机关、政府工作部门及其他有执法职能的单位。二是分类设置项目。考核评估项目主要根据中央全面依法治国委员会发布的文件和省委依法治省办关于法治建设督察的重点内容进行设置，包含学习宣传贯彻习近平法治思想、上级法治建设督察反馈问题整改、党政主要负责人履行推进法治建设第一责任人职责、法治建设"一规划两纲要"任务完成情况等共性考核项目。同时，根据三类考核对象的职能分类设置个性考核指标，防止"一锅煮"。对县市区人民政府侧重考核统筹推进县市区法治建设、完善依法行政制度、履行政府职能等情况；对党委、人大、政协机关、群团组织侧重考核党对法治建设工作的领导、"八五"普法规划落实、法治建设工作保障等情况；对政府工作部门、有执法职能的相关单位侧重考核规范行政执法行为、柔性执法、优化法治化营商环境、行政复议与应诉等情况。对不属于法治建设工作、缺少实质意义的考核内容及时进行调整，三类考核指标总数控制在110条左右，做到条条有依据。三是多方采集数据。实行"市委统筹抓总、考核单位共同实施、其他单位协同配合"的联动机制。2023年，市本级将市委组织部、市纪委监委、市委宣传部、市司法局、市市场监管局、市行政审批局等18家单位明确列为考核单位，促进强化法治建设考核的公正性和权威性。

三、坚持问题导向，在考核组织实施上突出一个"严"字

一是严在平时，贯穿工作全程抓考核。坚持重平时、抓经常，依据阶段性工作进度，对照考核指标定期提示考核对象自查工作落实情况，督促考核对象按时按标准完成工作任务。将党政主要负责人及领导班子成员年终述法自查和督察发现的问题编制成问题清单，并将其列为被考核单位下一年度法治建设的重点考核内容，及时督促整改，严格跟踪问效。2022年市本级法治建设考核向被考核单位（县市区）反馈法治建设方面问题100个，2023年反馈155个。二是严守底线，对照负面清单抓考核。在考核方案中将领导干部违法违纪、群众反映强烈的突出问题、行政机关负责人出庭应诉率未达标等情形列入"负面清单"，清晰划出年度法治建设考核底线。2022年，5家达到"优秀"分值的单位因出现负面清单所列情形被降级评为合格。三是严格奖惩，强化结果运用抓考核。积极推动领导干部法

治建设考核结果运用，将法治建设考核结果与全市绩效考核及干部的考核、奖惩、提拔使用挂钩，将其作为年终评优评先的参考。通过强有力的考核推进"关键少数"带头尊法学法守法用法，有力压实法治建设第一责任人职责，各级领导干部对法治建设重要性的认识不断强化，有效提升了全市法治建设水平。

经验启示

　　法治考核是推进法治建设的"指挥棒"，持续完善考核体系、优化考核机制、严格考核组织是强化"指挥棒"作用的重要保障。高效开展法治建设考核，一是必须科学区分考核对象，精心设计考核内容，合理设置考核指标，增强考核的科学性、针对性和实效性。二是必须充分发挥部门联动协调作用，形成考核工作合力，确保考核结果的公正性、权威性。三是必须强化考核结果的运用，真正实现选人用人和奖惩激励上的"法治导向"机制，才能有力有效推动法治建设工作落实，从而全面提升法治建设水平。

四川省乐山市

坚持"三个导向"
充分发挥司法所在基层法治建设中的作用

四川省乐山市深入贯彻落实习近平法治思想，坚持政治导向、强基导向、治理导向，统筹调配专职专业法治力量，攥指成拳、整合发力，积极推动司法所参与基层法治建设，不断提升依法治理质效，为城乡融合和区域协调发展提供有力法治保障。

一、坚持政治导向，锻造基层法治建设"主力军"

一是把准政治方向。始终坚持党对司法行政工作的绝对领导，推进司法所政治建设和业务工作融合发展，以乡镇级片区为基本单元，推动建立司法所联合党支部或片区党支部，统筹指导基层法治建设。建立由县级政法等部门及基层司法所组成的"沐法先锋"等党建联合体，打造"天街·习法驿""农区·习法驿"等法治建设品牌，弘扬社会主义法治精神。二是强化组织领导。出台司法所参与基层法治建设工作方案，将乡镇（街道）法治建设情况纳入全面依法治市对县（市、区）目标考核内容，强化乡镇（街道）党（工）委对法治建设的组织领导和统筹协调。印发《司法所工作职责任务清单》，试点市、县两级司法局业务骨干挂钩指导司法所的"1+1+1"法治共建机制，建立依托司法所协调推进、督促检查乡镇（街道）法治工作制度，推进司法所所长列席乡镇（街道）党政会议，参与乡镇（街道）重要行政决策，开展决策事项合法性审查。三是加强队伍建设。在省级"枫桥式司法所"配备至少1名具有法律职业资格政法专编工作人员，建立县级司法行政机关法律专业人才联系基层制度，每月在司法所开展不少于4天工作。试点开展律师担任司法所所长助理工作，优选16名政治强业务精的律师担任所长助理，协助做好乡镇（街道）合法性审查、法律风险评估等工作。制定司所辅助人员选聘办法,优先选聘和调配具有法律专业背景、法治工作经历的辅助人员。

二、坚持强基导向,谱好基层法治建设"协奏曲"

一是片区联动。以实施乡村国土空间规划为契机,加强乡镇级片区中心镇司法所建设,探索片区内法治建设"大所带小所"联动运行模式,优化完善片区中心镇司法所和一般司法所职能职责,建立乡镇(街道)日常法治工作由一般司法所具体负责,重要法治工作由中心镇司法所牵头完成,特别重大法治工作由县级司法局业务股室指导完成的工作机制。2023年,全市司法所联动协作开展法治工作500余次,圆满完成重要法治工作150余件。二是示范带动。制定乡镇(街道)行政执法协调监督指导清单、合法性审查指导流程等,有效规范司法所参与基层法治建设工作。大力开展省级"枫桥式司法所"建设工作,累计建成省级"枫桥式司法所"15个。司法所积极参与辖区法治宣传教育基地建设,成功打造法治文化公园、未成年人法治教育基地等阵地品牌,累计建设全国民主法治示范村(社区)16个、省级法治宣传教育基地7个。三是统筹协作。建立司法所、公安派出所、律师事务所(基层法律服务所)、人民法庭和综治中心"三所一庭一中心"衔接联动工作机制,乡镇(街道)政法委员依托司法所统筹基层力量开展法治建设工作。将乡镇(街道)、村(社区)法律顾问参与法治建设列入政府购买服务清单,由司法所组织和指导法律顾问参与基层法治建设。加强与浙江省绍兴市、重庆市武隆区和四川省凉山彝族自治州法治建设合作,推动双边司法所在坚持和发展新时代"枫桥经验"、行政执法协调监督、彝族地区法治一体化建设等工作领域结对共建、互学互促。

三、坚持治理导向,打出基层法治建设"组合拳"

一是法治进园区。由司法所牵头组建由律师、公证员、司法鉴定人、基层法律服务工作者、仲裁员等人员组成的园区法治"智囊团",深入园区工厂、项目工地等提供"法治体检"、法律咨询等服务,司法所服务保障"西部瓷都"、"百里柑橘产业园区"、大西南茶叶市场、乐山机场等园区和重点项目建设成效明显。2023年,全市司法所为园区和重点项目提供法律咨询1340次、审查合同270余份、出具法律意见书130余份。二是法治进景区。探索司法所参与依法治旅兴旅模式，积极开展"法治进景区"活动，打造"典亮乐山""典亮金顶"等法治品牌。开通"法治号"公交、组建"巡回司法所"，通过建设旅游城市现代化"枫桥式"法治街区，在旅游车站、游客服务中心、美食街等建立法律服务点，为游客提供及时有效的法律咨询、旅游纠纷化解等服务，全程保障放心游、舒心游。三是法治进彝区。组织司法所参与彝族地区移风易俗、基层治理等工作，开展"彝家·法治新寨"建设。用活"鸽鸽讲堂""普法小阿依"等普法品牌，广泛开展彝汉双语普法、"小手牵大手"普法、"阿依蒙格"未成年人保护等活动。制定《"德古"调解工作管理办法》，全面加强新时代"德古"调解法治化、规范化建设。峨边彝族自治县黑竹沟镇依乌村"德古"人民调解员，创立"五讲五用"的"阿觉调解法"，在化解彝族地区基层矛盾纠纷中成效显著。

经验启示

一是强化党的领导。明确乡镇（街道）党政主要负责人是推进基层法治建设的第一责任人，充分发挥乡镇（街道）党（工）委在基层法治建设中的组织领导和统筹作用，是推进司法所参与基层法治建设工作的关键。二是找准职能定位。司法所是基层法治建设的重要力量，在参与推进基层法治建设相关工作、协调推动各项工作落实中具有重要作用。必须找准职能定位，既要实际参与，也要协调相关力量共同推进。三是配强法治力量。基层法治力量不足，是制约司法所参与基层法治建设成效的主要因素。建立由司法所统筹调度律师、公证、司法鉴定等法治资源的制度，构建"三所一庭一中心"衔接联动机制，因地制宜、下沉资源，是司法所参与基层法治建设提质增效的重要保证。

四川省巴中市恩阳区

以建设法治监督中心为抓手　构建高效法治监督体系

近年来，四川省巴中市恩阳区深入学习贯彻习近平法治思想，系统研究解决法治领域人民群众反映强烈的突出问题，直面法治监督资源条块分割、监督力量分散、监督质效不高等问题，探索建立区级"法治监督中心"，推动党委领导下行政执法监督、司法监督有机贯通、有效衔接，更好维护社会公平正义，服务经济社会高质量发展。

一、凝聚合力，构建法治监督新格局

一是搭建监督平台。坚持"党委领导+部门协同"，在区委统筹下，整合法治督察、区委政法委执法监督、区法院司法监督、区检察院法律监督、区法治政府建设领导小组办公室法治政府建设监督检查、区司法局承担的行政执法监督6项法治监督资源，组建"六位一体"的法治监督专门机构——"巴中市恩阳区法治监督中心"，为提升法治监督质效提供有力组织保障。二是建强监督力量。依靠"专职+兼职"强队伍，在政法委、法院、检察院、司法局各优选2—3名业务骨干，入驻法治监督中心集中办公；在政法、行政执法、法学会等单位和社会法律服务工作者中优选50余人，组建法治监督人才库，推动法治监督中心实体化运行。三是完善监督体系。围绕人民群众反映强烈的执法司法突出问题，紧盯执法司法主体、执法司法人员、执法司法行为3类监督对象，聚焦涉市场主体行政执法行为、经济纠纷案件和民刑交叉案件3类重点领域，创建1套法治恩阳建设社会公众满意度评价体系，构建立体、高效的法治监督体系。

二、靶向施策，建立法治监督新机制

一是坚持问题导向，明确监督任务。聚焦群众关切、涉企执法等重点领域，明确开展执法司法案件评查、执法司法审查监督、重大行政处罚案件备案审查监督、涉市场主体法治环境专项检查、投诉举报核查、重点单位法治蹲点督察等6项监督内容。建立"风险提示单、问题督办单、线索移交单"三单制度，形成风险预警、线索快查、问题即改、结果反馈的法治监督闭环。二是突出联动协同，压实监督责任。出台《关于持续优化法治化营商环境加强司法监督和行政执法监督有效衔接配合工作的意见》，建立区法治监督中心牵头，区委政法委、区级政法各单位和行政执法部门之间"信息共享、案件移送、联席会商"工作机制。联合出台《重大行政处罚案件备案审查制度》《关于加强区人民法院司法建议、区人民检察院检察建议办理工作的实施意见》，将重大行政处罚案件备案审查、检察建议和司法建议的落实整改情况纳入法治监督范围，促进行政执法主体公正用权、依法用权、廉洁用权。三是丰富监督手段，强化数字监督。主动承接全省跨部门办案平台先行试点，探索建设区级行政执法案件数字化监督平台，推动非涉密案件100%上网，实现案件线上全流程运转、监管、评查，有力提升监督质效。建立法治建设社会公众满意度双线运行评价体系，在全区4个产业园区及重点镇（街道）设立法治建设评价监测点10个，聘请"两代表一委员"、企业负责人为法治监督员，切实提升人民群众和市场主体对法治建设的参与度、满意度。

三、提质增效，释放法治监督新效能

一是法治监督质效全面提升。自区法治监督中心建立以来，组织评查执法司法案件560件，开展行政非诉执行监督7次，开展重大行政处罚备案审查、法治环境专项检查16次，开展法治蹲点督察3次，累计发现并督促整改问题400余个，督促相关单位完善规章制度12个。二是法治环境更加可感可知。通过设立涉法涉诉投诉举报窗口和举报热线，引导涉法涉诉诉求进入法治化轨道，让群众和市场主体直接参与对公正执法司法环境评价，让监督"有门"、评价"有路"。2023年，办结群众投诉举报线索21条，办结率、满意率均为100%，社会公众对执法司法环境评价满意度持续提升。三是法治化营商环境更加优良。全区14个行政执法单位梳理首违不罚清单230项；行政执法部门开展涉企检查568次，同比下降35%，涉企罚款31起，同比下降28%，化解涉企矛盾纠纷17起，打击涉企违法犯罪案件4起7人，执行到位涉企案件136件，涉案金额共计1.7亿元。法治化营商

环境的优化极大地提振了市场信心。2023年，全区签约落地招商引资项目79个，到位投资64.9亿元，同比分别增长75.6%、22.9%；新增市场主体2671个，同比增长39.2%。

> **经验启示**
>
> 　　一是强化统筹协调，全面发力。法治监督工作专业性强，必须坚持系统观念，着力破解法治监督瓶颈，统筹相关法治资源，多部门协同发力，构建更加高效的执法司法制约监督体制。二是必须敢于监督，久久为功。开展法治监督工作，必须敢于监督、善于监督，不怕得罪人，在监督上较真碰硬，持续发力，才能确保监督质效，切实维护和促进公平正义。三是坚持以民为本，服务大局。开展法治监督工作，就是依法保障人民群众合法利益，必须坚持人民主体地位，保障经济社会高质量发展，确保法治监督工作方向不偏、力度不减。

云南省文山壮族苗族自治州

强化法治督察实效
奋力推进法治建设工作高质量发展

云南省文山壮族苗族自治州深入学习贯彻习近平法治思想，按照中央关于法治督察的重大制度安排，制度破题、实践破冰，构建"法治督察+纪检监察+行政诉讼+检察监督+政府督查"的督察模式，促进提升法治建设质效。行政机关负责人出庭应诉率从2021年的26.2%跃升至2023年的100%，行政应诉案件败诉率从47.8%降至15.8%，法治建设成效考核连续2年位居全省第一。

一、提高站位，突出法治督察的政治性

牢记习近平总书记考察云南时的谆谆教诲，从政治上看，从法治上办，强化"三个督察"。一是全面督察聚焦"国之大者"。把法治督察重心放在服务和保障党和国家工作大局上，既聚焦法治建设"一规划两纲要"，又聚焦国家安全、边境安全等背后的法治问题，每年对县（市）开展1轮全面督察。例如，把边境县（市）"以法治助推强边固防"作为法治督察重要内容，助力建成立体化边境防控体系。二是专项督察紧扣"三个定位"。紧紧围绕把云南建设成为我国民族团结进步示范区、生态文明建设排头兵、面向南亚东南亚辐射中心的发展"三个定位"要求，定期开展重点领域专项督察，通过督察确保法治建设相关任务落实到位。例如，将贯彻落实《云南省民族团结进步示范区建设条例》作为法治督察工作重点，助力创建"全国民族团结进步示范州"。三是个案督察突出"民生导向"。民生是最大的政治，瞄准人民群众普遍关注的问题开展个案督察，力争实现"办好一个，解决一片"的效果。例如，以法治督察破解"烂尾之困"，在解决房地产遗留问题中发挥法治督察作用，为30万人解决了房、证、水、电等问题。又如，州委、州政府根据法治督察发现的倾向性问题，从2022年5月起部署开展各类问题大排查

大起底大整改，截至2023年年底，累计排查历史遗留矛盾问题1357个，彻底解决624个，正在解决733个，惠及人民群众70多万人次。2023年全州经营主体总体满意度位居全省第一，信访工作群众满意度保持全省第一。

二、制度破题，提升法治督察的实效性

出台实施办法，围绕法治督察"定位是什么、制度怎么建、成果怎么用"等关键问题，推动法治督察创新实践。一是"4+7+N"全链督察。"4"是指实地督察、书面督察、第三方评估督察、"互联网+"督察同步推进，以厅级负责同志带队进驻督察为主，其他督察为辅，"普遍督"与"重点督"相结合，州、县、乡及部门每年督察100%覆盖；"7"是指"报批→准备→督察→报告→反馈→整改→验收"闭环管理，靶向督察形成震慑；"N"是指个别谈话、调阅资料、实地走访、暗访抽查、问卷调查、线索核查等多措并用。2年来督察发现问题2652个，督促整改2652个，整改率达100%，督察一地、警醒一片的"集成效应"得到彰显。二是"督察+"强强联手。推行"法治督察+"，出台法治督察与纪检监察、行政审判、检察监督、政府督查协作（衔接）4个意见，行政执法违纪违法线索移送1个办法，打通壁垒、协作共赢，成功破解法治督察人手不足、信息不灵、权威不够等难题。2022年以来，共向巡察部门移送问题线索500余条，向纪委监委移送问题线索153条186人，彰显了法治督察的刚性约束力。三是"六融入"督用同频。扎实做好法治督察"后半篇文章"，督察结果运用融入"学"，针对普遍性问题学法"补课"，行政执法人员持证率从2022年的62.1%上升到2023年的90.2%；融入"讲"，针对倾向性问题办班宣讲，2年完成行政执法单位负责人培训全覆盖；融入"述"，纳入述法倒逼整改，2023年行政重大决策规范率达98%；融入"考"，考核末位的进行"检讨式"述法；融入"评"，与干部选拔任用挂钩；融入"责"，2年共移送问责处理237人，督用同频、真督实改，整体提升了法治建设水平，2023年全州法治建设群众满意度跃升至97.6%。

三、源头治理，增强法治督察的穿透性

以法治督察为契机，推动解决影响法治建设的源头性、基础性、根本性问题。一是"大回访"延伸督察之"面"。针对法治督察中群众反映的普遍性问题，建立

执法案件回访评价机制，把执法办案评价的话语权交给群众，既评执法态度，又评满意程度。2023年，回访评价84万余件，满意率达99.4%，人民群众成为无处不在的"法治督察员"。二是"19率"固化督察之"效"。深入总结近年法治督察中发现的共性问题，按照"任务项目化、项目清单化、清单指标化"理念，设立行政机关负责人出庭应诉率、行政应诉案件败诉率、行政案件万人起诉率、案件评查合格率、重大决策规范率等19个刚性指标，将法治建设纳入党委政府综合考评。用2年实现"19率"整体提升，尤其是过去长期存在的出庭应诉率低、败诉率高"一低一高"问题得到根本扭转。2023年行政复议案件调解和解终止率比2021年增长1.9倍，监察对象违纪违法案件比2021年减少20.8%。三是"扫法盲"筑牢督察之"基"。在全社会开展"扫盲式"普法，将普法工作"融入日常、抓在经常"，坚持培育办事依法、遇事找法、解决问题用法、化解矛盾靠法的法治观念，有力推动了法治督察成果转化。

经验启示

一是善于借力，凝聚各方力量。与州纪委监委、法院、检察院、政府督查室等部门建立法治督察协作体系，让法治、纪检监察、审判、检察、行政"五指成拳"，打通信息壁垒，拓宽线索来源渠道，整合督察力量资源，提升法治督察权威，实现了"1+1>2"的集成效应。二是巧于运筹，抓住"关键少数"。聚焦强化党对法治建设的领导，突出压紧压实党政主要负责人履行推进法治建设第一责任人职责开展法治督察，对问题突出的进行通报、约谈、督办，领导干部法治意识普遍增强。三是严于治事，回应群众关切。立足"真发现问题、发现真问题"，直面群众反映的突出问题，在法治督察中推动矛盾问题批量解决。

陕西省商洛市

建立双"126"述法点评模式
夯实推进法治建设第一责任人职责

陕西省商洛市认真贯彻落实《党政主要负责人履行推进法治建设第一责任人职责规定》，探索开展述法点评工作，形成了聚焦点问题和点措施、规范点评内容和流程、强化督导和结果运用的"126"述法点评模式。在系统梳理、总结提炼的基础上，拓展了党委主要负责人点评法治建设、政府主要负责人点评法治政府建设的双"126"述法点评模式，进一步夯实党政主要负责人推进法治建设第一责任人职责，有效提升了人民群众对法治建设的满意度。

一、紧盯"一个责任"，突出点评主体

一是"一把手"亲自推动。市委、市政府把述法点评工作摆在突出位置，作为学习贯彻习近平法治思想和党政主要负责人履行推进法治建设第一责任人职责的重要抓手，主要负责同志亲自研究安排、亲自协调推进、亲自督办落实，带头履行第一责任人职责，示范带动全市述法点评工作扎实开展。二是建制度夯实责任。出台党委（党组）书记点评法治工作实施方案，进行全面系统安排部署，从制度设计层面为"一把手"述法点评提供了基础和依据；制定党政主要负责人点评法治工作办法，从操作层面明确了工作程序，提出了规范要求，是开展述法点评的施工图、说明书和操作手册。三是全覆盖述法点评。采取"条块结合、下点一级"的方式，确保法治点评工作纵向到底、横向到边。市级层面，市委、市政府主要负责人面对面点评县（区）委、县（区）政府和市级部门主要负责人法治工作开展情况；县（区）层面，县（区）委、县（区）政府主要负责人逐个点评乡镇（街道）党（工）委、乡镇政府（街道办）和县级部门主要负责人法治工作开展情况；乡镇层面，乡镇（街道）党（工）委、乡镇政府（街道办）主要负责

人结合各自情况点评村（社区）党组织负责人和镇属各单位依法履职情况；部门层面，市、县（区）两级部门主要负责人重点点评内设机构和下属单位负责人依法履职、依法行政情况。四年来，全市共开展党政主要负责人述法点评工作2196场次，其中市、县（区）、乡镇（街道）党政主要负责人1403场次，市、县（区）部门主要负责人793场次。

二、聚焦"两个重点"，抓住关键问题

一是点准问题。始终坚持问题导向推进述法点评工作，针对党委、政府主要负责人履行推进法治建设第一责任人职责应承担的12项职责任务，分类设置职责清单，细化为16项重点内容，结合述法主体自查、督察检查发现、败诉案件反映、企业群众反映、日常工作掌握5个方面梳理形成问题清单，经系统研判后集中反馈，务求点准、点全、点具体。二是点实措施。坚持具体问题具体分析，区分不同层级、不同部门，逐个分析原因。对共性问题，从市级层面推动建章立制，系统解决；对个性问题，逐一分析原因，"点对点"解决；对疑难复杂问题，邀请相关专家、"两代表一委员"、媒体代表参与制定措施，集中攻坚解决。四年来，共点出共性问题43条、个性问题2628条，整改率达95.7%。

三、推动"六个规范"，提升工作质效

一是规范内容。明确党委、政府、部门主要负责人重点述法内容，将深入学习贯彻习近平法治思想作为述法点评工作主线，聚焦法治建设和法治政府建设年度工作要点，并结合党委政府关注、社会关切、群众关心的法治工作，动态调整述法点评内容。二是规范流程。坚持开展述法点评前印发预告，述法主体围绕预告形成述法报告，邀请第三方进行法治建设满意度测评，召开会议集中点评，现场评议，反馈问题整改，确保各环节有效衔接、一体推进。三是规范时机。每年年底前按照不同层级开展一次集中述法点评，市级率先开展，带动各级各部门梯次开展；对法治建设方面的临时性、阶段性工作实行随机点评，对法治建设中重大事项和重大问题适时组织专题点评。随机点评和专题点评结合日常工作开展，增强点评的针对性和实效性。四是规范方式。开展对比述法，选取正反两方面典型进行述法，正面典型推广经验、强化示范带动效应，反面典型自亮家丑、做好

警示整改。每年根据工作开展情况选择20%的党政主要负责人进行会议点评，其余进行书面点评。述法点评会上分管负责人逐一进行点评，主要负责人进行全面点评。对上年度法治建设问题突出、整改不力的县（区）和部门进行实地点评，必要时随机延伸点评。五是规范督导。采取书面、实地相结合的方式，每年至少开展1次法治督察，重点督察党政主要负责人履行推进法治建设第一责任人职责落实情况和点评问题整改情况。"点对点"印发整改通知，明确问题、措施、时限"三张清单"，持续跟踪督办，确保点评反馈问题整改到位。六是规范结果运用。把述法点评工作作为法治建设重要指标，将点评结果作为党委巡察、目标责任考核的重要内容，并作为领导干部实绩考评、选拔任用的重要依据，以严格奖惩激励各级各部门把功夫用在平时，把精力用到抓落实上来。

商洛市通过双"126"模式开展述法点评工作，以"关键少数"带动"绝大多数"，"点"出了干劲、"评"出了实效，各级党政主要负责人履行法治建设组织者、推动者和实践者的职责意识进一步增强，各级领导干部自觉运用法治思维和法治方式深化改革、推动发展、化解矛盾、维护稳定、应对风险的能力水平进一步提高。

经验启示

党委政府重视是前提。在推进述法点评工作中，必须坚持党对法治建设的领导，定期研究工作、解决突出问题，确保述法点评正确政治方向。"一把手"点评是关键。"一把手"是第一责任人，必须率先垂范、树立标杆、亲自点评，才能层层传导压力，保持步调一致、同频共振，推动法治工作走深走实。坚持问题导向是重点。必须抓住发现问题、解决问题这个重点，剖析产生问题的根源，找准切入点发力点，通过"解剖一个问题"推动"解决一类问题"。完善制度机制是保障。必须把工作中探索出的好做法好经验及时以制度形式固定下来，才能推动常抓不懈，促进法治建设高质量发展。

甘肃省酒泉市

强化督察问效问责　促进提升法治建设水平

近年来,甘肃省酒泉市牢牢把握法治督察政治属性,把开展法治督察作为全面贯彻落实党的二十大精神、深入学习贯彻习近平法治思想的重要举措,作为破解法治建设领域突出问题的有效手段,坚持动真碰硬、真督实察,以强有力法治督察促进提升全市法治建设工作水平。

一、提高站位,围绕中心工作突出督察重点

一是高位推进压实主体责任。将法治建设重点任务、主要领导批示全部由市委、市政府"两办"联合转办督办,统筹各部门力量进行全方位、全领域、全过程督察。将全市党政主要负责人履行推进法治建设第一责任人职责情况列入年度考核和法治建设督察考评内容,既督任务、督成效,也察认识、察责任,不断压实"关键少数"推进法治建设责任。二是跟踪督办确保落实到位。紧紧围绕党委政府中心工作,聚焦法治化营商环境、道路交通安全和运输执法等法治领域突出问题,先后开展综合督察4次,专项督察7次,发现问题84个。坚持把督察中发现的问题是否彻底整改到位作为督察的关键,建立督察整改工作"集中反馈、自查自纠、整改落实、回头看"闭环管理体系,严格按照工作流程逐个销号,并向市委主要领导进行专题汇报,做到"有错必察、有察必果、有果必报"。三是认真解决群众急难愁盼问题。始终将人民群众是否满意作为法治督察的出发点和落脚点。市司法局与12345政务服务便民热线融合建立法治建设投诉举报平台,成立联合督察组,下沉走访摸清情况,一体办公"把脉会诊",妥善解决法治领域网民留言、市长信箱、热线投诉中反映的问题,共解决群众投诉16件,督促落实法院执行案款230.9万余元,帮助企业讨回政府部门拖欠的工程款33.8万元。

二、靶向施策，切实增强法治督察效果

一是坚持问题导向，加强协同联动。联合市委政法委、市教育局、市卫生健康委，分别针对青少年法治宣传教育责任落实不到位、重大行政决策未经合法性审查等具体问题深入一线实地督察，全面准确了解实际情况，涉事市区被全市通报并取消评优资格。联合市委组织部督办3个县（市、区）"基层司法所工作力量薄弱、司法所所长及工作人员配备不及时"问题，3个无人所和12个1人所问题得到有效解决，司法所所长配备率提升至94%。二是坚持目标导向，创新工作方法。以专项督察为抓手，推动法治政府建设、"无证明城市改革"等重点工作任务落到实处。先后3次以"四不两直"方式对7个县（市、区）、72个部门单位进行实地专项督导。为广泛收集法治建设问题线索，将"党的十八大以来法治领域改革成效评估"等调研活动与暗访督察相结合，深入基层，收集共性问题6个、个性问题6个，制定实施整改方案。三是坚持效果导向，提升督察质效。为保证督察质效，立足能督善察的要求，全市选聘86名法学专家、业务骨干、律师组建法治督察专家库，加强业务培训，压实工作责任，在明确督察标准的同时，提出纪律要求，确保督察顺利开展。年初制定督察计划，年底由地市级领导带队，组成6个督察组，对7县（市、区）、乡镇和72家市直部门（单位）法治建设工作进行"过筛子"式督察考评，实现了法治建设督察市县乡三级全覆盖。

三、强化问责，充分运用督察结果

一是健全督考体系。扎实推进"三级联动"法治督察体系建设，制定法治建设督察考评办法，细化法治督察工作要求，系统规范督察对象、内容、方式、程序、结果运用，实现"有规可依""有章可循"。同时配套制定县（市、区）督察考评指标87项、市直部门督察考评指标37项，为全市法治督察工作提供规范指引，解决了"督什么""怎么督"的问题。二是强化刚性约束。将督察结果与年度绩效考核挂钩、与评优树模挂钩，分层级设置考核等次，限定评优比例，对法治建设督察考评排名后三位的县（市、区）和市直部门开展专项督察。2023年，有3个督察考评排名末位的县（市、区）和8个市直部门被通报。对相关部门进行了责任约谈、挂牌督办，对存在的重点问题督促限期整改，并跟踪整改落实情况，确保按期完成整改。三是强化督导问责。构建纪检监察与法治督察联动协作机制，

探索"市委巡察+法治督察"模式,把法治督察与纪检监察协作配合、加大督导问责作为强化警示震慑的重要举措,制定法治建设重点巡察内容清单,将法治建设 9 个方面的 30 个重点任务纳入市委巡察内容,实现"述、考、评、督、责"协同联动。法治督察中发现对中央、省、市法治建设决策部署落实不力,工作推进迟缓,成效不明显的,及时向本级纪检监察机关通报情况,采取通报曝光、约谈提醒等措施,精准惩处问责,始终保持利剑高悬。

经验启示

　　坚持高位推动是确保法治督察深入推进的保证。市委、市政府高度重视法治建设督察工作,主要领导亲自审定工作方案,听取阶段性工作汇报,先后多次作出重要批示,提高了法治建设督察的执行力和落实力,倒逼法治建设责任落实、任务落细。**健全完善科学的法治督察考评体系是全面推进法治建设的制度保障。**针对法治建设工作量大面广的实际,不断探索建立科学、公正、切实可行的法治建设督察考评体系,形成了既符合督察工作要求,又适应法治工作实际的一整套较为成熟的法治督察工作方法,对法治建设与责任落实起到了督促推动和规范指导作用,成为促进法治建设目标任务落实的重要抓手和有效保障。**专业的高素质队伍是法治督察工作的重要保障。**针对基层法治督察力量比较薄弱、专业的法治督察人才较为匮乏的问题,建立法治督察专家库,定期开展业务培训,既吸收了优秀法治人才,充实了法治督察队伍力量,又能通过参加法治建设专项督察、日常监督,强化法治督察责任意识和人员专业能力,确保法治督察工作顺利推进。

2

第二编

服务高质量发展

北京市海淀区

创新开展网络市场监管与服务
推进网络市场高质量发展

　　自"十三五"时期以来，北京市海淀区平台经济新业态健康发展，以大数据、云计算、人工智能为代表的数字经济高端形态蓬勃涌现，聚集8家千亿元级领军企业，31家百亿元级企业和248家十亿元级企业。2023年数字经济核心产业增加值占地区生产总值比重达54.2%。海淀区立足全球数字经济标杆城市引领区、北京国际科技创新中心核心区建设，聚焦"平台经济先行者、数字经济主引擎"的功能优势，先行先试探索促进平台经济、数字经济高质量发展的新型治理模式，积极构建"党建引领、多元协同、政企共治、社会参与"的网络市场治理共同体，争当全国网络市场监管与服务排头兵。

一、创新网络服务"三个模式"

　　一是创新服务理念，打造"三无一管"模式。打造"无处不在、无事不扰、无微不至、管服一体"的新模式，全周期精准服务企业。截至2023年上半年，智能AI解答与工单专人办理相结合累计解决企业群众诉求4956件；开发智能小程序，累计为100余家企业在线办理需求400余件次。二是创新发展举措，完善"高效准入"模式。实现网络主体商事登记全流程线上办理，实践"容缺受理""结果登记"等制度创新，打造网络市场准入极简审批环境。率先探索"集群注册"模式，提供免费住所及孵化服务，为创新业态快入准营提供有力支持。三是创新维权机制，优化"诉求响应"模式。在"双11""618"等电商消费高峰期，提前开展双随机云抽查；试点头部平台"绿色通道""热线转接"机制，针对反映集中、问题突出领域进行集中规范，从源头化解消费纠纷。以某平台为例，聚焦"外卖餐饮行业食品安全问题"进行针对性治理，接诉即办工单总量同比下降约10%。

二、促进监管方式"三个转变"

一是促进分散式监管向场景化监管转变。开展电子商务领域跨平台联防联控工作试点，以一体化综合监管体系建设为依托，试点场景化监管措施，组织开展网络市场监管专项行动，有关联合专项整治取得系统性实效。二是促进事后干预惩治向事前风险预警转变。建立互联网平台企业信用承诺、信用公示、信用分类监管制度，试点违法风险预警机制，加强风险防控。坚持包容审慎监管，研究对互联网平台的差异化监管措施，为企业制作专属"法律法规服务包"，量体裁衣提高监管精准度，提升服务规范化水平。三是促进个体行为规制向行业规则治理转变。支持平台企业参与新兴领域国际标准制定和成果转化，推动互联网新业态自律自治。目前海淀区在建国家级标准化示范试点单位4家，包括数字经济、高端制造领域领军企业。108家企业建立了"企业科研与标准同步"工作机制。推动平台签署发布《网络直播和短视频营销平台自律公约》，促进新兴行业良性发展。

三、实现智慧监管"三个提升"

一是智慧政务驱动网络市场服务效能提升。打造网络市场"北京服务"品牌，推进"一照多址""一照一码"，创新发出加载"市场主体身份码"的营业执照。全面推进行政审批"便利化"，对市场主体办理广告发布登记等41类事项开通"绿色通道"，实行"一站式"服务。区领导、行业部门和街镇常态化联系走访企业3000余家，2023年办结企业诉求4068项，办结率99.4%。二是智慧执法引领网络市场治理效能提升。推行预警防控、双随机"云抽查"等非现场监管方式，推进以网管网、线上线下一体化监管。创新网络取证方式，实现对传统PC（电脑）网页、移动互联网信息实时取证固证。拓展探索非现场、无感式监管措施，进一步维护网络市场秩序。三是数字共治促进网络监管综合效能提升。发挥平台企业科技优势，指导某平台研发"天网""天眼"食安监控系统，指导某网站完善"AI赋能"商业风控体系，指导某短视频平台升级内容生态优化机制。

经验启示

一是协同提升网络市场治理效能。深化部门协同、区域协同和行业协同，发挥区网络市场监管联席会议机制优势，推进网络综合治理体系建设，构建与现代化网络市场相适应的治理模式。二是着力推动前沿科技赋能治理模式。立足科技创新出发地、原始创新策源地、自主创新主阵地"三大高地"先发优势，统筹政府综合监管服务资源，以大数据驱动智慧政务、智慧监管等方面数字治理。三是积极运用法治激发发展新动能。运用法治思维、法治方式鼓励平台企业紧盯全球技术前沿，加大产品和服务创新力度，赋能行业合规发展和转型升级，构建开放创新生态，培育壮大新质生产力，为高质量发展注入新动能。

北京市房山区

构建"三协同"模式　法治护航京津冀生态文明建设

习近平总书记强调"要在生态保护机制创新上下功夫，京津冀要走在全国前列"。北京市房山区位于北京西南部，南部和西部分别与河北省涿州市和涞水县接壤，是防御沙尘北上进京的最后屏障，域内拒马河流域又在河北省保定市和雄安新区上游。特殊的地理位置决定了房山区的生态环境建设不可能单打独斗，区域环境保护必然要走联防、联控、联治路径。近年来，房山区深入贯彻落实习近平法治思想、习近平生态文明思想，围绕生态环境治理，构建京冀区域协同、一府两院协同、执法部门协同"三协同"模式，持续以法治护航京津冀生态文明建设。

一、推进京冀区域协同，建立生态环境治理的省际法治保障模式

一是建立协同治理机制。将"加强与河北省保定市司法行政系统结对共建，依法推动京津冀协同发展"作为重点，抓好与保定市的法治协同。两地政府联合签署战略合作协议，每半年召开党政主要领导座谈会，就产业协作、生态环保、文旅融合等事项联系对接。联合印发《跨省（市）界河流水污染防治工作机制》，签订《协同执法框架协议》，建立分领域工作专班对接制度，组建房涞涿专题工作组，搭建起区域联防联控协助机制体系，变分段治水为全域治河。二是共享监测预警信息。以空气污染防治为例，两地成立协作小组，建立监测预警和空气重污染联防联控机制。一方面，以监测网络为依托，重点关注临界区域空气质量，信息数据共享，相互预警高值点位，对热点网格采取联合整治。另一方面，对重污染过程进行预测预报、会商研判，建立同步提前启动空气重污染应急各项监管措施机制，2022年北京冬残奥会期间，实现步调一致、协同治霾。三是推进执法检查联动。两地执法部门依托协同机制，及时快速解决环境违法问题，消除执法"盲区"。2023年上半年，联动执法3次，对拒马河流域开展联合巡查，对行政交

界处的重型柴油车进行检查。共出动执法人员60余人次，检查固定源点位8处，检查柴油车45辆，发现问题8起，已全部整改。

二、推进一府两院协同，完善生态环境治理的违法犯罪行为查处模式

一是构建常态化政府与检、法联动机制。制定《"府院联动"常态化机制工作方案》等文件，每年召开一次主要领导联席会议。针对生态环境保护等涉及重大公共利益的案件，通过召开通报会、座谈会、研判会等形式，组织司法机关和相关部门共同会商研究解决问题，实现行政效能、司法效力、社会效果的有机统一。二是府院联动，"三专三快"办理生态环境违法犯罪案件。持续探索生态环境案件裁判和执行方式创新"突破口"，区法院建立"专案、专办、专对接"机制，提高司法审判效率，达到该类案件"快审、快结、快执行"的效果。府院联合制定实施《共建生态环境保护领域行政执法和刑事司法衔接联动机制》，将"各司其职、有效衔接、强化协调、一体联动"的生态环境执法司法协同机制进一步落实到具体部门和具体环节。打造首批生态法治公园及普法驿站，与周边5家津冀法院签署环境资源审判协作协议，共同推进京津冀生态文明建设。三是府检联动，"依法行政+检察监督"查处生态环境违法犯罪行为。2017年，房山区办理的"某铝制品公司偷排有毒废水案"成为北京环保警察成立以后侦破的首案，打响了首都生态环境领域行刑衔接"第一枪"。2021年，出台《房山区行政执法与刑事司法衔接工作办法》，指导全区行刑衔接工作有序开展，截至2023年年底，已移送涉嫌犯罪案件14起，累计查处构成环境污染刑事案件9起，全部依法追究当事人刑事责任。府检联合制定实施《共建生态环境保护领域行政执法和司法检察联动机制》，确立联席会议、案件会商、工作通报、线索移送、普法宣传、联合培训等措施，保障机制有效运行。

三、推进执法部门协同，构建生态环境治理的常态管理模式

一是构建齐抓共管格局。区委牵头抓总，区委生态文明建设委员会统筹开展生态环境污染防治工作，各执法部门均确定专人联络员，建立信息共享机制及"通报—约谈—移交"问责机制，对于环保执法不严、反馈问题整改不作为、慢作为等问题，问责追责，形成警示和震慑。近年来，通过问责机制，已累计通报督

改问题654件，约谈部门、属地主管负责人12人次。二是实行闭环管理模式。各有关部门梳理"源头—过程—处理处置"监管流程，对于发现的违法违规排污等损害生态环境的行为，依法依规采取行政处罚与行业处置相结合的方式，形成社会多元共治、行业主管部门全过程监管模式。建立生态环境问题"巡查—发现—上报—移交—解决—反馈"的闭环管理机制，属地政府对巡查发现的生态环境问题，能解决的立即解决，不能解决的上报区有关部门提级管理共同解决。同时，将问题处理处置情况及时反馈至一线巡查检查人员，加强问题点位盯防，严防反弹。三是开展专项联合执法。在环保领域开展一系列专项联合整治行动。2021年，针对一起随意倾倒建筑垃圾案件，房山区开出自《北京市建筑垃圾处置管理规定》实施以来全市首张100万元高限罚款罚单，向社会各界展示出房山区对相关违法行为"零容忍"的态度。

经验启示

一是坚持主动破局，精心绘制京冀生态共建蓝图。发挥两地比较优势，推动生态环境治理一体化，房山区主动打破行政区划限制，加强与保定市在生态环境保护方面的交流，推动京冀区域协同，形成措施一体、优势互补、互利共赢的生态共建新局面。二是坚持司法保障，扎实有力推进生态文明建设。以一府两院协同为抓手，注重行政执法机关、司法机关、公安机关的联动，确保案件办理质效，形成打击破坏生态环境违法犯罪行为的高压态势。三是坚持执法从严，切实维护生态环境监管秩序。积极建立部门间协同联动机制，实行闭环管理，开展专项联合整治，有效提升了监管职能和执法效率。

天津市宁河区

在法治轨道上推进七里海湿地生态保护修复

2017年,中央环保督察组对天津市开展环保督察期间,明确指出七里海湿地保护工作中的不足和问题,为七里海湿地生态保护敲响了警钟。天津市宁河区深入学习贯彻习近平法治思想、习近平生态文明思想,坚持法治护航,依法采取有力措施开展七里海湿地保护,全力推进生态保护修复,七里海湿地生态面貌持续向好、植被物种不断丰富、野生动物数量明显增加。

一、坚持以制度规范为先导,全面夯实湿地保护法治根基

一是严格依法保护。按照《中华人民共和国湿地保护法》和《天津市湿地保护条例》要求,对七里海湿地实行统筹规划,明确湿地管理体制、规划名录、监督管理、法律责任,实施分级分类保护。根据《天津市湿地生态补偿办法》,对湿地自然保护区实施退耕还湿、生态移民、生态补水的补偿问题作出规定,明确补偿标准、资金来源、发放程序。二是实施分类管理。按照《自然保护区条例》等法律法规,明确划分七里海湿地自然保护区、核心保护区和一般控制区范围。依法实施分类管理,自然保护区内禁止猎捕、采挖、开垦等破坏湿地及其生态功能的活动,核心保护区最大限度限制人为活动,一般控制区禁止法律法规允许外的开发性、生产性建设活动。三是压实各方责任。将七里海湿地依法保护修复纳入市、区两级"十四五"规划和区委区政府重点工作,出台《关于建立七里海保护区管理长效机制的实施意见》,明确各部门的湿地保护权责,坚持有权必有责、有责要担当、失责必追究,推动形成责任明晰的闭环体系。

二、坚持以依法决策为基础,大力实施保护修复十大工程

一是统筹抓好规划决策。依法编制《天津市湿地生态保护修复规划(2017—

2025年）》《七里海湿地生态保护修复规划（2017—2025年）》，创新建立湿地"绿色系数"评价体系，实施历史遗留清理、土地流转、引水调蓄、鸟类保护、生态移民等"十大工程"。二是深入开展专家论证。严格执行重大行政决策程序，对保护区内工程项目建设，组织专家开展必要性、可行性、科学性论证，对可能产生环境问题的项目明令禁止，对可能不利于保护修复工作的项目谨慎上马。三是全面保障公众参与。决策过程中，采取向社会公开征求意见、民意调查等形式听取社会公众意见，关注政务微博、区融媒体中心等新媒体，密切关注收集舆情情报，做到科学研判、有效回应。四是严格执行合法性审查。对规划草案严格履行合法性审查程序，由相关职能部门及时进行合法性审查，同时认真听取法律顾问、公职律师的法律意见。

三、坚持以修复生态为目标，全面加强执法司法保护

一是依法纠正违法建设乱象。严格依照法定程序，累计拆除违建点位230处，迁出坟茔856座；封堵通往核心区的道路43条，兴建环海围栏49公里；对203家高污染、高能耗企业依法坚决关停取缔。二是运用法治方式退耕还湿、退渔还湿。完成12.4万亩苇田水面及土地流转，结束了30多年"割据管理"的局面；打造5条补水线路，湿地水域覆盖面积由不到3万亩增长到4.5万亩；累计修复湿地面积约3.5万亩，恢复浅滩1.5万亩，修复植被超1.6万亩，湿地"绿肺"功能得到有效增强。三是严格湿地生态环境执法保护。强化巡防巡护，设立七里海警务站，组建巡查巡护支队，实行24小时巡护。强化技防监督，打造七里海湿地生物多样性监测平台，设立视频监控系统和大气、水质监测点，实时排查违法行为。强化联防联控，制定《天津市七里海湿地自然保护区联合巡查巡护工作方案》，签署《宁河区与唐山市生态环境执法工作协同框架协议》，主动对接市规划资源局、市公安局等部门开展联合巡查执法专项行动，形成齐抓共管的工作合力。四是加强湿地生态环境司法保护。成立七里海环境资源法庭和七里海湿地自然保护区生态检察工作站，制定出台《关于加强七里海湿地自然保护区生态环境和资源保护公益诉讼协作办法》《关于建立生态环境和资源保护领域公益检察协作机制的意见》，依法打击危害生态环境犯罪。

四、坚持以政策宣贯为抓手，构建共建共治共享保护模式

一是深入开展法治宣传教育。天津市委主要领导多次到七里海湿地调研指导并宣讲湿地保护政策知识，引导村民牢固树立绿色发展理念。宁河区将《中华人民共和国湿地保护法》等法律法规纳入"八五"普法规划、普法依法治理工作意见和"谁执法谁普法"重点宣传项目，教育引导企业和个人提升生态文明和环境保护意识。二是营造良好生态舆论环境。组织40余家媒体对七里海湿地调研采访，多家门户网站、报刊对七里海湿地保护成效进行报道，积极引导各方力量参与湿地保护、建设、管理，形成全社会共建共治共享新模式。三是大力宣传和落实生态补偿政策。深入宣传湿地生态补偿相关法律法规，教育引导群众依法表达诉求、维护合法权益。积极落实生态补偿规定，坚持高于土地承包收入的流转费标准，让群众得到实实在在的生态补偿。

> **经验启示**
>
> 一是生态保护修复需要法治护航。建立健全行政执法与公益诉讼审判协作机制，充分发挥行政机关和司法机关在生态环境保护中的职能作用，形成行政和司法保护合力，对于在法治轨道上推动生态环境治理能力和水平提升具有重要意义。二是生态保护修复需要机制保障。通过建立多部门生态环境保护协作联动共治机制，推动行政主管部门与法检机关良性互动，整合多方力量推进湿地生态环境问题有效治理，为宁河区全域生态环境保护提供了有力制度机制保障。三是生态保护修复需要多元参与。保护修复工作涉及多部门、多行业、多领域，需强化协同治理，推动形成一体化生态环境保护工作新格局。

河北省唐山市

创新建立税费争议调解机制
精准发力提升专业化调解水平

　　河北省唐山市税务局将税费争议调解作为坚持和发展新时代"枫桥经验"具体抓手，以"1+1+N"为总体规划，因时应势在RCEP（区域全面经济伙伴关系协定）唐山企业服务中心建立中国（河北）自由贸易试验区曹妃甸片区税费争议调解工作机制。2023年共调解争议9起，涉及税款金额4118万余元，有效将矛盾化解在萌芽状态，避免进入复议、诉讼程序。

一、注重制度设计，健全制度规范

　　一是抓建章立制。按照"总局主导、省局主推、市局主责、县（市、区）局主建、所厅（分局）主创"的原则，注重示范引领、制度先行，明确组织领导、工作流程和岗位职责，制定涉税争议咨询调解中心运行工作制度、涉税争议调解工作流程等规范，结合实际将"涉税调解"进一步扩展为"税费调解"，为"矛盾不上交，一站式化解"提供组织保障和制度保障。二是抓综合治理。结合税费争议调解工作实际，与市自贸办、公安、司法、法院、检察院、医保、人社等部门共同研究建立了税费争议综合治理机制，设立税费争议综合治理委员会，各单位选派专业人士组成税费争议综合治理小组，依法推进自贸区曹妃甸片区税费争议调解工作，有效保护纳税人缴费人合法权益。三是抓协同联动。建立重大疑难案件会商机制，对税费争议调解工作中遇到的复杂、疑难、重大案件，由综合治理小组召开专门会议商讨审议，调解中心参考会议结果进行调解，高效调处与群众利益息息相关的热点、难点、堵点案件，实现社会效果与法治效果有机统一。

二、注重执法、服务并举，重塑治理流程

一是加强闭环管理。梳理税费争议调解全流程，重点围绕"启动—调查—调解—履行—归档—推广"六个环节，常态化开展诉求收集、服务体验、质效回访、争议解决、投诉受理等工作，建立"线上+线下""一站式受理、分级分类处理、全流程跟踪反馈"闭环管理机制，努力让矛盾争议化解在"指尖"和"前端"。二是注重权益保护。税费争议调解中心立足保护纳税人缴费人合法权益，在调解过程中，兼顾多种价值考量，既平等保护争议双方的合法权益，也维护国家利益、公共利益。一方面，保障纳税人缴费人的表达权、知情权、发言权，让纳税人缴费人充分参与到调解中来；另一方面，精准把握和满足纳税人缴费人的合法合理诉求，让每一起税费争议案件的化解都兼顾税法的刚性与柔性，真正做到"案结、人和、事了"。三是完善工作程序。为提高税费争议调解工作效率，更好服务自贸区经济社会高质量发展，调解中心打通政策请示答复渠道，探索建立了税费政策争议明晰机制。对政策争议转办、请示、答复等流程和时限作出了明确规定，确保政策答复及时、高效，减少因政策争议而产生的阻塞时间，急纳税人之所急，行纳税人之所盼。

三、注重人才支撑，成立专业团队

一是配强工作专班。探索组建专业化调解团队，统筹公职律师等资源，打造集"1名党委委员+1名公职律师+10名业务骨干+N名党员志愿者"的金牌调解团队。二是广纳社会贤士。邀请地方司法部门人员、外聘法律顾问、涉税专业机构人员等加入调解团队，组建30余人的强大后方"智囊团"，探索行业性、专业性调解。邀请100名纳税人缴费人代表参与税费服务体验、税费政策宣传等，引导纳税人缴费人自觉遵守税法。三是培育基层试点。以保税区税务分局为土壤试点培育"枫桥式"税务分局，深化"纵向+横向"联动配合，实现"小事不出分局、大事不出县局、矛盾就地化解"，树立起基层调解的良好口碑。

经验启示

一是坚持人民至上。践行新时代"枫桥经验"的首要重点就是坚持党的群众路线，牢固树立以人民为中心的理念，聚焦税费矛盾纠纷解决中的难点、堵点，不断提升便民办税、纾困解难的能力本领。二是坚持问题导向。实现税费争议源头治理，必须充分利用信息化手段发现问题，依托专业化能力解决问题，真正实现将矛盾化解在基层、化解在萌芽阶段。三是坚持系统观念。必须更加自觉坚持和运用系统观念，切实提高综合治理效能，以法检公税四方合作为基础，加强在涉税争议方面的执法、司法有机联动。

山西省平遥县

多点发力　协同推进　法治服务文旅产业高质量发展

平遥古城是中国境内保存最为完整的一座古代县城，现保存古城墙6162.7米，街巷199条，明清传统民居3798处，全县不可移动文物1075处，各级文保单位143处（国家级20处、省级2处、市级4处、县级117处）。2022年1月27日，习近平总书记考察调研平遥古城，寄予"敬畏历史、敬畏文化、敬畏生态"的殷殷嘱托。山西省平遥县深入学习贯彻习近平法治思想、习近平文化思想，牢记总书记嘱托，践行三个"敬畏"，围绕打造"国际旅游目的地，遗产保护首善地，晋商文化窗口地，特色产品展示地"的目标，坚持立法、执法、司法、守法普法统筹推进，有力促进文旅产业高质量融合发展，让拥有2800年历史的平遥古城在保护和传承中焕发出新的生机和活力。

一、立法"规"城，为古城实现良法善治奠定制度基础

坚持立法先行，依法推进历史文化遗产保护和发展。一是立足地方实际推动修法。为全面保护好古城文化遗产，成立立法修订领导组、执笔工作组，先后召开12次专题会议研究，积极推动修法进程，确保新修订的《山西省平遥古城保护条例》（以下简称《条例》）更好适应古城蓬勃发展的现实需要。二是坚持"小切口"解决问题。《条例》在制度设计上，将古城内的所有建设和经营活动都纳入治理范畴，考虑到遗产保护区、旅游景区和居民生活区"三区合一"的特点，改善基础设施，鼓励民居民住和保护传承；在制度保障上，明确省市县三级政府责任以及在财力投入、基础设施改善等方面职责；在具体措施上，围绕古城基础设施滞后、无序化建设、无序化经营三大突出问题，提出有针对性的解决办法；在文化传承上，增加传统村落保护内容，为古城、古村、古堡一体化发展奠定法律基础。三是综合完善配套制度机制。《条例》授权平遥县对古城保护管理制定制度、办法。平遥县启动2014年版《平遥古城保护性详细规划》（以下简称《详规》）的修编工作。与联合国教科文组织共同编制《平遥古城传统民居保护修缮及环境治理管理导则》和《平遥古城传统民居保护修缮及环境治理实用导则》，有序推进交通管制规划等5部专项规划编制，印发《平遥古城传统建筑工匠备案管理制度》等8项管理办法。建立古城保护和管理联席会议等重大机制。同时，配套制定《平遥推光漆器髹饰技艺保护条例》《平遥古城消防安全管理办法》。

二、依法"治"城，破解古城发展难题

成立古城消防队、古城派出所、古城旅游警察大队、古城景区管理公司等执法和管理运营机构，本着敬畏历史、对人民负责的态度严格执法，确保政治效果、法律效果和社会效果的统一。一是推进执法改革。大力推进涉及古城保护和管理的综合执法体制改革，在城管执法、文保和文旅执法、市场监管执法领域实行行政处罚权相对集中。鉴于古城区同时存在1个乡镇和3个街道办事处，在城区乡镇（街道）综合行政执法改革中实行差异化赋权，除部分迫切需要执法的事项外，行政执法仍以城管等县直部门为主，避免了新的多头执法。建立"三勤合一"执法机制，实现城管、古城派出所、古城旅游警察大队在古城内联动执法，有效解决了旅游城市顽瘴痼疾。二是实施综合整治。2018年以来，对古城内57处违反《详规》的超高"伪古建筑"全面拆除。针对"拆真建假、拆旧建新"行为，建立《平遥古城违法建设查处联动工作机制》等21个制度机制。投资9.8亿元实施古城"立面、街面、天面"整治工程，对古城内不协调建筑、不配套功能、不合拍门店，依法进行规范整治，有效杜绝了"千店一面"，古城传统建筑风貌得以存续和发展。三是依法规范旅游秩序。严查"黑导""黑车""黑店"，严打拦客、欺客、宰客行为。强化行政执法和专项整治，加强日常巡查。对标国家5A旅游景区评定标准，对县内23个景点评定审核，打造高标准古城智慧旅游平台，旅游品质实现进一步提升。

三、司法"护"城，融入司法保护元素

聚焦优化古城营商环境，加强古城司法保护。一是深化涉企经营司法保护。紧扣平遥牛肉和平遥推光漆器"非遗双宝"品牌，成立平遥牛肉知识产权检察保

护中心，充分发挥刑事、民事、行政、公益诉讼保护、法律咨询、法治宣传等职能，一体解决侵犯知识产权刑事责任追究和民事责任承担问题。依法办理假冒注册商标案等侵犯企业合法权益的知识产权犯罪，维护公平竞争、诚信有序的市场环境。县法院聚焦审执主业，诉前调解涉企案件60余件，快立、快审、快执1300余件，部分案件1天内审结，最大限度在时间上减轻涉企诉讼对企业经营的影响。二是构建"司法+历史文化保护"模式。筹建平遥古城文化保护法庭，实行立审执一体化工作机制，积极参与古城综合治理，严厉打击妨害文物管理、破坏环境资源等犯罪行为，妥善处理古城文化、环境资源、旅游市场领域民事纠纷，依法强制执行、兑现生效法律文书。同时通过公开庭审、发布典型案例，实现了审理一案、教育一片的辐射效应。2023年依法审结古城内物权保护、工程合同纠纷等案件59件，以司法举措为古城保护注入了司法新动能。三是开展公益诉讼"治未病"。充分发挥检察机关文物保护公益诉讼职能，成立古城文化保护检察工作站，立体化构建古城保护检察屏障，围绕古建筑、古石刻、古村落、古树木、非物质文化遗产五个领域开展"守护千年时光"专项行动，实地走访文物建筑50余处，实地勘察全县古树名木200余棵，就消除消防隐患、加强日常巡查养护等向相关行政机关发出检察建议4份，形成了古城保护"行政+检察"模式，文物保护质量进一步提升。

四、普法"润"城，营造全民保护古城氛围

促进依法保护古城人人参与，积极推行"法治+文旅"融合普法新模式，将法治文化和普法教育有机融入旅游体验，提升全民护城意识。一是抓住关键少数。强化领导干部法治思维，规范古城保护及开发重大决策程序，政府法律顾问全过程参与，促进领导干部形成法治自觉。二是推动全民参与。将每年六月第二周设为"平遥古城保护宣传周"，平遥"一城两寺"研究院被设为山西省人大常委会立法联系点。常态化开展古城文化大讲堂和古城法治宣讲课，邀请对平遥古城文化有深入研究的专家、学者进行公益讲座，开展44期"线上线下"直播大讲堂。建立"联勤联动""联防联治"工作机制，调动"平安妈妈"古城消防劝导团、夜间"巡更队""红袖标"消防志愿者参与，及时消除古城内的安全隐患。三是彰显法治教化。建成以监察法治文化为主题的中国（平遥）监察文化博物馆，博物馆

法治元素鲜明,"扬清激浊"蕴含着中国古代监察制度的价值精髓,体现了"明主治吏不治民"的治理理念。博物馆全面展示监察历史脉络和监察法制体系,是汲取监察文化精髓,推进依法治国的生动体现,2021年被确定为省级法治宣传教育基地。

经验启示

一是**法治全链条促进发展**。法治是最好的营商环境,搭建由党委政府牵头、部门齐抓共管、社会力量各方参与的工作架构,法治全链条保护利用文化遗产,推动文旅产业高质量发展。二是**特色立法夯实基础**。做实"小切口"立法,切实发挥立法的引领、服务、保障、推动作用。注重法律规范和其他社会规范相互配合,从制度建设上促进文旅产业融合发展。三是**执法改革因地制宜**。"一支队伍"管执法等改革深入推进,特别是乡镇(街道)综合行政执法改革与城管执法改革相结合,确保走适合平遥古城的综合执法改革之路。四是**司法保护探索新路**。成立古城文化保护法庭、古城文化保护检察工作站、平遥牛肉知识产权保护中心,以创新性司法举措为古城文旅融合发展注入司法新动能。五是**守法普法润物无声**。增强依法保护古城全民参与度,采取多种普法形式,让尊法守法成为古城居民的价值追求。

山西省忻州市

法治之力赋能专业镇高质量发展

2022年，山西省政府出台支持专业镇高质量发展的若干政策，明确忻州等地要培育锻造全国有影响力的产业名镇，打造北方地区新的特色制造产业和消费品工业集聚区。山西省忻州市深入学习贯彻习近平法治思想，紧紧围绕山西省决策部署，贯彻落实省委依法治省办《关于法治保障特色专业镇高质量发展的若干措施》，充分发挥法治固根本、稳预期、利长远的保障作用，从制度建设、服务保障、市域治理等维度，营造有利于忻州特色专业镇发展的良好法治化营商环境，推动专业镇高质量发展进入"快车道"。2023年，全市专业镇累计完成产值282.8亿元，定襄法兰与代州黄酒两个省级专业镇累计完成产值157.5亿元，增速11.7%。

一、下好制度建设"先手棋"，以稳定公平的政策环境赋能专业镇高质量发展，点燃"强引擎"

一是持续释放政策红利。从促进产业提质增效、鼓励企业转型升级、提升载体发展水平、要素支持保障、创优营商环境等方面出台支持专业镇建设20条具体政策，指导各重点专业镇出台实施方案和政策支持文件，配套形成保障专业镇高质量发展的省、市、县"1+2+N"政策矩阵。开展主导产业公用品牌宣传，优化融资服务保障，对专业镇发展中保障用地用能和环境容量需求、人才智力支撑等给予专项支持或政策奖励，稳定市场预期和信心，促进企业创业创新。二是着力破除发展壁垒。大力推进"专业镇+市场主体"培育模式，建立健全规范性文件制定与监督管理工作机制，公布行政规范性文件制定主体清单，更新市本级行政规范性文件目录，打破妨碍统一市场和公平竞争、不利于专业镇民营经济发展的"隐形门"，降本减负优化营商环境，让企业轻装上阵，充分发挥法治引领专业镇市场主体集聚效应，促进主导产业市场主体稳步增加。2023年，全市专业镇主导产业新增企业107户。三是严格履行决策程序。健全重大行政决策程序，建立合法性审核和公平竞争审查联动机制，构建起草部门和司法行政部门双重把关、法治审核机构和法律顾问"背靠背""2+2"双重审核制度，加强公平竞争审查，拓宽市场主体参与决策渠道，积极倾听民营企业家的实际诉求，确保行政决策合法合理，最大限度减少政府对市场的直接干预。

二、下好服务保障"制胜棋"，以优质高效的政务环境赋能专业镇高质量发展，跑出"加速度"

一是信用承诺让企业更省心。实行证明事项告知承诺、涉企经营许可事项告知承诺、投资项目承诺制等便民举措，推行综合受理窗口无差别服务，全面实现"一窗受理、一套材料、一次提交、一窗出件"的审批模式和"一号服务、一次告知、一次反馈"的服务模式，推进电子证照应用，实现高频资质证件100%互认。二是税收政策让企业更舒心。编制专业镇"特色产业税收优惠政策指引"，开通特色专业镇企业纳税服务"直通车"，配备税费服务"税管家"，大力推动"税银贷"服务产品，针对定襄法兰专业镇组建"锻乡税客"专家服务团队，针对代州黄酒专业镇设立"黄酒企业专窗"，精准实施分级分类管理和服务，为企业提供"一对一"个性化辅导和定制化服务，实现特色专业镇企业政策直通、诉求直达、数据直连，帮助企业用足用好税费政策。三是法律服务让企业更放心。建立法律服务资源跨区域流动机制，组建公益法律服务团，每季度深入当地产业集聚区开展法治体检、法律宣传、解答咨询、法治讲座等法律服务活动。提供"巡回办"+"上门办"公证服务，司法鉴定机构、法律援助中心等开通涉企法律服务绿色通道。根据专业镇产业特性和融资需求建立"白名单"，量身定制融资、结算、辅导、咨询等"一揽子"金融服务。提升涉外法律服务能力，编制《中国出口法兰锻件产品WTO/TBT—SPS技术性贸易措施评议基地2022年度技术性贸易措施研究评议汇编》，帮助企业增强运用国际贸易规则，合理规避贸易风险的能力和水平。

三、下好市域治理"长远棋"，以和谐善治的发展环境赋能专业镇高质量发展，彰显"新活力"

一是加强包容审慎监管机制建设。建立"免罚清单"，推行告知、提醒、劝导执法方式，减少对市场主体正常经营活动干预。积极探索推进行政执法监督向乡镇延伸，打造行政执法与执法监督"双下沉"工作模式。畅通行政复议申请渠道，加大对涉企违法或不当具体行政行为的纠错力度，引导行政机关实行自我纠错，将涉企纠纷化解在行政程序中。加强政务诚信建设，推动各级党政机关自觉履行法院生效裁判，持续清理涉政府机构拖欠市场主体账款、不兑现政策、未履行承诺等行为。二是构筑知识产权司法保护屏障。定襄县、代县挂牌成立知识产权检察保护中心，法院、检察院、公安、市场监督管理部门建立常态化信息互通、案件办理衔接机制，一体解决刑事追责、民事赔偿、行政处罚、公共利益保护问题，打造保障创新的法治环境。三是加大矛盾纠纷排查化解力度。践行新时代"枫桥经验"，将劳动争议、合同履行、知识产权等涉企矛盾纠纷作为重点，利用电话、网络等多种形式开展调解工作。推动设立市级商事调解组织，选取熟悉情况、公信力强、了解市场的商会成员和专业律师担任调委会调解员，加强人民调解、行政调解、司法调解、信访调解的有效对接，形成多元化解合力。

> **经验启示**
>
> **统筹推进是关键。** 在推动专业镇建设中，忻州市委坚持"一盘棋"抓法治，统筹协调、部门联动、齐抓共管，形成了工作合力，以法治赋能专业镇高质量发展。**政策支持是基础。** 完善涉企重大行政决策程序、出台保障专业镇发展措施，有效破除企业发展的各种壁垒，不断规范市场竞争秩序，为构建专业镇发展格局奠定坚实基础。**优化服务是重点。** 政府部门优化服务流程、提高办事效率，企业可以享受到更加专业化、个性化、精细化的法律咨询和专业服务，有效提振企业发展信心，激发专业镇发展活力。**执法司法是保障。** 审慎推进企业监管执法、提供高效权威司法保障，通过法律途径解决企业面临的各类矛盾问题，营造服务和保障专业镇建设的良好氛围。

吉林省四平市

坚持"全链条"发力　筑牢黑土地保护的法治屏障

吉林省四平市深入学习贯彻习近平法治思想、习近平生态文明思想，贯彻落实习近平总书记关于黑土地保护的重要讲话、重要指示精神，以法治方式全链条发力，切实把黑土地这一耕地中的"大熊猫"保护好、利用好。2023 年，全市实施保护性耕作面积 580 万亩，比上年增加 10 万亩，超省定计划任务 59 万亩；耕地质量平均等级 3.81 等，比 2020 年提高了 0.08 等，有效遏制了黑土地的退化趋势，进一步筑牢了粮食安全的法治保障防线。

一、以科学立法为基础，健全完善黑土地保护法规制度机制

一是加强黑土地保护地方立法。四平市先后出台《四平市黑土地保护条例》《四平市农田水网条例》《四平市乡村人居环境治理条例》《四平市河道管理条例》等地方性法规，形成了比较完善的黑土地保护法规制度体系。特别是《四平市黑土地保护条例》对水土流失治理、保护性耕作等工作进行了制度化、系统化规范，将黑土地保护利用全面纳入法治化轨道。二是加强涉黑土地重大决策合法性审查。截至 2023 年年底，先后审查完成《四平市农业农村现代化"十四五"规划》《四平市黑土地保护总体规划（2021—2025 年）》《四平市人民政府办公室关于四平市全域统筹推进畜禽粪污资源化利用的指导意见》《四平市"十四五"生态环境保护总体规划》等涉及黑土地保护工作的重大行政决策事项，确保黑土地保护制度符合法律、法规和规章规定。

二、以严格执法为重点，着力查处破坏黑土地保护违法行为

一是加强黑土地监测监管。严格控制建设占用耕地，坚决制止耕地"非农化"、防止耕地"非粮化"，常态化开展黑土地污染状况调查、土壤污染风险评估，

制定黑土地土壤污染重点监管单位名录，严格执行生产建设项目水土保持"三同时"制度，通过黑土地监测站（点）进行现场检查、实地勘探、调查取证，有效防止破坏黑土地违法行为发生。二是加大涉黑土地行政处罚力度。开展打击"毁坏森林资源违法行为"专项行动，2021年至2023年，立案查处盗伐林木、毁坏林地、违法使用林地等涉林行政案件115件，建设农田防护林14664.7亩；立案查处非法占用耕地案件114件，涉及耕地172.1公顷。

三、以公正司法为保障，依法严厉打击破坏黑土地保护犯罪

一是强化涉黑土地保护案件审理、执行。市中级人民法院开展"保护黑土地资源、促进乡村振兴"专项活动，对涉及黑土地保护类案件，开辟"绿色通道"，建立"快立、快调、快审、快判、快执"工作机制，加大涉黑土地保护刑事诉讼案件、民事诉讼案件、行政诉讼案件审判和执行工作力度。2021年至2023年，全市法院办理涉黑土地刑事案件48件、行政案件160件。二是强化涉黑土地保护检察监督。市人民检察院出台进一步加强黑土地保护工作的实施意见，开展"守护黑土粮仓"专项检察监督三年行动（2023—2025年），加强对涉黑土地保护和粮食安全刑事检察、民事诉讼、行政检察监督，推进相关公益诉讼检察工作，打造"精准化打击+多元化监督+专业化办案+社会化治理+法治化服务"的黑土地保护检察模式。2021年至2023年，全市检察机关共起诉非法倒卖土地、占用耕地等涉地类犯罪案件27件34人，办理黑土地保护领域公益诉讼案件134件。三是加强涉黑土地保护司法联动。法院、检察院、公安机关、纪委监委与行政机关建立黑土地保护联动工作机制。市人民检察院与市纪委监委建立黑土地保护领域问题线索双向移送反馈工作机制，市人民检察院牵头召开黑土地保护检察监督与行政执法衔接联席会，推动构建"1+N"黑土地法治化治理大格局。

四、以普法依法治理为依托，提升全社会依法保护黑土地意识

一是将黑土地依法保护纳入基层治理体系。全市法院创设"法官进网格"工作模式，146名法官深入142个网格，2021年至2023年，化解矛盾纠纷636件，推动形成"网格吹哨、法官报到"工作新模式。全市司法行政机关发挥人民调解"第一道防线"作用，在化解黑土地纠纷中，探索实施下沉力量"靠前"摸排、应

急分队"靠前"处置、法律资源"靠前"服务的"三个靠前、就地化解"工作法，在确保农民利益的基础上，实现粮食生产和平安建设"两不误、两促进"。二是推动黑土地保护普法责任落实。严格落实"谁执法谁普法"普法责任制，在全市组织开展"法治护航黑土地"主题宣传活动，通过县（市）区轮流承办的形式，全域开展黑土地保护法治专题讲座、法治文艺演出、涉黑土地保护法律咨询等活动。市纪委监委紧扣涉农领域违纪违法问题，开展"四平市黑土地保护专题警示教育展"，截至2023年年底，共举办166场接待6000余人。各相关行政执法部门常态化开展黑土地保护法律法规宣传，各地充分利用基层法治文化阵地和活动载体开展宣传活动。近3年来，发放宣传材料1.2万余份，举办活动150余场，惠及群众30000余人，全市黑土地依法保护意识明显提升。

经验启示

一是坚持用科学理论指导实践。深入贯彻落实习近平法治思想和习近平生态文明思想，将法治理念和绿色发展理念全面融入黑土地保护工作中，不断提升依法治理能力，让黑土地保护成为法治建设的经典案例，成为生态文明建设的有效实践。二是坚持依法保护建立长效机制。将法治作为黑土地保护的基本方式，通过一系列相关地方立法，健全完善相关制度，进一步强化规范涉黑土地保护执法、司法，许多难点堵点问题通过法律手段迎刃而解。三是坚持统筹联动凝聚工作合力。将黑土地保护作为重点工作内容，市县两级党委政府分工协作，市委、市政府主要负责同志亲自指挥部署，执法司法部门积极履职尽责、密切配合、协调联动，形成黑土地依法保护的强大工作合力。

上海市徐汇区

紧扣企业法治需求　数治赋能法治供给

上海市徐汇区是中西科技交流的发源地之一，大院大所大校大企云集，科技创新氛围浓厚。近年来，徐汇区乘势而上，以"十四五"时期法治建设规划为引领，聚焦人工智能、元宇宙、数字经济、生命健康等新赛道新动能，以数治赋能优化法治供给，持续深耕企业信用监管、知识产权保护、涉企法律服务等工作，以"店小二"精神提振企业发展信心、厚植经济发展沃土，吸引外资能力不断增强，企业营商环境满意度显著提升。

一、深化信用监管模式，激发企业诚信经营内生动力

徐汇区持续探索企业信用评价标准，构建以信用为基础的新型监管机制。一是创新行业信用监管。打造监管码、信用码及消费码"多码合一"的"汇商码"，并根据市场需求开发升级"汇商码+"智慧微应用，形成"随手可及、各得所需、多方互通"的服务型监管模式。建成覆盖零售药房的智慧监管系统，构建以"环信码"为核心的"互联网+"环境信用监管体系，推进智慧化执法监管。建立工资保证金动态存储制度，基于企业信用评价状况建立可申请企业"白名单"，让诚信经营主体切实享受到信用红利。二是深化信用便企举措。建立"1+X"企业公共信用评价体系："1"为公共信用综合评价，"X"为行业信用评价（如税务局、海关、市场监管局等行业主管部门评价），综合企业信用风险评定结果，将辖区企业分为四个等级，以此作为信用监管、信用贷款、政策扶持、公共资源交易等依据。聚焦中小微企业融资难、融资贵等实际问题，加大信用建设支撑力度，搭建"政府+担保+园区+银行"政策性融资服务联动平台，优化升级"汇银企"小程序，接入联合征信平台等功能，有效缓解政银企信息、供需不对称问题，以优质信用服务为企业获取"一站式"综合金融服务提速加码。截至2023年年底，普惠型小微企业贷款余额 407.5 亿元，增速 32%；科技型中小企业贷款余额 163.9 亿元，增速 18.2%，均高于总贷款增速。

二、强化知识产权保护，促进企业提升自主创新能力

作为全国首批国家知识产权强市建设试点城区、上海科创中心建设的重要承载区，徐汇区将知识产权保护纳入区政府总体目标管理体系，全力打造知识产权保护高地。一是构建服务联盟体系。深化市知识产权保护中心、服务中心等落户徐汇的集聚效应，发挥首批国家知识产权服务出口特色基地优势，牵头成立（长三角）知识产权运营服务体系建设重点城市联盟，签署长三角重点商标协同保护合作协议，推进商标侵权线索网络监测、知识产权服务跨区域共享。成立数据、人工智能、生命健康等产业知识产权运营服务联盟，搭建知识产权维权援助工作站，启用知识产权证券化服务之窗，打造"产业园区+企业+服务机构"工作格局。二是加强区域协同保护。区政法单位、相关执法部门签订知识产权行刑衔接合作协议，畅通侵权违法线索"双向移送"通道，建立失信联合惩戒等制度。定期开展非正常专利申请排查、打击商标恶意抢注及知识产权代理"蓝天"行动等专项执法检查。成立"甘棠树下"法官工作室，针对企业知识产权保护和营商环境服务，连续 6 年发布典型案例，加强常态长效司法供给。截至 2023 年年底，全区每万人高价值发明专利拥有量位居全市第一，商标活跃度、集聚度连续 7 年位居全市第一。

三、优化政务服务和法治保障，提升企业获得感和满意度

徐汇区积极运用"云技术"政府数字化履职方式，提供全时空政务服务和全业务公共法律服务。一是着力提升政务服务便捷度。推出"全天办、线上办、容缺办、简易办、延期办、好帮办"等"便利六办"举措。依托"住所云"平台对办理登记注册的企业实现基础住所材料"一次备案、重复调取"，精简材料 90%，惠及企业上万余户，实现新设企业压缩至 2 小时发照。建立 24 小时自助政务服务"1+13+X"体系，即 1 个区政务服务中心，13 个街镇社区事务受理服务中心和园区、商圈银行网点、邻里汇等 39 个自助服务点，配置 70 台自助服务终端，推动受办理系统、自助服务终端与"企业码"联动，不断提升企业注册、登记、办事便

利化。二是着力提升法律服务满意度。围绕企业全生命周期法治需求，对照世界银行评估新指标和全市营商环境新要求，出台优化法治化营商环境实施方案。在知识密集型、高成长型中小企业集聚的漕河泾开发区，探索建设调解、仲裁、审判一体化的"三庭合一"工作模式，协调区法院和劳动仲裁院分别在虹梅街道设立派出法庭和派出仲裁庭，与街道司法所调解一起打造矛盾纠纷分层过滤与化解体系，年均化解园区各类矛盾纠纷2000余件，推动矛盾纠纷分层过滤、高效化解。出台专门的法律服务业发展扶持政策，向全区招募500余名律师志愿者组建公益法律服务团队，成立"解忧法空间"营商助企联盟，组织律师法治观察员深入徐家汇商圈等经济产业密集地区，广泛收集法治观察建议，推动法律服务从"供给侧"向"需求侧"转变。截至2023年年底，徐汇区吸引外资能力不断增强，全区累计跨国公司地区总部及研发中心数量位居全市中心城区第一。在年度企业满意度测评中，超80%企业表示明显感受到法治化营商环境建设水平提升。

经验启示

一是协同联动汇聚合力。健全完善会商研判、督促落实、信息报送等协同运作机制，构建多方联动、密切配合、齐抓共管、运行高效的法治化营商环境建设工作格局。二是创新驱动数治赋能。立足区位特点优势及产业发展定位，牢牢抓住科技创新这一"牛鼻子"，以知识产权保护为切入点不断做实法治服务保障，依托大数据、区块链等技术提升政府服务效能，为深化数字法治政府建设提供不竭动能。三是需求导向立足实际。面向基层一线从"需求端"持续发力，依托基层法治建设平台，常态化对接企业法治需求，打通问需于企的"最后一公里"，有效提升企业的法治获得感、满意度。

浙江省宁波市

创新构建营商环境投诉监督体系
以法治力量护航民营经济健康发展

近年来，浙江省宁波市积极践行新时代"枫桥经验"，统筹行政执法监督、检察法律监督和纪检监察监督职能，设立营商环境投诉监督中心，创新构建一站式解纷、案件化办理、法治化监督、类案化治理的投诉监督体系，引导涉企矛盾纠纷在法治化轨道上及时高效解决。截至2023年年底，累计接收投诉事项2000余件，实质化解635件，流转处置1400余件；帮助企业挽回损失11.3亿元，盘活资产3.6亿元；推动发展新质生产力，促成1家企业成功上市。

一、坚持一站式解纷，推动从"分散投诉"向"一站解题"转变

一是多渠道归集诉求。通过信、访、网、电四渠道全面收集职责范围内涉企投诉问题，线上对接贯通浙江省"民呼我为"等平台数据，建成全市统一的营商环境投诉监督平台，线下打造接待大厅、营商环境直通站，实现线上线下多口径归集投诉事项。二是高效率流转处置。聚焦数字赋能，加强涉企执法司法数据共享应用，构建上下贯通、部门协同的投诉监督数字应用。对监督平台推送的投诉事项进行特征抓取、数据碰撞、统计分析，实现审查便捷、办理高效、闭环智控，就地解决企业投诉问题。三是体系化协同办理。横向搭建"3+9+N"工作体系，市纪委监委、市检察院、市司法局3家单位派员联合办公，日常工作由市检察院负责。市信访局等9家成员单位和N个司法、行政机关，通过建立联席会议机制，共同协调、推动涉企矛盾纠纷解决。纵向按照市级中心模式，实现10个县（市、区）全覆盖建设。

二、实行案件化办理,推动从"办事模式"向"办案模式"转变

一是清单式受理。建立受理清单和不予受理清单,受理清单涵盖行政执法监督类、检察法律监督类、纪检监察监督类共3大类10小项,不予受理清单包括属于民事纠纷、无明确投诉对象及具体诉求等5小项。通过建立正反两张清单,引导市场主体依法、有序、如实投诉举报。二是全流程规范。研制投诉处置工作规则,绘制投诉处置工作流程图,从线索接收、分析研判、登记受理、案件分流、协调办理、结果反馈到案件回访全流程打通、全过程留痕,对投诉监督事项实行闭环处置、规范管理。三是销号式督办。建立"动态跟踪、备案监督、清零销号"的督办制度,对受理投诉事项建立独立案卷并编号管理,全程跟踪办理进度,对未办结事项督促快办,对已办结事项经回访确认后予以销号,回访满意率达98%。

三、强化法治化监督,推动从"事要解决"向"公正司法"转变

一是在投诉阶段设立保护机制。为保护投诉人,实施投诉保密制度、商会或行业协会代为投诉等7项制度机制,让市场主体打消顾虑、大胆投诉。例如,受理某商会投诉后,督促属地行政部门及时废止变相限制民营企业承接服务类政府采购事项的文件。二是在调查阶段建立确认机制。在案件办理中,落实向当事人双方确认、现场走访确认、专业人员咨询确认的"三确认"机制,强化中心在投诉处理和监督工作中的主动性、亲历性,更好地把握争议焦点、平衡各方利益,夯实化解矛盾基础。三是在处置阶段运用融合监督机制。全面统筹"三督一体"职能,对于涉及公权力的重大疑难复杂投诉事项联动处理,开辟保障企业合法权益的"第二通道",为法治化营商环境建设系上"第二道保险"。例如,针对新旧渣土车之间因不公平竞争导致新型车辆陷入运营困境的投诉,组织召开专题联席会议,平衡新旧渣土车企业利益,有效规范渣土运输行业。四是在整改阶段落实效能评价机制。办结后通过政务服务好差评系统和回访等方式开展满意度测评,对办理单位不履行、不正确履行相关职责或多次获得"差评"的,通过制发"投诉监督建议",增强办理部门法治化履职能力和履职水平。

四、推行类案化治理,推动从"个案化解"向"类案解决"转变

一是强化源头治理。借助中心投诉情况分析,全面清理各类违反市场准入负

面清单的政策文件，推进《宁波市社会信用条例》立法，出台《宁波市市场主体法律顾问服务项目指引》。会同工商联举办检企恳谈会，在行业协会（商会）设立直通站点99个。例如，为重点保供企业妥善解决燃气使用问题提供法律帮助，企业年均节省生产成本1000余万元。二是强化案外治理。注重从"案内"审查向"案外"治理延伸，深入调查研究，形成专项分析报告，为企业提供精准化、个性化增值服务。对履职中发现的企业潜在风险点，及时发送维权举证指引、财产保全攻略等，帮助企业提前采取措施，预防行业风险。三是强化行业治理。整合相关部门营商环境问题数据，进行大数据建模，探索实践"个案办理—类案监督—系统治理"行业整治新路径。例如，针对车辆检测行业"加钱过检"潜规则，依法监督公安立案27人。四是强化长效治理。建立事项数据库，梳理涉企事项共性特征，详解典型案例，为历史积案、疑难复杂投诉事项化解提供思路参考。例如，对于某企业反映的拆迁多年未落实安置政策问题，中心详细了解情况，与属地政府积极沟通，妥善化解历史遗留问题。

经验启示

一是党委统领、多跨协同。市委、市政府对打造营商环境高度重视，推动行政执法监督、纪检监察监督和检察法律监督有机融合。在市委的坚强领导下，凝聚多部门合力，无事不扰、有求必应，坚持涉企矛盾"不上交"，及时有效化解各类纠纷，有利于推动营商环境大幅优化提升。二是专业权威、客观公正。中心监督处理兼具专业性、公正性和权威性，充分发挥其职能作用，能够有效破解职能部门在工作中缺乏外部监督、公信力和执法刚性不强等问题，实现政治效果、法律效果和社会效果统一。三是数字赋能、融合集成。数字化是清除监督盲点的重要法宝。发挥专业之长、科技之能、机制之优，打通"数据孤岛"，精炼数据价值，提升集成数据分析、研判、处置能力，以数字赋能推动个案处理、类案解决和社会治理，能够为法治化一流营商环境插上"数字治理"翅膀。

安徽省池州市

建设"五免之城" 打造一流法治化营商环境

安徽省池州市全面落实政府职能转变决策部署,运用法治思维和科技手段开展证明免交、证照免带、办事免跑、政策免申、轻微免罚"五免之城"建设,推动政务服务减材料、减证明、减跑路、减时间、减乱为"五减"行动,营造一流法治化营商环境,着力打造法治政府"最优版",最大限度降低市场运行成本,方便群众和企业办事,努力提升人民群众的获得感、幸福感。

一、坚持系统观念,加强"五免之城"一体化机制建设

一是绘"一张图"。"一总五分"制定《建"五免"之城赢"池"久满意专项工作方案》及子方案,通过推行证明免交,全面建设"无证明城市";推行证照免带,全面推广应用电子证照;推行办事免跑,全面实行线上办事"一点通";推行政策免申,全面实现惠企政策"免申即享"全覆盖;推行轻微免罚,全面实施有温度的执法。二是聚"一盘棋"。把"五免之城"建设作为年度"法治为民办实事"重点项目,列入全面依法治市和依法行政年度重点工作任务,市委、市政府主要负责同志亲自挂帅、靠前指挥,召开专题会议、专项部署。通过"我为五免献一策",部门与群众共同参与,协同发力。三是成"一张网"。全市56个乡镇均建立了企业开办导办帮办服务窗口,市县乡村四级形成横向到边、纵向到底的全覆盖、立体化为民为企服务网格。

二、坚持"三化"同步,提升"五免之城"可感效果

一是清单化明底数。针对政务服务领域存在的"不进大厅进科室""不做研究惯性办""不思进取推着办"等问题,对涉及法治化营商环境的事项进行大梳理、大起底、大研究,向社会公布"五免"清单,真正做到底数清、情况明、堵漏洞。

公布 184 项免提交证明事项，办事免跑负面清单 177 项，免申即享政策清单 1040 项，轻微免罚事项清单 426 项。二是网格化理职责。充分发挥党的领导优势、组织优势、层级优势，针对部分办事领域存在的"市管市""县管县""乡管乡""部门管部门"联动协同不足等问题，通过厘清职责、细化分工，进一步明确各级各部门的主责、辅责。三是精细化优服务。做优"最先一公里"，推出"五免"网上办事指引，帮助企业群众捋清办事路径、流程，让企业群众"一看就懂、一点就行"。走实"最难一公里"，全方位开展"局长走流程"活动，聚焦企业群众办事的难点、堵点、痛点，主动对标补短板，流程再造提质效。打通"最后一公里"，全面推行政务服务结果"免费送达"服务，为企业群众办事审批结果、异地通办事项申请材料等提供"不见面"送达，助力办事免跑。2023 年，"免申即享"兑现资金 1.2 亿元、惠及企业 960 户；建立市场主体轻微违法行为容错纠错机制，免罚市场主体 1600 余个，减免经济负担 1100 余万元；对近 5 万个市县乡村四级事项进行全面排查，共计排查解决要素问题 699 个，为企业、群众免费邮递 8086 件次。

三、坚持科技赋能，优化"五免之城"服务质效

一是打通壁垒融数据。秉持"不建新系统、融合各系统""做数据的搬运工、做模型的建设者"理念，依托"皖事通""皖政通""皖企通"及一体化政务服务平台，以"城市大脑"建设运行为牵引，通过打通、贯通、融通，推进政务数据汇聚治理应用。目前已构建"1234"数字平台发展架构，汇聚人社、公安、民政、医保等部门数据近 5 亿条，向上对接省一体化大数据基础平台，向下为县（区）提供应用支撑，近 8000 项网办事项实现电子证照"应关联尽关联"。二是创新助手促联办。针对少数系统难融合、融合慢等问题，创新研发"五免助手"，通过畅通线上线下结合的"五免"通道，助力数据多跑路、干部多帮办、群众少跑腿。对暂时无法线上办理的事项，采取智能共享与人力辅助相结合的方式，进一步拓展服务"帮代办"；建立交通、公安、民政、卫生、医保等跨部门"五免"数据安全共享，社保待遇资格递延认证实现"无感知"静默认证；针对高龄、重病、伤残等行动不便的特殊群体，实行暖心服务"上门办"。试用以来，司法行政、公安等部门通过"五免"助手，实现"无证明"办理群众 500 余件法律援助、户口挂

靠等申请事项。三是激活"矩阵"优延伸。向民意感知更优延伸，打造12345政务服务便民热线"总客服"，开展"市长面对面"活动，搭建"公安面对面"互动平台，多层次多渠道，面对面心贴心，听民意解民忧。向执法更优延伸，研制信息化"执法导航"，破解基层综合执法能力提升难、规范行为难、信息联通难、执法监督难等"四难"问题。向解纷更优延伸，围绕"矛盾不上交、平安不出事、服务不缺位"，构建"一站式+一线式"解纷体系，纠纷化解成功率99%。向管服更优延伸，研发应用"池州智格"信息平台，实现民政"网格"、公安"警格"、卫健"医格"、司法行政"法格"四格协同，做到6类重点人群联管共治，确保管服到位不出事。2023年，池州市群众安全感程度指数98.2%，位居全省第三。

> **经验启示**
>
> 营商环境"优"无止境。"五免之城"建设，免的是烦琐、优的是环境、赢的是民心。精准服务是便民利企之要。坚持以人民为中心，把法治便民利企的各项举措落实到每个细节、每个网格、每个企业。系统联动是优化环境之重。为民服务必须坚持系统观念、全局谋划、整体推进、协同发力，企业群众办事一启动，主责部门抓到底、辅责部门办到位。科技赋能是能力提升之需。通过"网格化管理、精细化服务、信息化支撑"，数据赋能法治便民利企，实现企有所需、法有所为，民有所呼、我有所应。

福建省顺昌县

集聚法治力量　助力实现生态产品价值

福建省顺昌县深入学习贯彻习近平法治思想、习近平生态文明思想和习近平总书记来闽考察重要讲话精神，积极践行"绿水青山就是金山银山"理念，立足丰富的森林资源优势，建立"林长+警长""林长+检察长""林长+法院院长"的"三长"协作机制，扎实推进"大圣祖地　零碳顺昌"建设，为顺昌县绿色高质量发展提供坚实法治保障。

一、强化工作联动，生态保护更加有力

一是整合优化力量。整合警长、林长以及司法、林业、自然资源等部门工作力量，在各乡镇（街道）设立"生态警务驿站"，通过奖补方式聘请"生态义警"，推动全县12个辖区"警务网格"与218个网格单位深度融合，优化三级网格员调配使用，严密巡防守护，维护林区安全稳定。2021年至2023年，共破获涉森林资源刑事案件55起，挽回经济损失235万元。二是加强协作配合。制定《关于建立"林长+检察长"协作机制的工作意见》，联合各乡镇（街道）及林业、公安、检察、法院等部门，推进线索互通、协作取证，在解决林地侵权问题和打击破坏生态资源违法犯罪的同时，将嫌疑人自愿履行生态修复责任作为认罪认罚认定的酌情考虑条件，以补种复绿和碳汇认购等作为生态修复形式，实现认罪认罚和生态修复相辅相成、同步推进。2021年至2023年，先后审结碳汇认购案、"以碳代偿"等公益诉讼案，共有31名被告人认购碳汇24.2万元。

二、一体推进生态巡查和执法，生态治理更加有效

一是推进生态巡查全覆盖。通过政府购买服务方式，引入第三方组建专业巡查队伍，开发生态巡查监管系统及"智慧环卫平台"手机App，绘制全县生态巡

查"一张图",设立"生态110"全天候监督举报电话,建立"乡呼县应、上下联动"响应机制。2021年至2023年,生态巡查累计发现问题3.7万余件,已处理3.5万余件,处理率97%。二是开展联合高效能执法。成立由县政府主要负责同志任组长的县生态联合执法工作领导小组。从公安、林业、农业农村等8部门抽调26名执法人员组建"县生态联合执法中心",实行"合署办公、统一指挥、统一行政、统一管理、联合执法"。截至2023年年底,已针对违法用地用林、畜禽养殖污染等生态领域问题开展联合执法29次,依法清理非法养殖场所400亩。选派8名政法系统骨干人员作为法律指导员,发挥其专业优势,为生态联合执法提供精细司法服务,促进生态执法与刑事司法有效衔接,切实提高生态执法效能。

三、优化升级法律服务,生态基础更加牢固

一是强化生态法治宣传教育。依托全县151个村(居)公共法律服务协理员,建立"一村一法律指导员""一村一法律顾问"机制,将生态领域法治宣传、法律咨询、法律援助等服务延伸至基层一线,获得群众广泛好评。建立生态司法教育实践基地,设立生态宣教中心,大力开展"'碳'索家乡"亲子研学、碳汇植树等实践活动,提高公众自觉保护生态环境资源的参与意识、法治意识。二是强化生态矛盾纠纷多元化解。县人民法院与县林业局签署"森林生态银行"合作备忘录,对涉及商品林赎买、林地托管经营、林权抵押贷款等纠纷处置开辟绿色通道,推进生态领域纠纷多元化解;打造一站式多元解纷中心,强化片区法庭、司法所、林业站等多部门会商研判和联合调解,确保生态领域纠纷从"解决得了"逐步变成"解决得好"。2021年至2023年,全县累计调解生态领域纠纷1032件,调解成功1026件,成功率达99.8%。

经验启示

多部门协作联动是抓手。充分发挥行政执法与司法协同联动作用,加强不同执法部门或机构之间的合作与协调,确保执法活动的协调一致,有效提升生态管护能力。巡查执法共同发力是关键。前端开展生态巡查、后端进行联合执法,提高情报分析和研判能力,有助于各部门更好地了解执法情况,及时发现和解决问题,从而提高执法效率,打通生态联合执法"最后一公里"。从源头

上化解矛盾纠纷是基础。注重"抓前端、治未病",通过"法律指导员""法律顾问""一站式解纷中心"将法律资源输送至基层,从源头上化解生态领域矛盾纠纷,推进生态与文明"美美与共"。

江西省赣州市南康区

打造惠企兴业"法治链"
以法治之力擦亮"家具之都"金字招牌

江西省赣州市南康区是中国实木家居之都，拥有近万家生产制造及配套企业，集群规模达2700亿元，"南康家具"品牌价值突破700亿元。近年来，南康区注重将法治之力转化为家具产业转型升级的生产力和竞争力，精心打造一条惠企兴业"法治链"，着力为企业发展提供全过程法治服务，促进南康家具从"单核时代"加速迈向"家电+家具+家装"融合发展"三核时代"。

一、深耕"法治沃土"，优化营商环境

南康区牢固树立"法治是最好营商环境"的理念，全力构建稳定、公平、透明、高效、可预期的法治化营商环境。一是依法规范产业决策。将家具产业发展纳入法治轨道，健全完善决策机制和程序，先后出台《加快推进南康家具"百城千店"工作的实施方案》《南康区"家具产业信贷通"实施细则》等10多个促进产业发展文件，确保政策措施合法合规并落实到位，让法治成为产业发展最大公约数。二是创新开展"家具产业一链办"改革。编制家具全产业链审批服务事项清单55项，让企业"一册在手、办事无忧"。建成2.3万平方米全省政务服务示范大厅，设立一链办服务专区、政策兑现和企业诉求服务专窗，实现"进一扇门、办所有事"。加强全链审批服务信息平台建设，依托"赣服通"开通掌上办事专栏。建立重点项目和重点企业"一对一"审批服务专班，推行"容缺审批+帮办代办"机制，为13家企业量身定制个性化的审批服务方案，营造"无难事、不求人"的办事环境。三是发挥"法治大脑"参谋助手作用。建立区法律顾问团全过程服务家具产业重大投资、重点项目机制，在合同审查、纠纷调处等方面提供法律服务，使南康成为客商心中可信赖、讲法治的投资热土，有力推动30多家头部企业落户。

二、播撒"法治阳光",引导企业依法经营

做实"筑巢引凤"后半篇文章,既服务企业落地扎根,又引导其遵规守法,预防化解各类风险,助力企业可持续发展。一是"治未病",做实前端法律服务。成立家具企业法治体检中心,组织法官、检察官、法律服务人员等成立法律服务团队,组织开展法治体检。截至2023年年底,深入企业进行法治体检1500多次、提供法律意见1900余条,为企业在完善治理结构、健全管理制度、防范法律风险、化解矛盾纠纷等方面"把脉开方"。二是强意识,营造浓厚法治氛围。开展"送法进企业 护航新发展"等活动,发放《企业常见法律风险防控提示》等宣传资料,推动企业依法决策、依法经营、依法管理、依法维权。通过常态化开展法治宣传"进园区、进企业"活动,把企业管理人员、务工人员等培养成园区"法律明白人",营造自觉守法、遇事找法、解决问题靠法的法治氛围。三是抓末端,推动问题依法治理。积极运用法治方式解决家具行业易出现的污染防治、劳动人事争议等重难点问题。如开展家具行业危险废物管理专题调研,运用"检察建议+调研报告"的形式,为区委、区政府促进家具产业向绿色转型提供决策参考;发挥公益诉讼作用,推动主管部门对900余家木质家具生产企业全面排查粉尘涉爆安全隐患,督促450余户家具企业完成粉尘涉爆问题整改;针对家具企业劳动争议纠纷易发多发问题,整合力量打造劳动争议服务中心,建立"三调两庭一站式"工作机制,2023年,区劳动人事仲裁部门受理劳动人事争议案件达680多起,涉及金额9500余万元,有效破解劳动人事争议处置难题。

三、注入"法治养分",服务产业发展壮大

坚持"缺什么就补什么、什么薄弱就强什么"的工作思路,在产业建链补链强链中融入法治服务,为企业在矛盾调解、诉讼服务、专利维权等方面提供法治保障。一是健全知识产权保障体系。建成知识产权维权援助中心县级工作站,实施"铁拳"等家具专利维权专项行动,严厉查处家具商标侵权和假冒专利案件。成立南康家具产业知识产权联盟,加强家具类专利侵权证据保全公证,累计办理案件50多件,调解专利侵权纠纷300余件。2023年新增设计产品1.1万件,专利授权3896件。二是打造矛盾多元化解平台。升级建成全省一流矛盾纠纷多元化解中心,整合22个"促民安"相关职能部门集中进驻,设立非公企业维权服务

中心、园区法治服务工作站等工作平台，多方参与行业矛盾纠纷源头治理的格局初步形成。通过多元化解平台实体化、有效化运行，涉企纠纷化解率提高 10.3%，调处时间节约 40% 以上，重复访、多部门访量同比下降 75%。三是建立诉调对接工作模式。成立"泛家具行业矛盾纠纷化解中心"，选聘退休法官、特邀调解员常驻中心，打造覆盖家居行业全产业链企业的多元解纷和诉讼服务平台，有效降低企业诉讼成本，诉前化解涉企纠纷 1700 多件。

经验启示

一是**完善机制培育"沃土"**。制度建设是营商环境法治化建设的重要内容，通过建立健全决策机制和程序、法律顾问团全过程服务家具产业重大投资及重点项目机制、矛盾纠纷多元化解机制，为营商环境提供法治保障。二是**优化服务扶植"树木"**。聚焦市场主体关切，主动靠前开展法律服务，通过为企业提供更加优质的法治供给，推动企业法治获得感和满意度稳步提升。三是**破解难点消灭"虫害"**。坚持运用法治思维、法治方式解决知识产权保护、污染防治、劳动人事争议等重点难点问题，坚决整治不作为慢作为乱作为，真正激发企业创新、创业、创造新动能，让企业放心落户、舒心创业、安心经营。

山东省青岛市

深化"法智谷"建设 打造上合法务区
以"硬举措"优化营商"软环境"

山东省青岛市作为中国沿海重要中心城市，东临日韩，具有连接东北亚和"一带一路"共建国家的区位优势，是对外开放和国际经贸往来"桥头堡"。近年来，青岛市贯彻落实习近平法治思想，聚焦服务保障"中国—上海合作组织地方经贸合作示范区"建设，迭代升级"法智谷"，布局打造上合法务区，集聚涉外法律服务资源，加强营商环境建设，为促进国际经贸往来和交流合作，助推高质量发展和高水平开放，提供有力法治保障。

一、"线上+线下"，构建高效率涉外法务平台

坚持以改革创新精神优化"法智谷"线上和线下平台，布局建设上合法务区，集聚现代法务资源，加大涉外法治供给。一是指挥平台"实体化"。市委、市政府研究制定《关于建设青岛中央法务区实施方案》，建立青岛中央法务区组织协调保障机制，成立上合法务区规划建设工作组，组织有关单位精干人员在上合示范区服务中心集中办公，统筹推进上合法务区综合工作。二是网络平台"国际化"。在上合"法智谷"建设涉外法律服务大数据平台，整合发布律师、仲裁、司法鉴定、调解、公证、法律援助等服务资源和机构信息，实时更新国内外法律法规和司法案例数据，根据用户需求提供一对一法律解答以及 21 种语言实时翻译服务，并成功接入中国贸促会"贸法通"，截至 2023 年年底，已注册用户 8120 个，提供服务上万余次。三是热线平台"专业化"。开通公共法律服务、惠企法律服务在线咨询，安排专业人员进行解答。截至 2023 年年底，累计提供线上法律查询服务 4000 余次、解答法律咨询 332 次，涉及文本翻译、跨境投资尽职调查、外资企业设立咨询和翻译跨境投资并购等。在上合组织产业链供应链论坛暨 2023 上合国际投资贸

易博览会期间，组织仲裁员、公证员、律师等专业人员为参展企业、协会商会和嘉宾免费提供法律咨询服务300余次，发放宣传资料1200余份。

二、"内引+外联"，集聚高层次涉外法治人才

成立"一带一路"涉外法律研究中心和人才智库，吸引高层次涉外法律人才聚集，为上合示范区以及"一带一路"建设提供法治人才支撑。一是"引进来"聚才育才。成立上合经贸法律服务研究院、上合涉外法律服务联盟，已引进13名高端涉外律师人才作为专家智库成员；聘请来自各地高校的10名中外法学专家为顾问，依托高校成立上合组织国际司法交流合作培训基地研修中心、上合示范区"一带一路"法律研究与实践基地、上合示范区教学与实践基地等，为涉外法治人才提供孵化地。二是"走出去"取长补短。定期举办法治能力提升班，多次组织干部、法律服务机构人员到上海、西安等城市和俄罗斯、巴基斯坦等国家以及法学院校进修研讨、观摩学习，拓宽国际视野，提升法治思维水平和能力。三是"敞开门"互动互促。积极宣传推广上合法律服务品牌，组织律师、法学专家参与中俄投资法律风险防控研讨会，编制相关法律政策汇编，参加上合博览会等国际展会，主动站在上合国际舞台展现法律担当。2021年至2023年，连续三年高水平承办"中国—上合组织国家地方法院大法官论坛"；2022东亚海洋博览会期间，山东上合示范区法律服务机构为参展的70余个国家和地区的企业、协会、商会提供免费法律咨询服务260余次。

三、"营商+宜商"，提供高水平涉外司法服务和法律服务

积极发挥"法智谷"集聚法务资源和"法务区"虹吸产业发展的作用，持续优化法治营商环境，加快推进建设与上合组织国家相关地方间企业创业兴业聚集区。一是强化律师服务。引进落户3家知名律师事务所，协调推动8家法律服务机构入驻上合法务区，同时与24家律所签署战略合作协议，充实惠企法律服务团队力量，举办企业财税政策分享会、业务风险防范及行业动态分享会等活动，助力企业提高风险防控和合规水平。二是强化调解服务。成立海康商事调解中心，与"一带一路"国际商事调解中心、上合示范区蓝海法律查明与国际商事调解办公室、上合示范区劳动人事争议调解中心等共同组建纠纷化解力量，年处理司法调

解、法律援助、仲裁等案件70余起，不断完善非诉讼纠纷解决机制。三是强化公证服务。设立上合公证服务中心，开设安商惠企公证服务专窗，实行公证"预约+延时+上门"服务，加大"一网通办"公证服务范围，开展知识产权公证"定制服务"。构建法援"半小时"服务网络，配套完善"容缺办""网上办""马上办""上门办"服务机制，截至2023年年底，已完成案件公证300余件，大大提高了公证服务便利度。四是强化司法服务。积极推进涉外民商事审判工作，解决涉外法律案件纠纷，构建更加优质的司法服务环境。截至2023年年底，已审理涉外案件276件，涉及韩国、丹麦、加拿大、奥地利、日本、英国、希腊等20个国家和地区，标的额超1.7亿元；受理知产案件共702件，涉案标的达4200余万元。

经验启示

一是集聚法务资源。在上合示范区建设"法智谷"，打造法务区，落户一批涉外涉海律师事务所和仲裁、公证、司法鉴定等法务机构，加大涉外法务供给，形成具有国际竞争力的法治资源聚集地，同时通过发挥国际商事、海事、知识产权审判机构作用，准确适用国际条约、惯例，发布典型案例，有效提升涉外司法裁判和法律服务水平。二是汇聚法治人才。发挥"一带一路"涉外法律研究中心作用，采取建立人才智库、开展合作培训、参加跨境论坛等方式，加快引进国内外高层次和特定领域法学法律专家，助力培养本地专业化、国际化律师、仲裁员等高素质人才，为服务保障上合组织国家乃至促进"一带一路"交流合作提供智力支持。三是优化法律服务。推动建立以律师服务为主体，以公证、司法鉴定、会计、税务等专业服务为配套的法律服务体系，为境内外市场主体提供政策咨询、风险管控、商务谈判等服务，不断优化市场化、法治化、国际化营商环境，助推高质量发展和高水平开放。

横琴粤澳深度合作区

改革和法治"双轮驱动" 助推重大战略落地实施

建设横琴粤澳深度合作区（以下简称合作区）是习近平总书记亲自谋划、亲自部署、亲自推动的重大决策。自 2021 年 9 月 17 日揭牌成立以来，合作区深入学习贯彻习近平法治思想，紧紧围绕服务《横琴粤澳深度合作区建设总体方案》明确的"四新"战略定位、"四新"重点任务,[①] 把牢粤澳共商共建共管共享"四共"新体制，坚持改革和法治双轮驱动、有机统一，为合作区开放示范提供坚强法治保障，有力推动"一国两制"新实践重大部署落地实施。

一、创新立法工作机制，推动立法和改革决策相衔接

一是同步发布法理"出生证"。合作区揭牌当天，广东省人大常委会发布《关于横琴粤澳深度合作区有关管理体制的决定》，明确了合作区管委会、执委会、省派出机构的职能，规定了合作区管理权限来源，有力支撑了合作区"挂牌即运作"。二是推出综合性法规。成立由广东省大湾区办、省人大常委会法工委、省司法厅和珠海市、合作区相关单位参与的立法专班，起草形成促进产业发展、治理体制、法治保障等共八章 66 条的《横琴粤澳深度合作区发展促进条例》，于 2023 年 3 月 1 日起施行，奠定了合作区发展的法治基础。按照该条例"能放尽放、应放尽放"原则，截至 2023 年年底，先后通过省政府规章的形式将两批次共 182 项省级行政职权调整由合作区实施。三是搭建"立法直通车"机制。珠海市人大常委会与合作区共同探索用足用好珠海经济特区立法权，搭建"立法直通车"机制，

---

① 《横琴粤澳深度合作区建设总体方案》明确的"四新"战略定位指的是促进澳门经济适度多元发展的新平台、便利澳门居民生活就业的新空间、丰富"一国两制"实践的新示范、推动粤港澳大湾区建设的新高地；"四新"重点任务指的是发展促进澳门经济适度多元的新产业、建设便利澳门居民生活就业的新家园、构建与澳门一体化高水平开放的新体系、健全粤澳共商共建共管共享的新体制。

对合作区执委会报送的立法建议项目原则上"随报随审",不受年度立法计划限制,通过制度性安排最大限度满足合作区立法诉求。截至2023年年底,已出台澳门特别行政区医疗人员、药学技术人员在合作区跨境执业两部法规。修订港澳建筑及相关工程咨询企业资质和专业人士、港澳旅游从业人员执业规定,在合作区跨境执业的港澳专业人士达1317人。推动在《珠海经济特区反走私综合治理条例》中设立合作区专章,为合作区"分线管理"政策平稳实施提供有力保障。

二、建立琴澳规则衔接新模式,服务保障重大改革落地

一是创新工作推进机制。组建执委会层面跨部门规则衔接专责小组,推进规则衔接归口管理、整体谋划,每月集中研究琴澳一体化进程中存在的规则衔接疑难事项。自2021年10月专责小组成立至2024年2月底,已召开24次会议,共研究解决89个议题。2022年、2023年定期面向琴澳居民开展"我为琴澳规则衔接献一策"活动,共收集意见建议约500条。二是明确规则衔接路径。印发实施合作区规则衔接工作指引,提出申请改革授权、协同立法、法律转化等12类规则衔接路径,明确"怎么干"。印发《横琴粤澳深度合作区法治建设行动方案(2022—2024年)》《横琴粤澳深度合作区规则衔接和改革创新工作清单》,2022年至2024年连续三年分别部署61项、102项、105项规则衔接和改革创新任务,明确"干什么"。截至2023年年底,已推动落地相关事项约120项。三是联动澳门调法调规。为便利在合作区的"澳企澳人"生活就业投资,研究提出首批7项建议澳门特区政府制定或调整的法律法规事项,截至2024年2月底,澳门通过修改行政法规、行政长官批示等方式,已落地允许澳门居民在合作区即可办理澳门居民身份证等3项政策,有效推动澳门相关服务跨境延伸覆盖至合作区。四是推动重大改革落地见效。围绕合作区"分线管理"和"澳门新街坊"运营等重大改革事项,推动国家部委出台合作区货物、物品免保退税政策及监管办法,于2024年3月1日0时顺利实现分线管理。建成合作区标志性澳门居民综合民生项目"澳门新街坊",推动澳门居民在教育福利、日常用药、跨境携带蛋肉果蔬等方面深度衔接澳门公共服务和社会保障制度体系。围绕琴澳要素高效流动,推动全国人大常委会和国务院将横琴口岸16.7万平方米区域授权澳门管辖,在横琴口岸旅检和客货车检区域实施"合作查验、一次放行"新型查验模式,实现通关人员20秒、车辆2分钟内

过境。系统性解决澳门机动车入出横琴、驾驶证、保险等问题，全面放开"澳门单牌车"入出横琴，推动"澳门单牌车"投保内地商业险降费达三成。自合作区成立至 2023 年年底，经横琴口岸出入境的"澳门单牌车"约 220 万辆次。

三、构建跨境多元法律服务体系，加快建设便利澳门居民生活就业的新家园

一是搭建服务机构集聚发展"一平台"。坚持公共法律服务供给系统性强、涉澳元素浓厚、业务创新性特征明显的思路，在珠海市有关部门的支持下，打造占地 1.4 万平方米的琴澳国际法务集聚区。首批进驻 9 家公共法律服务机构并实质办公，重点为合作区的澳资企业和澳门居民提供调解、仲裁、公证、涉外法律咨询、法律交流培训等全链条一站式公共法律服务，2023 年累计为居民提供法律服务超 3.5 万人次，服务经营主体超 2900 家。二是优化群众服务"一条链"。成立网格员工作室"零距离"服务群众，提供纠纷调解等 8 项服务功能。设立横琴珠港澳（涉外）公共法律服务中心，开设"澳门新街坊"法律服务专区，2023 年邀请港澳嘉宾录制普法节目 58 期。合作区法院建成"诉讼服务一站通办"，建立繁简分流机制，自合作区成立至 2023 年年底，共审结涉港澳民商事案件 3139 件。三是织密法治保障"一张网"。把非诉纠纷解决挺在前面，成立琴澳仲裁合作平台，开通平台线上智慧办案系统，实现澳门仲裁机构在合作区运用澳门法律办理仲裁案件。成立横琴国际商事调解中心，2023 年调解案件标的额约 128 亿元。横琴公证处建立内地与澳门双向公证服务机制，率先开展"商事登记+公证"服务，提供跨境代办公证核验服务，自合作区成立至 2023 年年底，办理涉澳公证 7503 件。

经验启示

紧扣一条主线是根本。紧紧围绕促进澳门经济适度多元发展这条主线，发挥法治和改革双轮驱动作用，筑牢改革的法治根基。合作区所有改革和法治保障措施均服从服务琴澳一体化，确保方向不走偏。凸显小切口试验是关键。在合作区全域仍适用内地法律法规体系的前提下，坚持因地制宜、先立后破、分类施策、先易后难，找准广大澳资澳企澳人经济和社会民生需求领域开展小切

口试点试验,久久为功方可融通两制两法域,撬动大改革蹄疾步稳。**立足共商共建共管共享是保障**。合作区由粤澳合作共治,改革创新和法治保障措施既非"非粤即澳",亦非"非澳即粤",必须开放包容、求同存异,互相借鉴、取长补短,寻求最大公约数,才能最大限度发挥"两制之利"。

重庆市涪陵区

法治助力榨菜产业迭代升级
让"青疙瘩"变"金疙瘩"

重庆市涪陵区是榨菜发源地，因"世界榨菜之乡"美誉而闻名中外。在助推榨菜产业发展过程中，涪陵区注重法治赋能乡村产业，善用政策引领、品牌保护、服务保障等法治化手段和措施，助推榨菜产业做大做强，小小青菜头做出百亿大产业，让"青疙瘩"变"金疙瘩"，夯实乡村振兴的产业之基。

一、聚焦产业全链条制度，制定政策与标准引领产业发展

涪陵区持续优化榨菜产业发展保障，围绕发展目标、重点工作、扶持政策及标准规范作出一系列制度性安排。一是规划产业发展。出台榨菜产业发展意见，详细规划榨菜种植规模发展、榨菜企业培育、建设全球榨菜出口基地、加强品牌培育和推广，对提升法治保障与服务水平提出明确要求，为榨菜产业发展绘制施工图。二是配套政策措施。制定全球榨菜出口基地实施方案，出台农业产业化10强龙头企业评选办法、榨菜证明商标使用管理办法等系列政策文件，增强制度措施的针对性、协调性和有效性，加速产业转型升级，促进产业融合发展。三是制定标准规范。承担起草、修订榨菜行业系列标准的主要任务，由中华全国供销合作总社发布完成第二次修订的《榨菜》（GH/T 1011—2022）和《方便榨菜》（GH/T 1012—2022）标准，为榨菜生产、加工、检验、销售等过程的执法监管、质量控制提供了遵循，确保产业发展有标准。按照管用、实用、有效的原则，制定榨菜证明商标管理章程，规范"涪陵榨菜"商标品牌的标准、使用和管理。

二、聚焦品牌全方位保护，善用法治方式保护品牌价值

涪陵区充分发挥商标品牌的引领作用，注重对"涪陵榨菜""Fuling zhacai"

"涪陵青菜头"地理标志证明商标以及企业商标品牌的宣传培育和使用管理，促进榨菜产业发展壮大。一是强化商标品牌管理。针对"涪陵榨菜"证明商标在使用管理过程中出现的新情况、新问题，规范"涪陵榨菜"证明商标的使用条件、申请程序、被许可使用企业的权利义务以及违约责任等。二是维护商标品牌声誉。区榨菜产业发展中心、区市场监督管理局、区公安局等部门以及各乡镇（街道）严格按照"十不准、三取缔、两打击"的榨菜质量整顿总要求，加强对榨菜半成品加工环节的监管，保证在加工环节达到"涪陵榨菜"证明商标使用条件的要求。三是规范商标品牌使用。对申请使用"涪陵榨菜"证明商标的企业，按照每年申请、审查、审批的方式使用。凡是没有杀菌设备、不符合使用要求的生产企业，一律不批准使用"涪陵榨菜"证明商标。对违规使用"涪陵榨菜"证明商标的行为严厉查处，对违规违法添加化学防腐剂生产榨菜产品的企业实行一次违规终身出局的处罚。四是维护商标品牌价值。严格规范区内榨菜原料加工行为，重点对粗制滥造、偷工减料、生产规模小、设备设施落后、卫生条件差、产品质量低劣的企业和加工户进行整治，通过公安、市场监管、农业农村、工商联等部门以及区内榨菜生产企业，对区外"涪陵榨菜"证明商标侵权行为积极开展查处打击、依法维权行动，维护"涪陵榨菜"证明商标声誉。

三、聚焦企业全周期服务，在法治轨道上护农护商护航产业发展

涪陵区深入打造"服到位、零距离"营商环境品牌，主动靠前服务市场主体，为榨菜集团等众多企业提供良好法治环境。一是加强行政指导与服务，助力种植与加工。全面实施青菜头绿色标准化生产，建立健全农产品质量检测中心、区乡村三级监测网络、监测管理制度，严格控制农业投入品的品种和数量，促进青菜头种植基地建设水平的提高。指导和规范榨菜专业合作社的发展，截至2023年年底，已成立榨菜股份合作社197家，常年半成品原料加工户1700余户。推动成立"榨菜专营支行"，发放榨菜贷58户3366万元，预计全年将发放榨菜专业贷5000万元。二是运用法治化、市场化手段，保障各方权益。探索保护价收购与诚信履约机制，建立"一个保护价、两份保证金、一条利益链"模式。加工企业、合作社与农户签订保护价收购协议，企业承诺收购保护价的同时，合作社向龙头企业、农户向合作社分别缴纳履约保证金，既可有效规避"菜贱伤农"的现象，调动农

户种植青菜头的积极性,又可降低不履约、不诚信的风险,保证榨菜原料生产市场平稳。三是强化双随机与信用监管,释放简政放权活力。市场监管局、农业农村委等榨菜行业执法监管部门建立部门联合"双随机、一公开"抽查清单,增强对涉及榨菜行业市场主体监管的科学性和执法的公正性,防止对市场主体的过度检查,减轻企业负担。规范"信用涪陵"信息发布平台,及时发布行政许可、行政执法方面信息,推进"红黑名单"运用,引导市场主体依法经营、诚信经营。四是多措并举优化营商环境,护航产业高质量发展。区委、区政府先后印发涉及榨菜行业或企业的规范性文件、政策文件20余件,政法机关建立"1+5"工作机制营造法治化营商环境。各类调解组织、涉企纠纷调解中心化解涉及榨菜行业、企业的各类纠纷300余件次。"涪陵律小青""政协法律援助律师团"等系列法治服务队伍为榨菜领域企业提供法律咨询、法治宣传100余场次。

经验启示

一是**产业发展离不开法治支撑**。健全完善规划、种植、收购、加工、销售全环节配套政策制度,引领、规范、促进榨菜产业发展。二是**厘清权责有助于互利共赢**。百亿产业链条涉及农户、合作社、半成品加工厂、成品企业等多方市场主体,运用法治思维界定各方权责,鼓励践诺履约、诚信经营,实现抱团发展、多方共赢。三是**宽严有别更激发动力活力**。为企业减负、增效,监管要包容集约;为行业可持续发展,在食品卫生、生态环保、商标保护方面则要严格规范。

重庆市江北区

加强金融法律服务
助力防范金融风险和营商环境最优区建设

金融是重庆市江北区的第一大支柱产业，其中江北嘴是金融机构、功能、人才高度集聚的国家级战略金融中心，是内陆地区对外开放的国际化窗口。为贯彻落实习近平总书记"法治是最好的营商环境"重要指示精神，助力市委"一号工程"向纵深推进，江北区政府联合重庆市司法局立足"一线服务西部金融中心核心承载区、司法保障打造全市营商环境最优区"的功能定位，着力打造"全链条、一站式"金融法律服务平台。自2022年4月至2023年12月，累计办理各类金融案件5.3万件，涉案金额114亿元。

一、坚持党建统领，推动金融党建品牌更响亮

一是助力金融党建服务阵地建设。区委联合国家金融监督管理总局重庆监管局党委和104家金融机构党组织联合打造金融党建先行区共建中心，推动形成"党建统领、法治护航"的一体化阵地，整合国家金融监督管理总局重庆监管局和市场监管、税务等涉企单位服务资源，推动服务关口前移，把更多涉企服务事项下沉到共建中心，为辖区金融企业提供便捷服务。坚持变革重塑、先行先试，取得建设"央地协同共建"新体系、"党建引领融资助企"新路径等4个标志性成果。二是做实党群服务模式。坚持以党建带动金融法律服务，将法律服务纳入服务事项清单，深化党员"三进三服务"工作，2023年全年共联合金融机构开展"小江在身边"等系列党建活动30余次，收集意见建议50余条，面对面解决专业问题40余个，践行以党建促服务，以服务促发展。

二、聚焦业务融合，推动金融法律服务更优质

一是融合五大功能，实现一站通办。优化整合司法、行政、调解、仲裁、公证、律师"六大资源"，建成检察服务区、诉讼服务区、警务服务区、公共法律服务区、金融执行服务区"五大功能区"，实现了接警、调解、公证、审判、执行等金融法律服务事项"一站通办"，有效深化业务融合，不断丰富金融治理的法律服务内涵。二是拓展服务矩阵，强化服务效能。与重庆仲裁委签订战略合作协议，建立金融速裁速调中心；联合市检察院及市检察院第五分院，搭建市金融犯罪刑事检察专业团队实践基地、成渝金融检察巡回服务站，助推金融风险协同治理。三是深化多维合作，聚合智力支撑。与法学院校签订战略合作协议，围绕金融法治营商环境、防范化解金融风险、数字建设等方面开展合作，扎实推动"政产学研用"深度融合发展；建立金融检察研究基地，聘请29名专家组成专家咨询委员会，为金融办案和理论研究提供专业智力支持；打造"西部金融法律大讲堂"品牌，邀请国内知名高校专家学者以及市级部门专家举办金融法律大讲堂，促进金融从业人员的金融法律理论和金融实务能力提升。

三、探索机制创新，推动金融风险化解更高效

一是建立金融多元解纷模式。搭建诉调对接平台及一站式多元解纷平台，将诉讼与调解有序对接，成功孵化2家商事调解组织，充分发挥人民调解、商事调解、仲裁、公证的作用，以"市场化+公益性"的模式，为金融机构提供多元化的解纷渠道。2022年4月至2023年12月，累计成功调解金融纠纷2.8万件，涉案金额4.8亿元。二是完善靠前服务对接机制。统筹区政法机关、区业务主管部门、街镇力量，组建金融法律服务专员队伍，以金融机构需求为导向，针对金融机构落户、运营管理等方面的法律需求，提供法律咨询、纠纷化解、涉法事项办理等方面的政策咨询、指导协调。同时主动收集金融机构存在的困难及意见建议，定期召开专题服务工作会，为金融机构进行"把脉问诊"，2023年共提出专业性的对策建议20余条。三是搭建企业合规治理服务载体。探索建立企业合规和风险治理平台，整合相关法律专业资源搭建专家库，为企业提供专业的合规咨询、合规培训以及合规管理体系整体创建、企业内控法律服务等合规法律服务，帮助金融机构全面构建合规体系。四是探索数字化案件办理路径。搭建智慧调解系统，通过批

量派案、一键呼出、人工智能（AI）语义质检等功能，有力提升金融纠纷化解质效；研发"金梭"互联网金融案件智审平台，实现金融案件批量化、智能化、无纸化全流程网上办案，推动金融案件立案时间和办案周期"两缩短"、办案量和结案率"两提升"；探索建立"川渝类金融企业风险预警大数据应用系统"，重点围绕16种类金融行业风险监测场景，科学建立风险防控技术体系，实现对类金融企业风险的早发现、早预警、早处置。

经验启示

一是以法治护航营商环境为目标。打造金融法律服务平台对于优化辖区法治化营商环境起到积极作用，是服务西部金融中心国家级战略的举措，助力江北区连续两年蝉联全市主城都市区营商环境考核第一。二是以关注企业需求为导向。组建金融法律服务专员队伍，常态化走访金融机构，密切关注金融机构发展中的痛点、难点、堵点，协助解决金融机构的法律需求，定期举办金融法律大讲堂，提供金融法律知识培训，以实打实的服务提振金融企业发展信心，护航金融业高质量发展。三是以推动业务融合为抓手。建立健全定期会商机制等运行制度，坚持信息共享、业务协同、平台对接，持续深化各功能区良性互动，全力形成"综合性"金融法治保障中心，全面提升金融服务和管理水平。四是以强化数字赋能为支撑。深入贯彻重庆市"智融惠畅"工程，有力推进数字化办案发展，针对金融纠纷案件办理流程重要环节，依托数字技术自主研发和搭建智能化平台，加快成果推广应用，切实提升金融纠纷化解质效。

重庆市丰都县

法治护河　生态惠民　打造美丽河湖示范样本

龙河（丰都段）是贯通武陵山区与三峡库区的长江上游一级支流，流经9个乡镇（街道）汇入长江，被称为丰都的"母亲河"。经济快速发展的同时也带来了龙河岸线黑臭、脏乱、侵占、污染等问题，水生态环境治理面临着前所未有的压力。为保护好"母亲河"，担起"上游责任"，近年来，重庆市丰都县深入学习贯彻习近平法治思想和习近平生态文明思想，充分运用法治思维和法治方式，大力开展龙河流域综合治理，推动龙河（丰都段）从"断流河"变身为人民满意的"幸福河"。

一、以法治手段多形式推进综合治理

一是依法划定治理范围。高标准编制《龙河（丰都段）示范河湖建设实施方案》，对标河道管理相关要求，制定出台龙河干流生态保护、河道管理、退耕还湿处置等方面行政规范性文件，明确龙河干流保护范围、管理要求举措、法律责任等方面内容，为后续治理提供制度保障。二是部门联动推动依法治理。印发《龙河丰都段河长制工作联合执法方案（试行）》，通过联合执法、司法拆违、环保公益诉讼等法治手段，依法关闭生猪养殖场69家，清理拆除违建7.5万平方米，关停（整改）小水电站22座，搬迁工矿企业28家，取缔养鱼网箱1.4万平方米，清理整治岸线42.5公里，彻底斩断污染源头。目前，龙河（丰都段）水质持续向好，总体稳定为Ⅱ类，部分断面达到Ⅰ类水质。三是实施"法护龙河"专项行动。政法各部门联合制定《"法护龙河"专项行动实施方案》，精细化制定5大类40余项具体措施，顺利执结"涉河"案件25件，提起龙河湿地公园公益诉讼12件，开展常态化巡河60余次，培养龙河沿线"法律明白人"120余名、人民调解员200余名，开展普法宣传90余场，为强化龙河流域生态保护宣传、快速执行涉污案件、依法快处违法行为凝聚合力。

二、以法治思维多举措强化日常管理

一是做实非现场执法监管。打造"智慧河长"体系，通过整合多部门的监测管理平台，利用大数据、云平台、高清视频、无人机、水质在线监测等科技手段开展数字化执法，实现龙河（丰都段）可视化监控，有效提升辖区河湖空间管控能力。二是做细常态长效管理。建立龙河"一河三长"（河长+督导长+警长）河道综合管护机制，在县委、县政府领导担任河长的基础上，由县人大、县政协领导担任河流督导长，公安部门领导担任河流警长，形成执行、监督、执法三位一体的河道综合立体治理体系。选聘103名镇村社三级网格管护员，对责任河段开展常态化河道日常管理维护，推动实现"河道无垃圾、河岸无违章、河中无障碍、污水无三排、生态无破坏"的管护目标。三是做深日常监督管护。通过公众号、投诉举报电话等多种方式接受群众监督举报，并面向社会公开聘请河长制社会监督员，为河流管理保护建言献策。加大暗查暗访、问题曝光力度，对河流重要区域开展暗访巡查，对履职不力、整改不力的河长和有关单位负责人实施追责问责。

三、以法治方式多层次赋能绿色跃变

一是积极搭建跨界协作平台。与毗邻的石柱县、涪陵区签订龙河示范河湖共建协议、龙河国家湿地公园司法协作保护基地框架协议，形成"联席会议制度+信息共享+联合巡河+联合执法+应急处置协同+区域生态补偿"的"1+5"共治机制，共同推进龙河全流域系统治理。二是持续巩固治理成效。大力实施生态复绿，完成植树520亩、植被恢复595亩、新造林1300亩，形成了30公里绿化带、15公里滨河绿道，使龙河岸线成为一道亮丽的风景线。建立退耕还湿补偿机制，累计清退河道范围内的耕地471.1亩，有效地保护了龙河岸线。2023年出台《丰都县建立流域横向生态保护补偿机制实施方案（试行）》，辐射带动渠溪河、碧溪河、赤溪河建立流域横向生态保护补偿机制，实现流域所涉及的乡镇（街道）生态保护激励补偿机制全覆盖。

通过系统治理，沿河区域森林覆盖率大幅提升，生物多样性明显提高，流域内植被、鱼类、鸟类分别达到930种、153种、124种，野生猕猴、鸳鸯等国家级保护动物时隔20年再次在龙河出现。依托系统污染治理和生态修复成效带动全域旅游持续发展，龙河沿线已建成雪玉洞、九重天、南天湖3个4A级旅游景区和1

个国家级旅游度假区。2020年至2023年，实现旅游综合收入7亿多元，真正实现"生态美百姓富"。

> **经验启示**
>
> **精准谋划是前提**。龙河流域生态保护治理是一项系统工程，需要精准治理、科学治理、依法治理。丰都县在对龙河流域治理进行综合评估基础上，通过编制示范河湖建设实施方案，让河湖治理有制度、有抓手、有落实。**法治建设是保障**。依法依规制定龙河综合治理相关重大决策，出台龙河治理规范性文件，政法各部门结合职能职责联合推出"法护龙河"举措，水利、林业、生态环境等部门之间建立联合执法长效机制，为美丽河湖建设提供强有力的法治保障。**综合治理是关键**。通过推行"水岸共治"，既"治水"也"绿岸"，先后集中开展河库乱建、乱占、乱养、乱排等问题专项整治，同时采取全面截污控源、优化自然生态岸线、实施山水林田湖草系统治理、突出人水和谐等措施，全力交出"亮眼"答卷。**机制创新是依托**。探索总结了龙河（丰都段）示范河湖管理标准化体系、"一河三长"（河长+督导长+警长）河道综合管护机制、网格化河道管理模式、跨界联动治理、"法护龙河"联合执法机制等经验，为长效化推进美丽河湖建设提供保障。

四川省泸州市龙马潭区

紧扣服务便企主题 集聚法务政务资源
构建企业全生命周期政务服务体系

近年来，四川省泸州市龙马潭区依托中国（四川）自由贸易试验区川南临港片区"先试先行"优势，整合龙马潭区、长开区、自贸区力量，着眼市场主体准入、准营、退出全生命周期政务及法务服务，深入探索、充分试点同址同业主体变更登记承诺制、企业分支机构登记便利化改革等行政审批制度创新，积极构建企业全生命周期政务服务体系。

一、以"更高效"为导向，推行企业开办"小时清单制"

一是梳理"三张清单"。聚焦落实国务院关于进一步压缩企业开办时间要求，从企业和创业者的办事需求出发，将企业开办全流程视为行政审批"一件事"，加强部门联动，将开办事项分类别、分层级梳理为"三张清单"，纳入清单管理实行"倒计时"服务，促使办事时限标准由"工作日"向"工作时"转变。二是优化流程环节。通过对原有业务流程和环节进行整合，进一步优化线上线下办理流程，集成关联事项，压缩办理时间，实现企业开办"一门进出、一窗受理、一套材料、一次采集、一网通办、一日办结"，将企业开办时限压缩至1小时内，办事效率大幅提高。三是免费刻章邮寄。设置邮政快递服务窗口和印章刻制服务窗口，推行免费刻章、免费邮寄，最大限度减少企业开办成本。2018年4月至2024年2月，累计有2万余家企业通过"小时清单"服务模式完成企业开办，共计为企业减负193万余元。

二、以"更便民"为目标，实施市场主体"准入即准营"

一是试行"准入即准营"清单制。聚焦解决市场主体"办照容易办证难"，以市场主体准入和准营集成化审批为切入口，在"证照分离"改革的基础上，通过审批机关事前告知、市场主体事中承诺、主管部门事后监管的方式，试行"准入即准营"清单制，市场主体在获得营业执照的同时，只需按照行政许可机关告知的审批条件作出书面承诺，即可当场领取相关许可证件。"准入即准营"清单归集了50个行政许可事项，"清单"内的行政许可事项分两类审批，15项Ⅰ类许可事项无须提交任何资料即可当场领取相关许可证，35项Ⅱ类许可事项无须现场核查即可当场领取相关许可证，实现了线上全程办理、企业"最多跑一次"。二是配套推出"套餐式"办证。市场主体通过"行政审批申请材料指引平台"，对需办理的行政许可进行一次性选择组合，业务主管部门实行联合一次性勘验，准予许可后由窗口统一发证，由单证逐个办理转为多证一次办理，让市场主体一次性办完所需许可证件。2019年10月至2024年2月，累计有6355家企业通过该模式当场领取相关许可证，户均减少办理时限12.8个工作日，让市场主体多用时间跑市场、少费工夫跑审批。

三、以"更便利"为核心，推行企业"套餐式"注销

一是着力解决市场主体"退出难"。推行企业"套餐式"注销服务，结合本地审批服务实际，确定可联合注销营业执照和经营许可证类型，市场主体有退出经营的意愿时，可通过线上套餐式注销专区或线下受理窗口，选择以单项注销或多项同步注销的方式退出。二是建立"套餐式"注销专区。依托泸州市信用信息公示平台，公开"套餐式"注销的办理流程、条件和时限等，实行"信息共享、同步指引、一网服务"。2018年11月至2024年2月，已办理注销登记6123件，其中同步注销684件，申请材料、办理时限比改革前分别减少54%、75%。

四、以"更优质"为关键，健全完善企业法律服务体系

一是完善制度机制。聚焦满足市场主体多元化、个性化法律服务需要，出台《龙马潭区"同心联动·护航龙商"行动方案》等政策措施，开展商事制度改革领域突出问题专项督察，实施诉讼保全财产先予执行模式、轻微违法行为容错纠错机制，推进公平竞争审查工作联席会议制度和信用体系建设。二是打造同心法律服务团。汇聚法治元素建成玉带河商业区"枫桥红"矛盾纠纷多元化解工作站、

自贸区法庭、自贸区检察室等法治服务主体，出台招引优质法律服务机构及高端法务人才入驻10条激励措施，全力打造龙马潭区同心法律服务团，积极开展"酒麒麟"送法进企业等系列活动，提供"全生命周期""全方位集成""全链条保护"的优质法治服务。2022年至2024年2月，商业区矛盾纠纷化解率持续保持在87%，企业满意率90%以上。

经验启示

一是在企业办事流程上做"减法"。着力打通数据壁垒，将原有"多门""多窗"办理的事项进行集成，让数据多跑路，企业少跑路。只有尽力解决企业准入、运营、发展全流程的堵点和痛点，真正实现企业办事"最多跑一次""办成所有事"，才能为营造一流的营商环境保驾护航。二是在助力企业发展上做"加法"。按"政府引导、市场主导"原则，促进各类法务及泛法务组织和政务服务机构之间相互合作。通过不同法务、政务功能互补、有机融合，可以最大限度贯通工作链路，助力企业有序发展。三是在服务企业发展上做"乘法"。探索建立全周期护航、一站式保护、全门类解纷、全方位创新的服务机制，在企业发展全过程提供知识产权保护、商事纠纷调解、法治体检等服务。通过多措并举改进服务质量，有利于推动全域法治能力整体提升，助力经济社会高质量发展。

四川省宜宾市

汇集法治资源　打造法务中心
助力法治化营商环境建设

近年来，四川省宜宾市深入学习贯彻习近平法治思想，紧紧围绕建设"川南法律服务高地和长江上游区域法律服务中心"的目标定位，以市场主体法治需求为导向，按照"市主导区主体、上下联动推进、多方功能整合"的原则，于2021年12月建成投用集法律服务、审判执行、法律监督于一体的现代法务集聚区——宜宾三江中心法务区。截至2023年年底，法务区已累计开展法律服务300余场，参与重大行政决策咨询200余件，承办各类民商事案件5367件，集中流转执行案件4637件，审结各类环资案件2000余件，办理公证2300余件，服务标的总额达145亿元。

一、优化总体布局，汇聚集中法务资源

一是审判执行形成"两院四庭两中心"。在法务区入驻宜宾市中级人民法院环境资源和知识产权审判庭、金融和破产清算审判庭，翠屏区人民法院三江新区人民法庭、三江商事法庭，宜宾法院执行指挥中心，法院诉讼服务中心，司法审判由分散到集中为"两院四庭两中心"。二是法律监督实现"一窗口三平台"。在法务区入驻宜宾市检察院、翠屏区检察院检察服务中心，构建了"一站式"检察服务窗口、诉讼争议化解平台、法治研讨互动平台、检察成果展示平台，开展法律咨询、案件查询、控告申诉、公益保护、指控犯罪、诉讼监督等工作。三是公共法律服务构建"一心四点"。在法务区入驻三江新区公共法律服务中心，设立人民调解、法律咨询、法律援助、外来企业投诉等窗口为企业和群众提供免费公共法律服务；入驻律师事务所和仲裁、公证、司法鉴定等机构，形成公共法律服务"一心"免费服务和律师、仲裁、公证、司法鉴定"四点"有偿服务的布局。

二、塑造品牌特色，提供多元化法律服务

一是推进立体性服务。针对重点企业法治需求，建立"事前事中事后"闭环服务机制，为130余家重点企业、中小微企业提供一对一法治体检，源头防范法治风险。累计开展法律咨询3万余件次，提供涉企案件代理、公证、司法鉴定、仲裁等法律服务2万余件次。二是推进智慧型服务。打造集12所在宜高校、98家法律服务机构、924个企业的"智慧法务"线上云平台，深度集成在线问法、司法存证、法治辅导等15项大功能48项子功能，累计提供线上法律服务256件次，流转办理涉企法治单238件。三是推进品牌化服务。打造全省规模最大的集中统一执行指挥中心——宜宾法院执行指挥中心，推动全市法院2023年执行到位标的额提升至252.9亿元，从全省第14位上升至第3位。设立基层法院专业化商事法庭——三江商事法庭。建成综合性环境损害类司法鉴定机构——川南环境损害司法鉴定中心。组建知识产权案件"双报制"办理中心、市政府外来企业投诉中心、"党建+多调110"等服务平台，组建"进百企惠千企"法律服务团走进400余家企业，以小平台撬动大服务。

三、立足辐射带动，拓展延伸法治功能

一是立足功能拓展，打造"全链条"法治共同体。结合实际设置检务中心、警务中心，开设公安川渝通办、市场监管、消费维权、涉企税务等窗口，建立生态保护立法、执法、司法、普法区域协作机制，推出"商事纠纷多元化解工作站"，拓宽法务区服务范围。二是立足功能联动，打造"一体化"法治共同体。建立法务"中心制+片区制"，推进宜宾高新区、江安经开区、屏山纺织园区等重点园区法务片区建设，既确保高能级法务机构、资源、人才能聚集起来，又确保功能作用能辐射出去。三是立足功能延伸，打造"协同化"法治共同体。与天府中央法务区签订战略合作框架协议，与北海仲裁委建立仲裁合作机制，构建功能互补、资源共享、协同发展新格局。以国家产教融合试点城市建设为契机，整合入驻中心法务区的法学院校、研究机构等，开展高端法律人才培养和科学研究。

经验启示

树牢"大法务"理念是前提。树立大法务区理念，发挥聚集效应，招引市场监管消费维权、司法"智慧矫正中心"、市法学会涉外法治研究分会、矛盾纠纷多元化解组织等入驻法务区，推动引进财务咨询、破产清算、资产评估、会计师事务所等入驻，不断丰富法务区服务资源，最大限度地发挥法务区的聚集效应，为营商环境提供更好的法治保障。**深化对外合作是重点。**法务区功能作用的真正发挥离不开对外合作，必须加强与省内外法务区的交流合作，鼓励入驻机构"走出去，请进来"，突出特色"补位"，打造业务群、技术群、产业群互相融合和人才、制度、文化相互支撑的生态系统，确保双向受益、特色彰显、共建共享。**抢抓数字机遇是关键。**借助科技赋能，抢抓数字经济发展机遇，充分利用法务区"智慧法务"云平台，借助5G通信、大数据、云计算、区块链、人工智能，融入云法庭、司法科技等，推动中心法务区功能布局更加智能化、科技化、专业化，真正实现线上线下联动融合，进一步提升中心法务区综合服务能级。

贵州省黔西南布依族苗族自治州

聚焦"治、建、立" 法治护航万峰湖生态综合整治

万峰湖地处贵州、云南、广西三省（区）交界处，因常年无序养殖，水质一度恶化，2016年、2017年连续两次被中央环保督察点名。贵州省黔西南州深入贯彻落实习近平法治思想和习近平生态文明思想，运用法治思维和法治方式，护航万峰湖生态综合整治取得显著成效。万峰湖水质已从治理前的劣Ⅴ类黑臭水体转为国家Ⅱ类标准，实现了"退渔还湖、还湖于民、共享绿色发展红利"治理初衷。

一、聚焦管服结合"治"，依法治理有新突破

一是法理同释，凝聚法治保障绿色发展共识。组建"万峰湖环境整治法律服务室"和法治保障专班，抽调公安、检察院、法院、司法行政工作人员和律师300余人组成专业法律服务队，以查思想、查危害、查违规养殖"三查"找准不愿拆网"症结"，以讲法律、讲环保、讲道理为重点，深入沿岸村寨召开群众法治宣讲会300余场次，法理情相融合，引导养殖户尊法学法守法用法，打好万峰湖生态综合整治群众基础。二是刚柔并济，提升行政执法效能。组建专项执法队，重拳打击湖面网箱养殖、私自搭建浮房、周边违规违建项目以及上游企业违法排污等环境问题。坚持"管""服"并重，柔性执法，对主动拆除网箱的养殖户进行奖励，以张弛有度、宽严相济的执法方式传递法治温度。整治期间，依法整治养殖网箱430万余平方米，拆解管理棚2622个、钓鱼棚1227个。三是行刑衔接，依法打击违法犯罪。建立完善万峰湖执法与司法衔接机制，建立协调组织、联席会议、案件移交及信息共享等制度机制，对于发现的违法行为，实行快查快移快审，涉嫌犯罪的，及时移送司法机关处理。自2016年综合整治开展以来，黔西南州兴义市检察院累计受理非法捕捞、滥伐林木等破坏万峰湖流域生态环境案件73件，依法提起公诉73件，发出诉前检察建议22件；兴义市法院受理环境资源类刑事案件

67 件，行政公益诉讼案件 1 件，破坏水生态环境违法犯罪活动得到了有效震慑，斩断非法捕捞利益链条，切实维护水生态环境安全。

二、聚焦协同联动"建"，一体整治有新模式

一是建立联动阵地，构筑生态保护桥头堡。成立黔桂滇三省（区）五县（市）万峰湖联合执法指挥部，组建万峰湖生态环境保护检察工作联络室、生态环境安全保护大队、万峰湖水上治安派出所、环境资源审判庭万峰湖巡回法庭等，构筑生态保护联动阵地。实施大生态警务"161模式"，抽调五县（市）环保、公安、市场监管、交通（海事）、综合执法、农业农村、自然资源、水务等单位（部门）60 余名执法人员常驻兴义市，集中力量开展万峰湖联合执法行动，构建共管、共治、共建、共享治理格局。二是签订联动协定，搭建执法司法协作双引擎。黔西南州与广西壮族自治区百色市生态环境部门签订《万峰湖库区及河流交界区域环境联动执法协议》，与百色市、云南省曲靖市联合建立跨界河湖保护协同监督工作机制、生态环境保护协作机制，统一执法力度和标准。兴义市与安龙县、隆林县建立跨区域公益诉讼长效协作机制，建立环境资源司法保护基地，抓实"补植复绿""增殖放流"等恢复性司法裁判执行，畅通跨区域司法联动协作机制。三是制定联动规划，共谋协同发展新愿景。兴义市与安龙县、隆林县、云南省罗平县等接边县市建立万峰湖生态环境保护联席会议制度，定期召开会议协同开展持续整治。出台《百姓富·生态美万峰湖发展规划》，构建起"生态渔业+果树种植+乡村旅游"发展格局，推动万峰湖水域湖岸一二三产业融合发展。

三、聚焦制度机制"立"，生态守护有新屏障

一是协同立法共护一湖碧水。2020 年 9 月，黔西南州、百色市、曲靖市就跨区域协同立法合作范围、合作机制达成共识，签订了《跨区域协同立法合作协议》。黔西南州、百色市分别出台《黔西南布依族苗族自治州万峰湖保护条例》《百色市万峰湖保护条例》，于 2023 年 1 月 1 日起正式施行，条例明确了万峰湖保护范围、执法标准，有效破解了河湖保护地域差异带来的整治难题。二是齐抓共管健全保护机制。在与接边县市建立生态环境保护联席会议制度的基础上，编制《兴义市农村环境综合整治整市推进实施方案》，分步推进农村生活垃圾收运系统及污水收集设施建设，设立41个水环境监测断面，对万峰湖及干支流水环境进行动态监测。按照"一河一长、条块结合、分片包干"原则，全面落实河（湖）长制。

> **经验启示**
>
> 　　**依法治污是前提**。万峰湖生态综合整治以习近平法治思想和习近平生态文明思想为根本遵循，以中央生态环保督察问题整改为契机，治理工作中切实提高政治站位，抓实具体措施，重拳出击整治生态环境突出问题，坚持用最严格制度最严密法治保护生态环境，将法治思维和法治方式贯穿综合整治全过程，守护跨三省区的万峰湖"一湖碧水"取得显著成效。**协同联动是关键**。万峰湖生态综合整治过程中，滇桂黔三省区五县市围绕立法、执法、司法和普法全环节开展协同合作，法治建设全链条各环节贯穿其中，为治理提供了强有力的法治保障。通过建立万峰湖生态环境保护联席会议制度、跨区域公益诉讼长效协作等机制，改变过去"九龙治水"、各自为政的治理格局，构建了"信息互通、数据共享、联防联治"的万峰湖水域环境综合整治新格局。**群众受益是目标**。万峰湖生态综合整治过程中，紧紧守牢了发展和生态两条主线，在做好"绿水青山"前半篇文章的同时，加强"金山银山"后半篇文章的谱写，构建起产业融合的绿色发展新格局，促进提升群众获得感。

西藏自治区措美县

强化环境执法　守护碧水蓝天

西藏自治区措美县深入学习贯彻习近平法治思想、习近平生态文明思想，深入推进行政执法体制改革，开展"党建促业务""执法+帮扶"活动，突出依法执法、精准执法、柔性执法，切实提高执法效能，全面提升县域环境安全水平，守护了一方碧水蓝天。

一、聚焦环境执法，提升执法效能

一是统筹安排、统一部署。围绕大气、水、土壤污染防治攻坚战及农业农村污染治理攻坚重点目标，全面梳理生态环境监管领域所有监控点位，列出重点督查目录清单，以重污染天气管控、移动源治理、涉挥发性有机物专项执法等重点攻坚行动为练兵场和主战场，提升执法质量。二是扎实开展环境执法，狠抓问题整改。及时开展土壤环境隐患排查及环境监测、建设项目"未批先建"排查整治、建筑工地噪声污染控制管理等工作，深入重点项目、重点企业、采砂领域开展扬尘治理等执法检查，为污染防治工作奠定良好基础。针对生态环境监管领域所有监控点位组织开展拉网式、地毯式排查和现场检查，每次执法检查均建立问题整改清单，对各点位存在的环境问题隐患，能够立即整改的要求现场立整立改，无法现场整改的下发督办单要求限期整改，并对整改清单组织"回头看"，做到整改一个销号一个，形成问题整改闭环。截至2023年年底，全县生态环境系统执法检查55次，下发责令整改通知书17次，出动执法人员115人次。三是不断提升环境执法能力水平。投入资金充实执法设备，定期对加油站、汽修厂、垃圾填埋场、医废暂存间、重点项目、企业施工单位等开展现场执法检查工作，加强重点道路建设项目的全程监管，确保各项环保措施落到实处；积极争取资金，对农村饮用水水源点保护项目进行定期维护，更换警示牌、加固网围栏、稳固地基、坚决保障农牧民群众饮水安全。目前，措美县大气环境质量达标或优于Ⅱ类，全县环境空气质量优良比例达100%，大气环境质量总体向好。措美县辖区内的主要河流水质优良（达到或优于Ⅲ类标准），各断面年平均浓度均达到考核目标要求，城镇集中式饮用水水源水质全部达到或优于Ⅱ类标准。

二、创新工作举措，打造执法亮点

一是大力弘扬"靠前服务、主动作为"精神。积极主动引导指导企业办理环境影响评价手续，强化各个环境要素的保护保障，降低污染和能耗；对重点环境监管领域及时动态跟踪掌握，对可能出现的问题隐患提前分析研判，及早向企业预警提醒，主动上门沟通协调，做好执法帮扶工作。二是紧盯重点领域，开展执法帮扶。在全县汽修领域，围绕汽修企业经营资质、挥发性有机物管理、危险废物贮存处置等方面开展专项检查，对危废暂存间"三防"措施、标识标牌、台账记录、处置转移等方面逐一进行讲解指导，对检查过程中发现的危废暂存间建设不规范、台账记录不完善、标识标牌不齐全等问题，现场及时反馈，通过执法人员和企业结对帮扶常态化，实现帮扶措施与企业环境管理效果同步提升，促进环境管理水平与经济效益同步提高。三是扎实开展环境信访接访工作。开通环保举报热线，设立生态环境领域举报信箱，全县未发生盗伐滥伐森林或其他毁林现象，未发生非法捕杀野生动物、非法开垦草原、破坏草场植被等行为，未接到重大举报案件。

三、强化教育宣传，动员全民参与

一是加强环境执法队伍学习教育。开展"党建促业务"活动，通过自学、集体学习、法治考试、法治讲座、法治培训、联合执法行动等多种形式，提升环境执法队伍法治素养和业务能力，确保党中央关于生态环保和严格规范公正文明执法的各项决策部署落实到一线执法工作中。二是每年开展"6·5世界环境日"主题宣传活动。结合2023年世界环境日"建设人与自然和谐共生的现代化"宣传主题，组织线下普法活动5场，受教育群众达1000人。通过张贴横幅、设立展板、向农牧民群众发放环境保护法律法规宣传读本和环保袋等物品、解答群众关于生态环境保护方面疑问等方式，普及环保相关法律法规知识，教育引导群众牢固树立环境保护意识。三是持续开展环保法律法规进企业、进村（居）、进寺庙、进工地、进景区景点等活动。深入基层、深入群众，以群众喜闻乐见的形式，用生动通俗的语言宣讲习近平生态文明思想、习近平法治思想、环境保护相关法律法规，呼吁每个公民积极投身生态文明建设，自觉做绿色生态环保的宣传者、推动者和实践者。

经验启示

一是党建引领，全民动员。以党建促业务，以学习提能力，以宣传唤民行，全县构建了上下一心、齐抓共管、密切配合、全民参与的生态文明建设工作格局。二是统筹规划，突出重点。立足县域环境基础状况，统筹规划布局，一一梳理水、气、声、土壤、固体废物等环境监管领域的全部监控点位，扎扎实实开展排查整治，确保不漏一项、不漏一处，列出重点督查目录清单，聚焦重点问题狠抓执法整改。三是鼓励创新，柔性执法。以推进环境效益、社会效益、经济效益相统一为目标，创新执法举措，以柔性执法和帮扶活动打造亲清政商关系，让执法既有力度又有温度。

陕西省西咸新区

聚焦知识产权全链条保护
服务秦创原高质量发展

为打通陕西科教资源优势与经济发展融合的堵点，2021年3月，陕西省委、省政府提出建设"秦创原创新驱动平台"战略。秦创原肩负着促进科技成果转化、实现校地校企合作、推进政产研深度融合等使命。陕西省西安市西咸新区作为"秦创原创新驱动平台"的总窗口，贯彻落实"保护知识产权就是保护创新"的理念，着眼深入推进科技成果转化"三项改革"，创新工作方式，强化工作举措，以知识产权保护为核心，聚集全领域资源优势，搭建"行政保护+司法保护+社会保护"秦创原知识产权全链条法治保护体系，为秦创原高质量发展提供了有力法治保障，成为具有全省影响力的法治名片。

一、多措并举，扎实推进知识产权行政保护

积极打造知识产权保护示范区，协同多方力量，形成知识产权保护合力。一是强化组织领导。成立西咸新区知识产权工作领导小组，统筹谋划部署西咸新区知识产权行政保护各项工作任务与推进举措。设立6家知识产权维权援助工作站投入运行，其中秦创原创新促进中心知识产权维权援助工作站被列入西安市知识产权维权援助站名单。二是加强制度规范设计。制定《西咸新区知识产权强区建设工作推进计划》，推动知识产权高质量发展。出台《西咸新区知识产权示范园区建设实施方案（2023—2025年）》，细化责任目标，促进知识产权与西咸新区创新发展深度融合。组织开展秦创原高价值专利大赛，搭建围绕产业发展实际需求的高质量技术转化实施平台和资源对接平台，加快促进专利价值实现。三是加大行政执法力度。严厉打击非正常专利申请和恶意商标注册申请行为，先后开展两批次非正常专利申请整改专项行动，共整改非正常专利申请439个。公安、文化等多部

门开展跨部门执法行动，累计查办知识产权侵权案件36件，罚没款82万余元，为知识产权的创造和应用提供良好法治环境。

二、多方联动，提升知识产权司法保护质效

成立秦创原法治保障中心，聚集法院、检察院及公安机关知识产权司法保护职能机构，为秦创原企业、科研院所提供"一站式"司法保护。一是在审判实践中体现司法保护效能。积极协调省、市两级人民法院，在西咸新区设立秦创原知识产权巡回审判庭，逐步实现新区知识产权案件新区审，完善知识产权刑事、民事、行政审判"三合一"审判模式，加强裁判文书释法说理，发挥知识产权案件的示范引领作用。二是在综合保护中彰显检察职能。与省、市人民检察院签订知识产权检察保护协议，设立秦创原知识产权检察保护中心，提供信息查询、法律咨询、法律风险防控等服务。对案件办理中发现的涉商业秘密保护、知识产权维权等问题，提出检察建议，帮助查找管理漏洞、完善机制。发布商业秘密、知识产权合规指引、合规风险提示等规范，推动高新技术企业进一步加强对侵犯商业秘密、知识产权的事前预防和事中管控。三是在案件查处中提升打防并举实效。市公安局设立秦创原知识产权保护暖心警务会客厅，在秦创原总窗口重点企业设立知识产权保护工作站，深化警企合作，为企业提供预警防范、法律咨询、信息共享等综合服务。通过设立涉企接报案中心，对侵犯企业知识产权案件集中接待，整合办案力量，提高侦办效率，严厉查处知识产权侵权假冒等违法案件，有效提升知识产权刑事保护能力。

三、多点发力，强化知识产权社会协同保护

强化企业创新主体地位，不断丰富法治助企措施，在西咸新区厚植知识产权保护法治文化。一是搭建"陪跑式"法律服务机制。出台《西咸新区加快法律服务业发展实施办法（暂行）》等政策方案，发挥政策扶持作用，积极引进省内外头部律所。成立融商法律服务创新中心，汇聚律所、公证等各类法律服务机构56家、法律人才400余人，组建6个公益法律服务团，有效提升西咸新区专业法律资源供给能力。搭建"线上+线下"企业全生命周期的"陪跑式"法律服务机制，线上开通"秦创原"小程序、"秦创原法律服务热线"，向企业提供免费线上法律服

务；线下依托秦创原法治保障中心，通过"法企联动"开展法治讲堂、法治体检、产业园区集中问诊等丰富多样的法治助企活动，实现法律服务机构与企业伴生成长、双向赋能的良好发展生态。二是推进"政产学研"有机结合。建立秦创原与高等学校、科研院所联合工作机制，健全法治人才培养模式，加强域内司法、行政、高校等知识产权保护单位之间的人才交流、科研探讨，针对重难点案件实务疑难问题与科技治理前沿问题探索，发挥法治人才助推秦创原各类企业合法合规建设、防范法律风险的作用。三是开展专利申请法律辅导。建立新区知识产权律师库，优选具有专利代理资格的双证律师，帮助企业进行可专利性分析和战略性布局，为企业专利申请提供复审申请等法律服务，从前端提高专利申请率和专利质量，目前累计有效发明专利拥有量1.4万件，转化专利3140件。四是营造浓厚知识产权保护氛围。组织企业家代表旁听知识产权巡回审判法庭庭审，以案释法，提升知识产权保护意识。开展打击侵犯知识产权犯罪成果展暨进驻秦创原"联访解"主题活动，让群众直观感受、了解知识产权侵权的危害。广泛开展知识产权保护普法宣传，利用"4·26"世界知识产权保护日、全国科技活动周等重要时间节点，开展律师专家知识产权保护线上直播宣传等活动，强化全社会知识产权保护意识，全力为科技创新打造优质的法治环境。

经验启示

完善制度机制是基础。建立健全知识产权保护工作机制，打通知识产权创新、应用、管理、服务的全过程保护链条，激发新质生产力活力。**统筹协调联动是关键。**知识产权保护覆盖领域广、涉及行业多，必须统筹协调行政、司法、社会各方面力量，构建知识产权保护大格局。**严格执法司法是重点。**对知识产权领域侵权、失信等行为依法依规办理，常态化保持打击假冒侵权等违法犯罪高压态势，提高知识产权违法犯罪成本，营造全社会尊重知识产权、保护知识产权的浓厚氛围。

第三编

3

服务保障和改善民生

内蒙古自治区库伦旗

打造"8分钟法律服务圈"
实现优质服务移步可至、触手可及

内蒙古自治区库伦旗深入学习贯彻习近平法治思想，创新打造"8分钟法律服务圈"，通过线上联络、线下咨询等方式，使企业、群众在8分钟内即可就近便捷获得法律服务，加快构建"纵向到底、横向到边"的公共法律服务体系，极大畅通了企业、群众"办事依法、遇事找法、解决问题用法、化解矛盾靠法"的渠道，有效满足了企业、群众多层次、多样化的法律服务需求，成功探索出一条基层法治建设的新路径。

一、坚持旗镇村三级联动，打通服务企业群众"最后一公里"

统筹整合公共法律服务资源，精心谋篇布局，搭建旗镇村三级服务平台，实现公共法律服务全域覆盖。一是致力整合融活，做强1个旗级公共法律服务中心。中心聚合法律援助、人民调解、法律咨询等多项司法行政工作职能，以群众需求为导向，采用"窗口化+网络+热线"方式，融合设置行政复议、法律咨询、法律援助、企业咨询专岗，打造综合性、一体化法律服务公益平台。2023年，中心共解答线上线下法律咨询356件，受理法律援助218件，办理行政复议50件，代写法律文书38份。二是注重方便快捷，建设9个区域性苏木乡镇（社区）公共法律服务站。发挥服务站作为服务群众的一线综合性法律服务平台的重要支撑作用，细化服务清单，制定指引指南，司法所干警、镇级法律顾问（律所包联）对来访群众进行"问诊把脉"，让基层群众只进"一扇门"，就能办理公共法律服务所有事。2023年，共受理线上线下法律咨询639件，办理人民调解425件，开展法律讲座54场、普法宣传48次，上门服务108次，代写法律文书72份。三是推进基层延伸，打造202个嘎查村公共法律服务室。充分发挥村级服务室在普法宣传、人民调解、化解矛盾、源头治理方面的一线阵地作用,将公共法律服务延伸至基层治理的神经末梢,依托嘎查村(居)两委成员、村级法律顾问(两名专职律师兼任)、"法律明白人",开展法律咨询、人民调解等公共法律服务,打造群众身边的"法律管家",让群众不出村就可享受到法律服务。2023年,共受理线上线下法律咨询61件,化解矛盾纠纷45件,开展普法宣传24次。

二、织密线上+线下"两张网",提升公共法律服务质效

库伦旗立足数字赋能,推进"互联网+公共法律服务"深度融合,推动法律服务线上+线下互联对接,实现公共法律服务"最多跑一次",甚至"一次不用跑"。一是建优网络服务平台"线上办"。建立各苏木乡镇"公益法律服务联系点"信息群,实现包联律师、司法所干部及嘎查村党支部书记应纳尽纳,与"4752148"法律服务话务专线"双线"融合发力,提供高效便捷的法律咨询途径,使企业、群众的法律需求得到及时、有效的解决。借助新媒体传播手段,开通"直播间普法答疑""法律人会客厅""荞乡普法课堂"专栏,让专业法律知识"飞入寻常百姓家"。研发上线"荞乡公共法律服务一扫通",着力打造"智慧法律服务",实现群众找律师、寻法援、办公证、找调解"掌上查询",让企业、群众随时随地享受到"指尖上"的公共法律服务。二是建强荞乡法律服务团"身边办"。发动6名法律援助律师、18名公职律师、32名社会专职律师、72名法律服务志愿者、3名公证员、967名"法律明白人"组成"千人团队",科学调配实体平台、网络热线等关键岗位力量,主动为群众提供多元化服务。通过建设"民主法治示范村"、配备嘎查村法律顾问等举措,夯实基层基础,服务延伸到底,让人民群众切身感受到"法律服务就在身边"。2023年,累计开展法律服务522次,其中线上服务125次、线下服务397次;解答企业、群众法律问题328件,代写法律文书65份,开展法治讲座22期。

三、靶向提供针对性服务,扩大公共法律服务覆盖面

库伦旗坚持流程再造,针对不同群体法律服务各有所求的实际,订单式推送公共法律服务,开展送法上门和帮办代办服务,让企业、群众的个性化法律服务需求充分得到满足。一是针对普通群众提供普惠服务。积极引导律师、法律服务

志愿者等参与公共法律服务，加快壮大法律服务力量，常态组织群众喜闻乐见的宣传宣讲活动，积极开展线上线下法律知识宣讲，累计开展普法宣传 300 余场、发放便民联系卡 5000 余张。二是针对特殊群体上门帮办代办。在劳动监察、妇联、团委等部门设立法律援助工作站，优化法律援助流程，推行告知承诺制，审批时限由 7 日压缩至 1 日，为残疾人、儿童、老年人等群体开展 24 小时预约上门服务，推动法律援助"零距离"服务。2023 年，共开展上门服务 23 次。三是针对中小微企业送法上门。摸清辖区内中小微企业涉法服务需求，定期联系、会商研判、协调联动，为企业提供"法治体检"等多项惠企法律服务，助力企业依法合规经营和企业职工依法维权。2023 年，开展"法治体检" 21 次，提供法律建议 163 件，帮助 30 余家企业防范化解矛盾纠纷，挽回经济损失 236 万元。

经验启示

一是坚持统筹整合。通过整合资源、优化布局协同联动，推进硬件设施和软件服务双向提升，线上"法律顾问"和线下"法律保姆"同步发力，实现"普通大众、特殊群体、中小微企业"一体包揽，全方位打造具有库伦特色的"8 分钟法律服务圈"，以法治之力护航经济社会高质量发展。二是坚持科技赋能。通过设计研发"荞乡公共法律服务一扫通"，运用"智能化+公共法律服务技术"，开展线上咨询、电话咨询、远程调解，提升公共法律服务全时空有效供给，真正做到让信息多跑路，让群众少跑腿，切实增强群众的法治获得感。三是坚持重心下移。针对农村偏远地区公共法律服务体系建设相对滞后这一突出短板，通过创新"线上+线下"服务互补、协同服务场景，推进公共法律服务资源均衡配置，向下延伸服务触角，让企业、群众畅享优质服务移步可至、触手可及。四是坚持暖心服务。变法律服务由传统"坐等业务"为创新"主动上门"，更加注重精准助企纾困、精诚服务惠民，更加注重提供个性化、精准化法律服务，靶向解决企业、群众"急难愁盼"的法律问题，让法治服务更有温度、更有质感。

内蒙古自治区鄂尔多斯市康巴什区

"无证明城市"暖城暖企暖民心

为深化法治政府建设，营造法治化营商环境，内蒙古自治区鄂尔多斯市康巴什区着力打造"无证明城市"，促进经济持续健康发展，推进诚信和谐暖城建设走深走实。通过梳理一张目录清单、建设一个应用系统、拓展一批服务场景、出台一套保障机制"四个一"举措，实现办事证明从"索要"到"不要"、从"纸质"到"电子"的转变，倾力打造"来康城·全办成"线上线下、全域全时的政务服务品牌，建设便捷高效的数字政府，有效提升人民群众法治获得感。

一、建立一套减证机制，促进解决群众"办事多""办事难"问题

2022年9月，康巴什区启动实施"无证明城市"建设工作，以务实举措减证便民、优化服务。一是全面梳理证明事项清单。印发建设"无证明城市"实施方案，通过部门座谈、逐项对比、法制审核等方式，在层级延伸和扩大覆盖面的基础上对证明事项进行全面梳理，各街道、部门共梳理144项证明事项，形成动态调整清单。二是调整优化证明事项。按照"法无规定一律取消、法有规定无需提交"的要求，通过直接取消、告知承诺、部门核验、线上自行开具等方式，使193项证明材料实现免提交，其中直接取消证明材料99项，实行告知承诺证明材料54项，部门核验证明材料40项，群众可自行线上申请证明类型9项。2023年3月以来，康巴什区共办理涉及"无证明"材料1.2万余项，群众自行在线上申请证明共440件，提高了群众办事满意度。三是建立保障机制。制定出台了保障"无证明城市"实施工作规定、"无证明城市"部门核验工作办法、"无证明城市"告知承诺管理办法、"无证明城市"清单动态调整管理办法、"无证明城市"投诉举报办法等，构建一整套管理制度，切实提高"无证明城市"建设质效。

二、建设一个应用系统,提升群众网上办事便利度

作为"无证明城市"建设先行区,积极探索研发"无证明城市"应用系统,现已全面上线运行。系统设置统计管理、证明材料管理、证明出具管理、接入系统管理、接入系统证明开具五大模块,同时设置短信提醒、驳回、失效日期的水印等功能,方便群众查看下载打印,群众可选择线上和线下两种模式进行办理。一是线上全程指尖办理。群众可线上自行申请证明,开放"无证明城市群众端",居民办理居住证明等可在手机上一键申请,工作人员也可以在手机端直接处理,从而实现了线上申请、掌上办公,让数据"多跑路"、干部"提效率"、服务"加速度"、群众"少跑腿",实实在在为基层减负。二是线下数据电子流转。群众可到政务服务大厅窗口办理相关事项,窗口工作人员可在"无证明城市"应用系统上申请开具证明,让群众企业办事"轻装上阵"。

三、拓展一批服务场景,延伸便民利企服务内容

围绕企业群众需求强烈的问题,充分挖掘"无证明办事"业务需求和应用场景,将"无证明"应用拓展到社会服务领域。一是多端合一。将"无证明城市"应用系统与"蒙速办"App、内蒙古自治区综窗系统、内蒙古政务服务网互联互通,开发应用具有自助打印证明功能的政务服务自助一体机,切实解决企业、群众异地办事"多地跑""折返跑"的问题。二是横向到边。推出涵盖社会保障、教育服务、交通出行、住宅用房等7个领域社会化应用服务,实现政务服务和公共服务"证明免提交",有效拓宽"无证明城市"应用场景的广度和深度。三是纵向到底。推动"无证明城市"向街道(社区)延伸,通过向社区直派综窗人员的方式,将涉及证明的21个高频事项及25项证明材料下沉到基层。目前康巴什区所辖的街道、社区已实现无证明办事全覆盖,切实打造更加完善的"15分钟政务服务圈"。

经验启示

一是减证便民,以需求为导向。面向基层一线从"需求端"持续发力,从"减证便民"向"无证利民"转变,切实做到办事"无证明"、群众"零跑腿",让便民利企更进一步。二是数字赋能,以便捷为宗旨。通过技术创新开发

无证明城市应用系统，打通数据壁垒，实现部门之间数据的互联互通，优化政务服务流程，让企业群众享受足不出户就能线上申请证明的便捷。三是机制保障，以制度促落实。通过系统、科学制定全流程的管理制度，督促多方联动，密切配合抓好落实，将证明事项清单落到实处。

辽宁省大连市普兰店区

用好"五办"工作法
清根式、穿透式解决"办证难"顽疾

"办证难"历史遗留问题成因复杂，时间跨度大、涉及面广，一直是困扰地区经济发展和群众利益的一块"心病"。辽宁省大连市普兰店区牢固树立以人民为中心的发展思想，着眼根除企业堵点、民生痛点、信访重点，创新实施"专项办""马上办""蹲点办""联动办""容缺办""五办"工作法，清根式、穿透式解决"办证难"顽疾。截至2023年年底，共举办15批颁证仪式，解决104家企事业单位74.8万平方米厂房、6684户64.5万平方米商品房及2个公益项目8275平方米建筑的"办证难"问题，为企业增强融资能力19.9亿元，受益群众1万余人。

一、多方衔接协同，难点问题"专项办"

成立区委书记、区长任双组长的化解"办证难"问题工作领导小组，全程统筹调度推动"办证难"问题解决，逐案追根溯源、查明成因、找准症结，建立任务、措施及责任清单，实施挂图作战，确保每月开展一批次颁证仪式。聚焦难啃的"钉子案""骨头案"，区四大班子领导定点包干，成立工作专班合力攻坚。针对某房地产项目因企业法人代表涉黑涉诉，银行贷款未按期偿还，导致2500余套房屋被查封无法办理产权证的问题。区委区政府成立专项工作领导小组，充分发挥统筹协调、调动各方作用，多角度、立体化破解民生难题。一是争取工作支持。积极争取大连市政府和相关部门的支持，主动与市中级人民法院、国资委、税务局等单位对接，强化沟通联系，定期向市政府汇报。二是主动担当作为。区住房和城乡建设局组织专业团队，主动向大连市牵头单位提供办理事项清单，仔细排查摸底，做到不漏一户、不漏一人，确保底数清、情况明。三是加强宣教通报。由相关部门和属地街道具体负责，同步做好涉及群众的宣传教育，及时通报工作进展情况，安抚群众情绪，争取群众支持。四是多方联动协作。区政府积极协调银行为购房手续齐全的业主分期分批解除查封，区住房和城乡建设局、不动产登记中心、税务局和属地街道全力做好配合保障，最终将某房地产项目"顽疾"彻底化解。

二、精准量身定制，简易问题"马上办"

按照从易到难原则，对拥有合法土地使用手续、解决难度较小的已售商品房和未欠缴税款的工业厂房从快解决。从区纪委监委、住建、科工信、信访等部门抽调精干力量，组建已售商品房、企业"办证难"两个工作专班，采取"督导联动"方式，对历史遗留"办证难"问题彻底摸排、建立台账、定性定量、快速解决。例如，2015 年，某公司厂房主体竣工后，因建筑施工档案缺失、监理公司倒闭等原因，未能办理房屋产权证。工作专班全面梳理堵点、难点，相关职能部门分工认领、压茬推进，连续奋战 21 天，12 个单体建筑 7.7 万平方米的产权证全部办理完毕，有效解决了企业发展难题。

三、突出因事制宜，个性问题"蹲点办"

针对不同问题存在的差异性，注重普遍性与特殊性相结合，采取"一企一策、一区（小区）一策、一楼一策"的方式，因事制宜，分批分次解决。例如，某残障人士居民楼原建于 1976 年，2019 年该楼发生墙体脱落、地基下沉、雨水倒灌等问题，居民反映强烈，实业公司启动重建项目，2021 年 10 月完工。由于企业经营不善，大部分员工辞职。苦苦支撑的企业负责人已 70 多岁，不仅不会办，也没有安排其他人去补办产权登记手续。得知情况后，区住房和城乡建设局立即成立工作专班进驻，科学分析研判，专人在企业蹲点、手把手服务指导，全流程帮助补办手续，经过连续 20 天加班加点工作，最终帮助 24 户残障人士全部取得产权证。

四、加强资源整合，复杂问题"联动办"

"办证难"问题历史原因错综复杂，涉及部门广、要件需求多，普兰店区专门建立常态化协调会商工作机制，定期集中研究办理。例如，某殡仪馆搬迁项目 2010 年开工建设，2016 年竣工使用。土地、规划、施工等手续完备，但因建设时间跨度较长,部分参建单位已注销资质,无法通过正常程序办理后续手续。针对这一问题,区科技和工业信息化局联合自然资源分局、住房和城乡建设局、民政局、不动产登记中心等部门进行多次会商、联合作战,召开专题会议集中研究解决办法,监督部门全程监督,最终在一个月内将问题解决,顺利为企业办理了不动产权证书。

五、强化"有解思维",敢于担当"容缺办"

针对一些久拖不决、要件难以补齐的"疑难杂证",普兰店区委区政府以"新官理旧账"的责任担当,以"有解思维"冲破"思维定势",摒弃经验主义、惯性认知,始终保持"开锁"模式,在不触碰法律红线、质量底线的前提下,采取"容缺办理"模式,对"群众有理无责、土地手续不全、消防验收不过"等遗留问题,逐一研究解决办法。依据上级文件精神,认真落实容缺受理、补办建设工程规划许可证、出具等效文件等工作举措。例如,某制造公司厂房因缺少关键手续,未办理产权证,不能抵押贷款。区住房和城乡建设局、自然资源分局、不动产中心等部门通过联合审查,召开联席会议,容缺受理企业材料,指导企业补齐办证要件,最终为企业办理了不动产权证,帮助企业有效化解破产危机。

经验启示

一是厚植为民情怀,勇于担重破难。坚持以人民为中心的发展思想,从群众最关心的问题、民生最突出的短板、生活最现实的需要出发,想问题、干工作、作决策敢于啃"硬骨头"、接"烫手山芋",切实把为民初心转化为一项项具体的惠民政策、利民工作、便民举措。二是强化法治意识,敢于改革创新。既充分考虑问题产生时的政策规定,又兼顾现行政策要求,在依法依规的前提下,克服部门壁垒、政策空缺,实行会商研判、并联审批、容缺办理等创新举措,综合运用纪律、法律、政策、行政、经济等多种手段有效解决"办证难"问题。三是树牢闭环理念,推动长治长效。清单化、穿透式、系统化解决问题,完善制度建设,织密监督防护网,进一步建立健全多方参与、多部门联动的监督模式,形成长效机制,切实从根源上解决问题。

辽宁省彰武县

以优质服务树良好窗口形象
让"办事不找关系"成常态

辽宁省彰武县深入贯彻落实习近平法治思想，坚持以人民为中心，以解决企业需求、群众诉求为出发点，聚焦市场主体和群众办事难点堵点，积极推进"办事不找关系"试点，谋定快动、迅速落实，以小切口解决大问题、作出大文章、带动大改变，营造法治化营商环境、助推经济社会高质量发展。

一、以人民为中心，全力打造"办事不找关系"试点，提升全民法治思维

一是深入调研，挖掘堵点。针对"办事找人""办事求人""走后门"等陋习，深刻剖析本质原因，采取深入群众、走进企业、域外考察等方式，广泛调研营商环境中存在的问题和先进工作经验，组织33家行政审批部门深入企业群众调研摸底百余次，召开部门协调会议及座谈会30余次。通过调研挖掘办事程序不透明、办事标准不统一、办事时限不透明等9个方面问题，并从群众、企业办事习惯和日常办事遇到的困难入手，堵塞漏洞，改变群众、企业办事"先找人"的习惯，有力提升了全民法治思维。二是打造试点，全面铺开。聚焦群众、企业办事中的难点和困惑，围绕权力事项清单、不找关系路径、合规办事指南、违规禁办清单、容缺受理清单5个方面，组织县税务局率先编制《办事不找关系指南》样板，多渠道向社会进行公开宣传，并在县、镇、村三级全面铺开。截至2023年年底，已将全县34个部门456项、24个乡镇586项、184个行政村和16个社区1800项高频热点政务服务事项纳入《办事不找关系指南》，更好地解决群众和企业不了解办事流程、不懂办事要件等问题，让群众和企业一看就懂、一用就会，知道在哪办、怎么办、什么时候办完，转变"求人才能办""办事先找人"的思想认识。三是多

措并举,创新机制。采取强化数字支撑、完善制度建设、公开办事标准、细化监督机制等多种方式,打破"办事找关系"的旧思想,引领"按章办事"的新思维。深入剖析"办事找关系"的原因,以小切口入手,组织下发《彰武县开展"办事不找关系"专项行动试点实施方案》,切实带动全县营商环境建设再提升。此外,创新开展"领导干部办事体验活动"、政务服务"120加急办"工作流程、"办不成事"反映窗口与"营商会客厅"有机结合等多项举措,以"群众有需求,政府有行动"为理念,切实提升了群众和企业的满意度。

二、做到以点带面,筑牢"办事不找关系"服务理念,推动镇村法治建设

一是持续发力,优化服务。在乡镇便民服务中心推广帮办代办服务,开展了"政务工作对接员代理办""村级帮办员上门办"服务,进一步提升工作质效,实现群众"办事不出家、办事不出村、办事不出镇"的工作目标。活动开展以来,通过体验活动优化政务服务事项3个,开展"帮代办"业务事项7598件、"上门办"业务事项826项、开展"120加急办"服务73次。二是巩固提升,突出特色。通过县营商局领导班子到政务服务中心"站厅",督促各驻厅人员履职尽责,让群众和企业放心办、安心办。针对企业最关心的项目审批进度问题,完善"彰企通"运行服务机制,坚持"一企一策",实行"一个项目、一位领导、一套工作机制",通过"黄灯"提醒、"红灯"问责,倒逼行政审批部门积极作为、提速审批,让企业在项目审批中"知进度、心有底"。三是创新制度,保障落实。将"办不成事"反映窗口与纪委监督岗并联运行,促进干部担当作为,实现监督延伸到具体事件当中,帮助企业解决问题。将"办不成事"反映窗口与"营商会客厅"有机结合,县级领导提前介入予以协调,推进多部门联动,实现"来了就给办、不办给说法",实现真正为群众和企业诉求提供"兜底"服务。

三、坚持靶向定位,以"办事不找关系"试点为助力,巩固法治建设成果

一是规范建设,提升群众和企业办事便利度。不断加强乡镇便民服务中心建设,制作统一政务服务标识,科学规划咨询引导区、自助服务区、等候办理区、业务受理区、"办不成事"反映区 5 大功能区域，基层群众办事便捷度进一步提升。二是优化流程，提升群众和企业办事满意度。针对调研中群众和企业反映的"办事慢"问题，25 家部门参与了体验活动，提出了 38 条改进意见，优化压缩审批流程，缩减审批时限。例如，县税务局在活动中发现，纳税人领取电子密钥（Ukey）时需要填写表单和台账，比较复杂，耗时较长，体验后将纳税人需要填写的各项资料整合为统一台账，只需纳税人领取时签字即可，大大方便了群众，缩短了办理时间。三是完善制度，提升监督管理水平。由县委组织部、县纪委监委、县营商局成立联合督导组，对各乡镇落实情况采取"四不两直"督导检查，指出落实不准确、不到位问题，及时组织"回头看"，确保工作落到实处。同时，形成县委、县政府主要领导下乡调研"一必看、一必问"的工作机制，即乡镇便民服务中心必看，与群众交流办事顺畅度必问。此外，各乡镇在便民服务中心均实现了领导带班工作机制，形成了群众进门就能看见带班领导的工作模式。

经验启示

以人民为中心是根本。优化法治化营商环境，必须从群众中来，到群众中去，站在群众和企业的立场查找办事的难点和堵点，这样才能真正把工作做到人民的心坎上。制度建设是保障。法治是最好的营商环境，只有依法建立完善的制度管理机制，才能让群众和企业知道怎么办，才能取信于民，保障公平。督导检查是关键。督导使保障制度有力落实，检查使制度执行不走样，只有加强督导检查，才能推动各项制度建设长效化、常态化。

黑龙江省双鸭山市

打造政务服务新模式　提质增效优体验

黑龙江省双鸭山市深入学习贯彻习近平法治思想，增强改革意识和首创精神，加快政府职能转变，推进法治政府建设，创新推出"跨省通办+套餐服务+云见面"服务模式，用心用情用力解决好群众急难愁盼问题，以改革创新助力转型振兴、高质量发展，不断增强人民群众获得感、幸福感、安全感。

一、以群众需求为出发点，坚持安全与便利并举，建立跨域通办合作新机制

一是精准对接跨域服务需求。制作"跨省通办"调查问卷，发出积极参与"跨省通办"问卷调查的倡议，征集有效问卷4380份。经后台统计，双鸭山市在外人员异地高频办事需求主要集中在户籍迁移、医疗保险、参保登记、异地就医备案（结算）等；外地务工、学习、旅居人群主要集中在东北三省和山东、江苏、浙江、广东、海南等沿海发达地区。二是搭建跨省通办合作框架。运用大数据技术，对人口分布、办事需求、往返路线、成本时间等数据进行综合分析研判，先后向吉林市、长春市、大连市、营口市、南通市、北海市、三亚市等城市发出协作推进"跨省通办"函，利用东北三省一区"区域通办"的合作架构，以共同发展和长期合作为目标，与佛山市、吉林市、大连市、营口市等地签订"点对点"合作协议，持续扩展跨省通办的"朋友圈"，以政务服务为媒介的政府协作体系初步搭建。三是构建异地协作运行机制。作为发起地，与相关城市多次举行线上视频会议，以突破地域限制为目标，建立健全跨省通办沟通协作机制，明确申报材料、受理模式、办理流程、发证方式等内容；以政务服务事项归属部门为单位，打通跨区域审批人员沟通对接渠道，实现业务办理的"协同化"，破解困扰异地办事沟通不畅问题。编制《"跨域通办"特色事项清单》，涵盖市场主体登记、公共场所卫生许可等354项，并逐项统一办理流程和办事指南，实现事项审批标准统一化。

二、以落地见效为标准，坚持线上与线下融合，规范统一跨域通办新体系

一是主题专区"全程网办"。以跨省通办事项"全程网办"为切入点，依托黑龙江省政务服务网，按照"统一标准、相互授权、异地受理、远程办理、协同联动"的基本原则，设立"跨省通办""区域通办"服务专区，与佛山等地市在线互推通办事项，完成不动产、公积金等市级自建受理及审批系统与省一体化政务服务平台对接工作，实现统一身份认证系统用户信息互认互信，推动"跨省通办"事项申请、受理、审查、决定、结果出证等环节全流程网办，真正通过"数据跑路"代替"群众跑腿"。二是大厅窗口"代收代办"。市、县、乡三级政务服务中心"跨省通办"窗口实现全覆盖，对外公布"跨省通办"事项名称、服务时间、咨询电话等办事信息，编制异地单位或职工缴存等高频事项办事指南，绘制异地代收代办业务流程图，供群众查看使用。窗口采用"收受分离"模式，根据申请人需求和行政审批要求，为企业、群众提供咨询解答、申报指导、异地帮办代办、申报材料寄递等服务，通过邮件寄递至业务属地政务服务机构完成办理。三是融合渠道"即时即办"。推动线上线下办事渠道深度融合，合作双方配备专职服务团队，通过异地联络和培训辅导，对各自业务审批系统进行充分授权，共享对方审批出证账号密码，推动申报材料、证照"一体受理、一体发证"的闭环办理模式，在规定时限内为办事群众办理并核发证件，完成材料核验上传、发放证照文书等环节，实现异地办理事项"即时即办""一次办好"。

三、以集成服务为抓手，坚持智能与效能协同，打造应用跨域通办新载体

一是高频一件事套餐"跨省办"。聚焦打造主题式、集成式政务服务，将"跨省通办"与"一件事一次办"有机融合，对紧密关联的"跨省通办"单个事项进行打包，推出了20个跨层级、跨部门、跨领域、跨省的一件事"套餐服务"，涵盖"社会关系转移接续""医疗费用报销"等高频办事需求领域，梳理重构审批流程环节，整合集成办事指南、操作规程、申报材料，形成一次性告知单、申报表单，并推送至省一体化政务服务平台线上办理，实现高频一件事套餐"跨省办"。二是异地帮代办实现"云见面"。在市、县两级政务服务中心设立"视频办"业务窗口，开发建设了政务服务"视频办"特色服务系统，企业群众通过手机或电脑直接连线窗口工作人员，实现在线核对身份、受理申报材料，通过专业语音、视频交互设备，为必须本人到场办理的事项提供"云见面"远程帮办、"一对一"全程专办、"零跑动"无感智办，切实解决了异地企业和群众办事成本高、办事效率低、办事体验差等堵点问题。三是推广应用新模式"解民忧"。将推出的"跨省通办+套餐服务+云见面"服务模式创新做法予以固化，并积极开展线上线下宣传推广，不断增强社会认知度。截至2023年年底，双鸭山市已通过异地代收、系统流转、远程视频核验等方式，成功为申请人办理了养老保险转移等"跨省通办"业务350余次，累计节约异地群众办事成本约70万元。

经验启示

一是思路决定出路。打破"惯性思维""狭隘思维"，解决"不会创新""不会改革"问题，着力增强创新意识和担当精神，向标杆城市看齐，学习借鉴发达地区先进理念和成功经验为我所用，并结合实际进行本土转化、推陈出新，全力以赴在自主创新上求突破。二是态度决定力度。以人民群众的获得感、满意度为出发点和落脚点，聚焦群众异地办事过程中出现的"进多门、往返跑、材料繁、费用高、时限长"等难点堵点问题，坚持因地制宜、有的放矢，开展需求调研，精准掌握异地主要旅居地点和高频办事领域，群策群力，迅速行动，用心用情用力满足企业群众需求。三是格局决定结局。在落实国家、省关于"跨省通办""一件事一次办"改革工作的基础上，自我加压，创新求变，通过引入大数据技术、开发建设政务服务"视频办"数字化场景应用，升级打造了"跨省通办+套餐服务+云见面"服务新模式，进一步提升了企业群众"跨区域"办事体验，为政务服务"微改革"提供了有益经验。

山东省日照市

深入实施"12345+"工程
助推精准满足群众法治需求

为切实做好"送上门来的群众工作",提高诉求解决和源头治理质效,山东省日照市深入实施"12345+"工程,将人民调解、执法监督、合规指导、普法宣传等法治方式融入12345政务服务便民热线办理全过程、各环节,创新建立12345热线+矛盾纠纷化解/行政执法监督/普法依法治理等协调联动工作机制,有效激发了依法治理新效能,群众幸福感和满意度不断提升。

一、12345+人民调解,多元解纷助推源头治理

充分发挥12345热线数据探头、桥梁纽带作用,将调解嵌入热线办理流程,打通12345热线诉求"全链条"解决新模式。一是线网融合,群众需求免申即享。将12348法律服务热线并入12345政务服务热线运行,选派律师坐班接听服务,对符合调解条件的热线诉求,第一时间连线调解员,采用"三方通话"和线上派单方式实时调解。建立"日照12345"公众号与"日照掌上12348"公共法律服务平台资源共享机制,引导有法律服务需求的来电群众登录平台,足不出户进行法律咨询、提出调解申请。二是线下分流,热线诉求应调尽调。充分发挥2009个基层人民调解组织、119个行业性专业性调解组织、97个行政调解组织作用,精准适配专业调解力量,接办热线分流推送的调解案件,切实提高矛盾纠纷化解率。对重大、复杂和疑难纠纷诉求,建立矛盾纠纷联合调处工作机制,整合调解、综治、信访等力量,综合"会诊",多方联动,合力化解。三是数据探源,前端预防源头化解。深入分析热线诉求情况,精准研判纠纷趋势,有针对性地开展源头预防、排查预警、前端化解工作。聚焦诉求易发多发领域,建强相关行业性调解组织,选派专职调解员充实调解力量,全面提升源头治理效能。

二、12345+执法监督，瞄准堵点倒逼依法行政

建立行政执法监督与12345热线合作机制，抓牢热线诉求事项案源管理、"全流程"监督，促进严格规范公正文明执法。一是实行涉行政执法类事项信息同步推送。12345热线将行政执法类事项同步推送司法行政机关，实现事项办理（行政执法）和执法监督同步开展、闭环管理。各部门各有关单位紧盯领域内企业群众反映强烈的突出问题，自查排查建立执法问题清单，并及时反馈司法行政机关。2023年，累计通过12345热线核查举报投诉线索8.3万余条。二是开展重点领域专项监督。依托12345热线动态监测、在线分析、精准研判等功能，对投诉量大、群众反映强烈的道路交通运输、旅游消费投诉处理等行政执法领域突出问题，列入行政执法监督计划、开展专项监督；对该领域行政执法部门及执法人员，列入季度和年度监督重点，并视情形下发依法行政警示函。三是建立执法效能提升长效机制。针对暴露出的代表性、典型性问题，制发行政执法文书、证据、程序、自由裁量权"四个规范"，通过完善制度机制促行政执法规范提升。司法行政机关指导行业主管部门制定"执法操作指引"，明确执法问题类型、责任部门、处罚依据、处罚种类和幅度、取证要点、判定标准等内容，为行政执法人员规范执法提供具体指导。2023年，全市行政诉讼收案量下降5.6%，行政机关败诉率下降至1.4%。

三、12345+普法宣传，精准施策提升治理效能

通过12345热线深挖群众法治建设堵点、痛点、难点，推动全民普法由"大水漫灌"向"精准滴灌"转变。印发《关于加强12345热线热点事项依法治理工作的通知》，切实提升依法治理质效。一是把法治需求"汇上来"。建立12345热线热点事项快速收集机制，准确把握普遍性、苗头性、倾向性热点问题，汇总不同人群法治需求，动态调整法治"需求清单"。2023年，12345热线累计推送热点诉求信息19万余条，各级各部门开展各类"按需普法"宣传活动4000余次。二是把法治任务"派下去"。将法治"需求清单"转化为各级各部门的阶段性重点法治任务，在旅游、住宅装修出租、交通运输、综合商住楼餐饮经营、娱乐场所经营等7个领域制定"规范经营指引"，2023年旅游市场领域"指引"印发后，日照市暑期群众涉旅投诉较"五一"期间下降80%。三是把治理责任"落到底"。强化

法治督察、执法监督、法治考核三种手段,健全完善法治督察+纪检监察、检察监督+执法监督、审判监督+复议监督三项机制,推动各项法治任务落地落实。

> **经验启示**
>
> 　　一是坚持源头防治。立足案结事了、群众满意,引导群众通过法律手段表达诉求、化解矛盾、解决问题,构建起矛盾纠纷前端预防、源头化解机制,全面提升了源头治理效能。二是坚持科学纠治。深挖12345热线数据"富矿",及时掌握人民群众对行政执法工作的期盼诉求,靠前一步拓展"监督源",及时纠正不当执法行为,倒逼严格规范公正文明执法。三是坚持精准慧治。全方位听取群众意见建议,精准把脉群众法治需求,为群众量身定制法治套餐,推出不同领域、不同层面的普法特色样板,实现普法供需精准对接。

河南省许昌市

打好法治组合拳　护航就业促发展

近年来，河南省许昌市聚焦新业态新就业群体法治需求，打好法治保障、执法服务、权益保护等法治"组合拳"，就业质量显著提升，城镇新增就业连续十年年均增加 7.8 万人，城镇登记失业率稳定在 3% 左右，零就业家庭动态清零，群众法治获得感和满意度显著提升。

一、强化法治保障，扩大就业"蓄水池"

坚持法治是最好的营商环境。一是强化制度保障。先后出台《许昌市政法系统护航民营经济发展措施"四十条"》《许昌市政法领域促进法治化营商环境系统性改革方案》《许昌市中级人民法院进一步提升司法水平优化法治化营商环境的实施意见》等一系列政策措施，对企业的法治保障覆盖到事前预判、风险指导、普法宣传、专业调解、事后司法救济等全链条。二是大力开展专项行动。开展"四个一百""万人助企联乡帮村""围绕'项目为王'提供优质法治保障"等专项行动，通过领导干部分包企业，摸排企业诉求 4860 个，办结 4859 个，回访满意率达 99%。三是深化政务服务改革。全市 2087 项市级政务服务事项实现"不见面审批"，1558 项实现"即来即办"，100% 实现"最多跑一次"。深入推进"高效办成一件事"改革，推出 108 个"一件事一次办"服务事项，开办企业全流程实现 0.5 个工作日办结。这些举措让企业对法治保障"看得见、摸得着"，安心闯市场、创新业、谋发展。截至 2023 年年底，许昌市经营主体总量达到 46.3 万户，较 2022 年年底增长 8.9%，其中，个体工商户 32.1 万户，占全市经营主体总量的 70%。企业的稳定发展为社会提供更多的就业岗位，市场活力不断释放。

二、优化执法管理，盘活地摊"夜经济"

随着夜间消费的升温，许昌市顺应民声民意有序开放地摊经济，充分挖掘就业潜力，仅2023年夏季，中心城区就有1100余家餐饮门店有序开展夜市外摆经营，直接带动就业近万人。为促进"夜经济"健康有序发展，一是规范经营秩序。加强市场监管、城市管理、交通运输、生态环境、食品安全等执法部门联动，对地摊"夜经济"的商户减免证明材料、降低准入门槛，建立守规经营、违规退出机制。特别是针对夜间经济产生的噪声、灯光、油烟、垃圾等环境污染，印发《许昌市城市管理委员会办公室关于规范中心城区夏季餐饮夜市经营秩序的通知》，提出"五统一、三严禁、一规范"的要求，对夜市摊位外摆时间、棚庵搭建、垃圾收集等事项进行精细化管理，尽力确保夜市环境整洁、经营有序。二是强化文明执法。综合运用引导、示范、建议、规劝等方式开展错时执法、柔性执法和温情执法，在地摊摆放较为集中的区域配备城市管理服务专员，主动上门服务，亮出"服务清单"。城市管理执法人员采取为瓜农提供住宿场地、帮助残障商户安排特殊摊位等服务型行政执法举措，受到广泛好评。地摊"夜经济"解决了市民群众的需求，促进了区域经济的复苏发展。

三、畅通救助渠道，安上权益保护"助推器"

在提供优质服务的同时依法维护群众权益。一是建立投诉处理联动机制。设立营商环境投诉平台、"办不成事"反映窗口、"万人助万企"诉求解决机制、市12345政务服务热线等诉求反映渠道，及时处理企业、群众诉求。二是开通法律援助"绿色通道"。对因就业维权、工伤认定、追讨欠薪等申请法律援助的大学生、农民工、残障人士、妇女一律实行优先受理、优先审查、优先指派。2023年以来，累计援助2186人，挽回经济损失2795.8万元。在政务服务大厅设立就业法律服务咨询窗口，安排专业律师轮值，累计为就业人员提供法律咨询服务1227人次，有效规避了法律风险。三是加强劳动争议纠纷调处。完善司法行政、工会、人社、工商联等部门联动解决劳动争议机制，就地化解劳动争议130余起，有效维护了公平的就业秩序。

经验启示

一是**优化法治保障固根本**。民营经济有巨大的韧性和潜力,同时面临的风险隐患较多,需要充分发挥法治固根本、稳预期、利长远的保障作用,出台护航经济发展机制举措,及时为企业纾难解困、防范风险、提振信心。二是**聚焦企业需求优服务**。对轻微违法行为,以教育为主;面对小摊小贩,体现执法温度;面对守法商铺,开展微笑服务;面对群众诉求,全力以赴,积极践行严格规范公正文明执法,让企业"留得住""经营好",才能真正实现柔性执法与企业发展良性互动。三是**保障合法权益促发展**。完善促进创业带动就业的保障制度,支持和规范发展新就业形态,不断健全法院、人社、工信、市场监管等单位沟通会商、协作处置机制,有效利用多种手段加强灵活就业和新业态新领域劳动者权益保护,促进以高质量充分就业增进民生福祉。

湖北省武汉市武昌区

公共法律服务"大篷车" 打通法治惠民"连心路"

为满足企业和群众个性化、多元化的法治需求，提高公共法律服务的精准性、实效性，湖北省武汉市武昌区探索运行公共法律服务"大篷车"模式，集聚普法、法援、调解、律师、复议、公证6大司法行政职能，联动辖区N个职能部门共同参与，构建"6+N"运行模式，每周集中半天为企业群众提供"套餐式"法律服务，打通法治惠民"连心路"，让企业群众在家门口就能享受到普惠多元、高效便捷的公共法律服务。

一、整合法治资源，"立体式"服务织密网络

注重系统谋划、综合集成，充分整合各类服务资源，为企业群众提供集约式服务供给，构建上下贯通、左右联动、内外衔接的立体式服务网络。一是整合司法行政资源。为解决过去公共法律服务单一性的问题，武昌区司法局对内充分整合法律咨询、法律援助、人民调解、复议咨询、公证服务、法治宣传等司法行政全业务资源，坚持应有尽有、应入尽入，将所有服务事项纳入"大篷车"，为人民群众提供律师助民、法援惠民、调解暖民、复议为民、公证便民、普法利民等"一站式""套餐式"服务，精心打造"流动的司法局"。二是统筹区直部门资源。为解决以往司法局一家唱"独角戏"的问题，积极争取区委、区政府支持，将"大篷车"列入年度法治建设计划、纳入政府民生实事、融入法治督察全程，完善联席会议、协调联动、常态运行、检查考评"四项机制"，调动街道部门共同参与、齐抓共管。截至2023年年底，先后有区法院、区检察院、区公安分局、区市场监管局等50余个部门主动参与到"大篷车"活动中。三是借助各方力量资源。为解决服务人员力量不足的难题，通过倡议、招募等方式，充分吸收30余名"八五"普法讲师团成员、142名社区法律顾问、426名社区"法律明白人"、600余名

专兼职人民调解员，组建武昌区公共法律服务团。同时，广泛动员政法干警、辖区律师、社区网格员、法学专业大学生等各方力量，加入"大篷车"服务志愿者队伍，为活动开展提供人才储备和支撑。

二、适应群众需求，"菜单式"服务回应关切

坚持需求牵引、问需于民，始终立足党政所急、群众所需、企业所盼、自身所能，紧盯企业群众"急难愁盼"问题，提供"菜单式"服务。一是登门问需。针对企业这一最大的服务对象，每次开展"大篷车"活动前，都通过问卷调查、座谈交流、实地走访等多种方式，广泛收集对象的诉求，并注重从最迫切法律服务需求入手，制定服务计划，确定服务内容，做到民有所呼、我有所应。截至2023年年底，先后深入20余家企业园区及50余个社区，开展上门问需专题调研70余场次。二是开门纳谏。针对学生、军人、残疾人、农民工等特定受众群体，及时邀请相关负责人和群体代表，召开开门纳谏座谈会，倾听收集服务对象、特定部门的意见建议，共同商定个性化服务菜单。同时，借助"大成武昌"公众号，提前发布活动预告，向全社会征集需求订单。2023年全年各类渠道共收到50余份订单，涉及法律服务需求160余条，登记需求受众2000余人。三是上门服务。根据受众法治需求确定服务项目，定制活动套餐内容，确定活动时间和场地，安排服务部门和人员，为企业群众提供即时上门服务。建立健全"四单"标准化服务机制，进一步规范企业群众点单、职能部门接单、服务平台送单、事后回访评单工作运行，实现各环节有序衔接、环环相扣。截至2023年年底，"大篷车"累计出动1500余人次，开展活动70余场，惠及企业和群众60余万人。

三、服务大局全局，"融合式"服务提升质效

坚持围绕中心、服务大局，聚焦建设高质量发展的社会主义现代化武昌这一主题，全面拓展延伸"大篷车"服务内容。一是条块结合。在主题上紧跟时代发展大势，聚焦生态环境保护、长江流域治理、优化营商环境、打击电信诈骗、防范非法集资、推动医保改革等热点问题，服务经济社会发展。在运行上紧跟上级决策部署，将"大篷车"与"四下基层"活动、全省"下基层察民情解民忧暖民心"实践活动、推进"美好环境幸福生活共同缔造"活动相融合，与市司法局优

化营商环境"八大行动"紧密结合，实现共同推进，双促双赢。二是动静配合。在每周开展"大篷车"动态服务的基础上，先后成立1个法治惠企便民服务中心、2个诉调对接中心、4个警民联调中心、5个新就业群体公共法律服务工作站，探索律师事务所"一所包一街"法律服务新模式，为企业群众提供常态法律服务。同时，积极与荆楚网合作，开展"大篷车"线上服务，2022年8月，开展防范打击电信网络诈骗主题活动，实时线上参与人数达28.3万人。三是多元融合。在活动形式上，把"大篷车"活动与法治文艺创作、"普法网红"评选、法治典型选树、法治队伍培育等有机融合，采取法治文艺路演、模拟法庭、法治情景剧等群众喜闻乐见的形式，以案释法、以演说法、以事明法，丰富拓展"大篷车"活动内涵外延。2022年5月开始，先后创作法治情景剧《"大篷车"开进群众心坎里》等一批法治文化精品，2名志愿者分获"全国模范人民调解员""全国法律援助先进个人"，4名志愿者获评武汉市"普法网红"称号。

经验启示

一是注重整体联动。统筹联动全区各部门、街道社区、社会组织等各方力量共同参与，通过"大篷车"一车统揽、"6+N"一站集成，构建齐抓共管"大法治"格局。二是突出创新驱动。化被动为主动，打破传统窗口服务、坐堂办公的固有模式，将服务阵地搬到街头巷尾，变"你进门"为"我上门"、变"我派单"为"你点单"、变"独角戏"为"集体舞"，用党员干部"多跑腿"换来企业群众"少跑路"，真正将法律服务送到群众身边、送进群众心坎。三是坚持常态推动。注重在"常""长"二字上下功夫，不求一蹴而就，只求久久为功，变"短计划"为"长规划"，做到年有计划、季有安排、月有主题、周有活动，确保公共法律服务"大篷车"行稳致远。

湖北省郧西县

"律师乡村行"　　法治惠民生

湖北省郧西县深入学习贯彻习近平法治思想，树立法治思维，践行为民理念，创新"律师乡村行"法治惠民工程，将优质的法律服务资源向基层一线倾斜，推动形成办事依法、遇事找法、解决问题用法、化解矛盾靠法的基层社会治理格局。

一、建机制强保障，高位谋划系统推进

一是建强组织领导体制。将"律师乡村行"活动作为县委、县政府十大惠民实事之一，制定出台郧西县"律师乡村行"活动实施方案，县委成立了县委副书记、政法委书记任组长的领导小组，统一领导全县"律师乡村行"活动，乡镇和村负责人分别担任组长，统筹协调本地"律师乡村行"工作，构建起县、乡、村三级统一领导、协调联动的工作体制。二是建立财政保障制度。县财政每年拨出预算490万元，以政府购买服务的方式，推动律师资源向基层聚拢，让市场主体和人民群众享受免费法律服务。制定《"律师乡村行"考核管理细则》，以律师工作绩效作为法律服务费兑现主要依据，由县司法局统一考核兑付，确保财政资金使用效果。三是建优数字管理平台。开发"郧西县'律师乡村行'绩效考核管理平台"，建设以律师库、任务库、定位共享、视频连线为主体的律师服务数据管理系统，通过管理人员设置日常任务、发布临时任务（公告）、实时在线点检和律师发布工作定位、上传服务情况等方式，将任务发布、服务签到、效果填报、定位监管、时长统计等要素"一网打尽"，实现对"律师乡村行"的全局统一指挥、全域任务分解、全程实时考核。

二、立标准明职责，构建律师"246"工作模式

一是抓实律师"两个全覆盖"。即党政机关、村（社区）聘请法律顾问全覆

盖，律师参与重大决策、调解疑难案件全覆盖。采取"组建县级法律顾问团+乡镇法律顾问+村级包联律师"的模式，实现88个党政机关单位、18个乡镇（场、区）和286个村（社区）全部聘请法律顾问。二是落实律师"四进制度"。即实行律师进信访大厅、进综治中心、进乡村、进社区的"四进"工作制度。每天1名律师进驻县信访大厅、1名律师进驻县综治中心值班，参与接待信访群众、解答法律咨询、化解疑难问题；包联律师每月到包联乡镇（场、区）、村（社区）开展法律服务不少于2天，参与乡村依法治理。三是压实律师"六项职责"。坚持以基层组织和群众法律需求为导向，建立律师参与化解矛盾纠纷、履行信访值守、开展法治宣传、提供法律咨询、开展法律援助、协助村（社区）开展依法治理六大工作职责目录，将"律师乡村行"服务项目化、清单化、责任化，为基层组织和群众提供清单式、订餐式法律服务。

三、促和谐护发展，践行法治为民要求

一是弘扬法治精神，奏响法治乡村"主旋律"。律师作为法治宣传教育的生力军，通过院落会、巡回法治讲堂、法律讲座等方式，开展乡村"法律明白人""学法用法示范户"培训。根据群众需求，采取"一月一主题"的方式，进村入户发放法治图册，开展法治宣讲，树立群众法治观念。协助村（社区）修订村规民约，推进乡风文明建设，不断弘扬社会主义法治文化。截至2023年年底，培养乡村"法律明白人"3940人，培育"学法用法示范户"5449户，开展法治宣讲17100余场次，受教育群众30余万人，为群众提供免费法律咨询2万余人次。二是践行新时代"枫桥经验"，筑牢平安社会"压舱石"。建立1个县级公共法律服务中心、18个乡镇公共法律服务站、286个村（社区）公共法律服务室，搭建"政府+村（社区）+律师"工作平台，探索"前置预防+中置排查+后置调解"的联动治理模式，推进信访法治化。律师按照每月走访不少于5户的标准，常态化开展走访谈心，倾心提供法律服务，解决群众难题，协助基层排查化解矛盾纠纷，为平安建设"加码赋能"。开展"律师乡村行"法治惠民工程以来，律师为困难群众提供法律援助1546件，参与排查化解矛盾纠纷6349件，为实现"小事不出村、大事不出镇、矛盾不上交"治理目标提供有力保障。三是提升依法行政水平，共绘高质量发展"同心圆"。县政府组建8人法律顾问团，充分发挥律师的法律事务参谋助手

作用,为县委、县政府提供专业的法律意见和建议,确保依法决策。全县党政机关积极邀请律师参与重大决策、重要合同、规范性文件等合法性审查,提升依法行政水平。律师定期为市场主体开展法治体检,帮助依法有效防范、化解市场风险。截至2023年年底,律师参与审查以县政府名义签订的民商事协议720件,提供依法决策建议1万余条,为70余家企业、1730个农民合作社、207个家庭农场提供优质法律服务。

经验启示

一是整合资源,夯实工作之基。将"律师乡村行"工作纳入县委、县政府工作任务,明确了组织领导、财政保障机制,建立了一整套行之有效的工作制度,形成了政府买单、律师服务、群众受惠的良性工作运转模式。二是瞄准堵点,聚力惠民之要。通过法律服务资源下倾,让群众有委屈可以诉说、遇困难有人帮助、产生矛盾纠纷有人化解,推动解决基层法律资源短缺、法律服务供给不足导致的群众寻求法律帮助困难、信访不信法问题,真正用法治推进基层社会治理,提升社会治理法治化水平。三是数字赋能,提升服务之效。通过建立律师绩效管理平台,构建"律师乡村行"职责任务清单、法律服务模式和考核评价体系,实现律师用得好、服务优。

广东省东莞市

运用法治思维和法治方式 探索"规范治电"新路径

随着时代发展和社会变迁，群众出行方式越来越多元化，更加经济便捷灵活的电动自行车出行方式成为广大市民的重要选择。2022年10月《东莞市常住人口交通出行需求研究总报告》显示，广东省东莞市镇内出行占出行总需求的71.7%，出行距离在5公里以内占出行总需求的78.5%，电动自行车成为短途出行的首选，大量电动自行车混合行驶给道路交通管理带来诸多难题。东莞市认真贯彻落实党的二十大精神，深入学习贯彻习近平法治思想，聚焦民生关切，通过立法、执法、管理等一系列"组合拳"，探索出一条"规范治电"管理的新路径，运用法治思维和法治方式解决电动自行车管理难题。

一、坚持立法先行，营造规范管理社会共识

一是高起点推动电动自行车立法。市委、市政府先后多次召开会议专题研究电动自行车管理立法工作。2020年1月，市人大将《东莞市电动自行车管理条例》（以下简称《条例》）列为地方性法规立法预备项目，并于10月召开立法听证会，11月起草形成送审稿。2021年4月，《条例》经市政府常务会议审议通过，10月经市人大表决通过。12月1日，《条例》报省人大批准，于2022年1月1日施行。二是规范电动自行车全流程管理。围绕生产、销售、登记、通行、停放等环节明确管理规范。如生产、销售必须符合国家相关安全技术的两轮自行车标准，与电动摩托车、电动轻便摩托车、电动三轮车等明确区分，严禁改装行为。明确上路车辆和驾驶人条件，严格规定无牌无证电动自行车不得上路行驶，且驾驶人应年满16周岁，驾乘人员应佩戴安全头盔等。要求电动自行车需经公安机关交通管理部门注册登记，取得行驶证并悬挂号牌后方可上路行驶。三是明确各部门全方位监管职能。市政府建立专门协调机制，由市公安交警、交通运输、市场监管、城

管、消防、应急等有关部门严格履行监管职责，33个镇街（园区）统筹辖区电动自行车管理工作，基层村（社区）、国家机关、企事业单位积极配合，形成全市"一盘棋"全方位监管格局。在有关职能部门的推动下，逐步为电动自行车分配"路权"、提供通行条件。截至2024年2月底，全市从"零"开始累计建成非机动车道2161.9公里，非机动车道建设被纳入2024年市政府民生十件实事。同时在人流密集场所建设非机动车公共停车场地3352个，在办公和住宅小区设置电动自行车智能充电设施1万多个。

二、坚持多措并举，推进严格规范公正文明执法

一是宣传劝导打好执法基础。《条例》实施前，自主开发"莞微劝导"小程序，2021年全年先后纠正、教育114.5万人次骑乘电动自行车人员，并将多次违法人员列为重点对象上门宣教，让群众提前感受法规约束。《条例》实施后，设置了为期一年的执法缓冲期，循序渐进加大执法强度，让群众逐步养成守法习惯。二是宽严相济突出执法宗旨。坚持"执法是手段、守法是目的"理念，将易引发伤亡交通事故的违法行为作为执法重点，以此制定《东莞市电动自行车严重交通违法、一般交通违法清单》并向全社会公告，明确10种严重交通违法行为严格予以罚款处罚，20种一般交通违法行为可依法作出警告处罚。执法尺度既宽严相济、又导向明晰，体现人性化执法。三是强化培训规范执法行为。以执法质量作为执法生命线，制定电动自行车执法工作指引，以"微课堂"、练兵比武、执法考评等方式开展执法大培训大练兵，结合交警执法突出问题专项治理工作部署，重点整治电动自行车执法突出问题，建立常态执法监管机制、严格执法过错责任追究，2023年全年涉电动自行车执法问题下降52.3%。四是科技赋能创新执法模式。针对电动自行车传统执法"覆盖面不广、查处效能低、易引发矛盾"等弊端，探索实施"非现场转现场"执法模式，利用电子警察、治安卡口、视频监控等前端设备采集违法电动自行车信息，短信或电话通知当事人到交警部门接受教育处罚。2024年1月至2月，全市电动自行车查处效能相比2023年上升20%，被处罚过的当事人二次违法率下降到15%。

三、坚持长效治理，实现社会效果和法律效果共赢

一是上牌意愿持续增强。《条例》实施后，一方面坚持宣传引导和路面执法相

结合，另一方面推出电动自行车上牌容缺办理、即买即登记、上门服务等便利服务，全面推动电动自行车登记上牌。截至2024年2月底，全市电动自行车上牌251万辆，月均上牌13万辆，较2023年月均上牌上升30%。二是交通事故持续下降。2023年，全市涉电动自行车一般事故同比下降4.2%，事故死亡人数同比下降7.5%；2024年1月至2月，全市涉电动自行车交通事故警情同比下降16.7%，事故死亡人数同比减少10人，同比下降35.7%，"压事故、减伤亡"成效明显，群众出行安全感、满意度进一步提升。三是交通秩序持续好转。《条例》实施后，通过对逆行、闯红灯、不戴头盔、违规载人、不按规定车道行驶5类重点交通违法行为进行严格查处，引导广大群众遵守交通规则，提升文明出行意识。2024年1月至2月，全市查处电动自行车交通违法55.1万宗，全市电动自行车驾乘人员头盔佩戴率从2023年上半年的65%提高到80%，交通事故发生率同比下降25%，重点路口交通违法率同比下降81%。全市涉电动自行车交通秩序明显改善，文明出行理念深入人心。

经验启示

法治思维是前提。电动自行车管理要坚持法治思维、依法推进。立法是依法治理的前提。聚焦民生关切，适时推动电动自行车立法工作，为电动自行车治理实现从"乱"到"治"、由"堵"到"疏"提供了重要保障，既及时回应了人民群众的呼声，又体现了以法治思维践行以人民为中心的发展理念，切实解决人民群众急难愁盼的安全出行问题。**法治方式是关键**。执法工作直面人民群众，每一个执法行为都代表着执法机关的执法导向、执法态度、执法能力，影响着人民群众的切身利益。通过转变执法理念，规范执法行为，强化执法监督，不断提升执法能力水平，实现执法有力度有温度，切实提升执法的公信力和人民群众获得感。

广西壮族自治区隆安县

法治护航集中安置区探索"三个一"
实现搬得出、住得稳、融得入、逐步能致富

广西壮族自治区隆安县用好中央、广西易地扶贫搬迁、生态移民和新型城镇化三种政策,在县城建设震东易地扶贫搬迁集中安置区,探索"一个家、一个学位、一个岗位"安置模式。2018年,安置区建成3个小区43栋楼,安置5847户2.4万余人,是广西规模最大的集中安置区。安置区依法依规落实后续扶持各项政策,全面加强社区治理,推动安置区可持续发展,实现搬得出、住得稳、融得入、逐步能致富的目标,搬迁群众满意度达99.5%。

一、强化依法规划,夯实安置区建设基石

始终树牢法治理念,在安置区建立"以事前防范、事中控制为主,事后补救为辅"的法律风险防控机制。一是注重及早谋划。习近平总书记2015年首次提出"五个一批"脱贫措施后,隆安县立即组织学习研讨,谋划实施震东扶贫生态移民与城镇化结合示范项目,总规划7.6平方公里,将易地扶贫搬迁安置区、县城新区和产业园区统筹安排、同步建设,依据有关法律法规政策,出台《隆安县震东扶贫生态移民与城镇化结合示范工程(2015—2020年)实施方案》,成立县震东扶贫生态移民与城镇化结合示范工程建设指挥部,确保安置区建设发展始终在法治轨道上推进。二是注重依法规划。新规划的安置区与老县城仅一江之隔,离产业园仅两公里,形成产城融合新格局。2015年安置区项目获自治区发改委《关于建设隆安县震东扶贫生态移民与城镇化结合示范工程的批复》后,相关部门先后3次听取法治部门、律师团队的意见,依法提请县人大常委会审议并获通过,确保县城总规和安置区详规科学合理合法。三是注重防控风险。先后出台《隆安县易地扶贫搬迁震东集中安置区可持续发展基础设施暨配套项目建设方案》《隆安县强化

易地搬迁后续扶持方案》等一系列文件，严格按照国家有关政策要求依法依规有序推进安置区配套设施建设，项目指挥部建立进度和风险防控每周调度机制，发现问题立即整改，保障项目建设全过程合法、有序、可控，确保落实上级部署要求不发生偏差。截至 2023 年年底，安置区配套的水电路、通信、中小学校、幼儿园、农民工创业园、体育活动中心、农贸市场、医院、公园、广场、健身步道等一应俱全，全面解决搬迁群众"医食住行学娱"、产业培育和群众就业帮扶等需求，实现"一江两岸·一城发展"的目标。

二、强化制度保障，加快安置区项目建设

隆安县坚持把制度建设贯穿安置区项目建设全过程，既保障了项目建设合法合规，又充分考虑搬迁群众的合法权益。一是项目规划合法化。对项目规划和运营中的重大决策的合法性、可行性及可能涉及的法律风险、社会问题，进行分析、论证、听证、评估，法律顾问提出法律意见 26 份。二是项目建设制度化。市、县先后出台《南宁市关于促进隆安县易地扶贫搬迁震东集中安置区可持续发展实施方案》《隆安县易地扶贫搬迁震东集中安置区管理办法》等 23 个配套制度文件，为安置区建设和后续管理提供依据和保障。三是决策制定透明化。分房、分学位、分市场摊位等环节落实全过程人民民主，县公证处、县纪委监委、群众代表现场监督，确保程序合法化、结果透明化，充分体现公平正义，提高搬迁群众满意度和法治获得感。四是政策落地人性化。创设"企业派单、居民点单、社区送单"的"小梁送工"模式，与县内 50 多家工业企业、农业基地签订用工合作协议，法律顾问负责协议合法性审查，全面落实"一个家、一个学位、一个岗位"。同时保障搬迁群众原有土地山林承包权、集体收益分配权等合法权益，有效解决搬迁群众就业、就学、就医等问题。

三、强化依法治理，提升安置区治理质效

坚持以法治建设为引领，创新安置区治理方式，不断提升治理效能。一是健全治理机构。推行"乡镇—社区—楼栋—单元"四级社区治理工作机制，成立"一党委一居委三支部"和"九中心一站一家"，把支部建在小区上，党小组建在楼栋上，共配备楼栋长 43 名、单元长 156 名，有效提升社区精细化治理、精准化服务水平。组建综治中心、警民巡防队,依托"智慧安防",实现社区管控立体化、全覆盖。二是多元化解矛盾。坚持和发展新时代"枫桥经验",每季度召开一次联防联控分析会,做好矛盾纠纷风险隐患排查、信访积案以及涉稳问题化解专项工作,将矛盾纠纷化解在萌芽状态,社区调解成功率达99%。三是加强法律服务。设立警民联调室、法官检察官工作室、公共法律服务室,常态化开展法治宣传、法律咨询和巡回庭审等活动。共接受搬迁群众法律咨询1100余人次,庭审观摩3800余人次,法律援助121件。四是强化居民自治。制定安置区居民公约、议事会等制度,实行重大事项"四议两公开",逐步形成依法自治的运行机制。创建"感恩超市""长者食堂""青少年综合服务平台"等,组织志愿者为留守老人儿童、残障人士、困难户等提供暖心服务。安置区实现无重大矛盾纠纷、无重大治安案件等目标。

经验启示

一是强化法治保障,贯穿安置区建设发展全过程。将法治保障贯穿安置区及各类配套设施的立项、规划、用地、融资、报批、建设、管理、监督、审计等全过程各方面,确保安置区各类建设项目依法依规高效推进,安置区后续扶持和可持续发展各项措施落地见效。二是强化依法治理,构建安置区平安和谐环境。依托社区党组织、居委会、党群服务中心、综治中心和"三官一律"工作室等,常态化开展法治宣传教育,实现矛盾纠纷化解多元化、社区治理法治化,全面提高解决搬迁群众就业就学就医等"急难愁盼"问题的质效,增强搬迁群众的认同感和归属感,推动"新市民"养成遵规守法、健康文明、和谐共处的良好风尚。三是强化法律服务,护航搬迁群众安居乐业。人力资源和社会保障、农业农村、司法行政等部门联合打造"小梁送工·我们送法"普法品牌,统筹各类法治力量全方位提供优质法律服务,为搬迁群众就业增收、安居乐业提供有力法治保障。

四川省成都市成华区

党建引领　三治融合　四力并驱
积极探索网约房治理新路径

四川省成都市成华区某小区紧邻成都东站综合交通枢纽，小区内1000余套网约房一度扎堆聚集、无序经营，给区域带来大量治安警情和安全隐患的治理难题。对此，成华区探索实践"党建引领聚力、法治保障强基、自治共享固本、智治支撑赋能"的"1+3"网约房治理新模式，有力推动小区"由乱到治"，2023年该小区实现"有效警情同比下降85.2%、矛盾纠纷同比下降84.4%、安全隐患同比下降82%，群众治安满意度上升至95.8%、经营居民收入月均增收约3100元"的"三降两升"良好治理服务效能，小区居民和租客群体的安全感、幸福感、归属感明显提升。

一、党建引领统资源

一是突出党建统领。针对基层党组织参与网约房治理效能不足、网格员单打独斗等难题，健全完善党建引领"微网实格"治理体系，由社区党委牵头，成立网约房自治管理委员会和自治管理委员会党支部，打造"小区党支部+网约房自管会+物业+居民"四方议事平台，确保网约房治理在党建引领下开展工作；纵向打通"社区党委—小区党支部—自管会党支部—楼栋党小组"治理节点，横向加强与自管会党支部、物业党支部的联络互动，构建"纵横交错、全面覆盖、分级管理"的管理模式。二是抓实阵地建设。针对网约房治理中协调难等难题，统筹社区物业打造集"矛盾纠纷调处、网格服务管理、社会治安防控、网约房管理服务"等功能于一体的群众之家，以"一站式"服务打通线上线下民生诉求，畅通业主、物业公司、网约房旅客、网约房经营者等各方利益诉求渠道，有效提升网约房服务治理质效。

二、法治保障立规范

一是健全管理规范，加强制度保障。针对网约房运营中管理规定不明确、监督不健全等难题，积极发挥法治最大公约数效应，由社区律师全面介入，组建网约房自治管理委员会，对照《四川省流动人口信息登记办法》《成都市房屋租赁管理办法》等现行规定，通过逐户征求意见、集体投票表决的方式，在法治框架下最大限度地凝聚共识，制定并通过《网约房治理手册1.0版》，建立网约房经营"准入申报、登记备案、投诉处理、用户评价、信用评级和约谈清退"六项制度，确保网约房自治管理有规可循、有章可依。二是推动多方联动，强化行业监管。针对网约房行业"治安防范、消防安全、卫生健康、群租群宿、私改乱建"等隐患，联动公安、消防、住建、环保等部门实地走访，通过讲解相关法律法规、发放宣传手册等，强化网约房经营者依法依规经营意识，指导经营者采用新材质、新技术重新设计装修网约房，配齐"安全标识、灭火器、智能烟感、监控设备"四件套，最大限度消除各类安全隐患、减少监管盲区、堵塞管理漏洞。

三、自治固本聚合力

一是组建志愿队伍，深化群防群治。针对网约房实际经营过程中存在的噪声扰民、租住纠纷等难题，东二小区组建邻里互助"友邻汇"社团组织，引导小区党员、骨干群众、经营居民成立"党员先锋服务队""商居联盟治安卫士""商居联盟消防卫士"等多支志愿服务队，主动参与网约房经营场所日常治安消防巡查、登记检查、扶老助幼等事务，筑牢网约房群防群治的防线。二是健全服务机制，推动共治共享。针对网约房管理过程中居民参与度不高、自治动力不足等难题，线上开发集经营管理与租住服务于一体的社区小程序，提供自主登记、申请通行授权、事件上报、通知公告、政务服务、便民服务、网上社区等多项服务功能，建立"居民按键、服务到院"响应机制，精准回应居民和网约房住客合理需求，切实做到"听取百姓事、解决小问题、争取大满意"，营造安全、安心、安稳的小区环境。

四、智治赋能增质效

一是前端精准采集，细化分类管理。针对网约房经营过程中入住人员流动快、身份核验难等难题，研发"网约房服务管理"系统，设置"自助登记""智能门禁""智慧视频"三大终端，采集汇总旅客身份证登记信息、人脸数据，将数据实时传输至"网约房服务管理"系统，动态掌握"所有房屋状态、小区人员数量、旅客数量、入住情况"等方面信息，实现"自住房、出租房、网约房"房屋类型与"小区业主、住宿旅客、来访人员"人员类型的分类管理和可追踪管理。二是后端实时分析，实现智能预警。针对网约房数据信息多头采集、数据信息联通共享不畅等难题，推动"网约房服务管理"系统与"大联动·微治理"平台、公安"旅综平台""社采平台""人脸 AI 能力层平台"四大平台数据互联共享，形成"实有人口房屋、社会治理、城市管理、治安防控监管"大数据池，设置"退房未出小区""长时间入户未出""网逃人员自动比对"等警示提醒和实时推送功能，实现逐人、逐房全时段管理。

经验启示

一是坚持"双线融合"，增强网约房小区治理效能。通过党建工作有形有效覆盖，搭建智慧化综治平台，打通小区依法治理神经末梢，筑牢社会治安综合治理防风险、促法治、保平安底线，推动社区发展治理与社会治安综合治理衔接融合、同频共振。二是强化法治保障，促进网约房行业健康发展。将"社区法律之家""法治大讲堂""法律明白人"等法治资源、法治力量、法治元素融入网约房治理中，组建网约房自治管理委员会，以法治思维和法治方式协调物业、网约房经营者、小区居民多方面多层次的利益需求，努力营造办事依法、遇事找法、解决问题用法、化解矛盾靠法的良好氛围。三是探索协同共治，提升小区居民幸福指数。自管会、邻里互助、商企联盟、志愿服务队等多元社会主体共同参与治理，通过资源整合、有序引导，实现小区网约房规范经营，促进小区居民幸福感持续增强。

西藏自治区当雄县

优化整合法律服务　大力提升农牧民群众法治获得感

西藏自治区当雄县深入学习贯彻习近平法治思想，立足实际、积极作为，高效推动法律服务资源整合，建立完善工作机制和平台载体，打通法律服务"最后一公里"，让广大农牧民群众法治获得感得到全面增强。

一、充分整合法律服务资源，全面提升法律服务水平

一是着力填补空白。针对当雄县海拔高、条件艰苦，县域法律资源匮乏的问题，在司法部大力支持下，2021年当雄县成功引进结对帮扶地区律师事务所在当雄县设立分所，有效解决了县域无执业律师的难题；引进拉萨市有关公证处设立服务窗口，开展公证受理咨询服务，实现了当雄县公证服务"零的突破"。二是成立公共法律服务中心。对县内法律援助、法律咨询、法治宣传、公证咨询、人民调解、行政复议等法治资源进行集中梳理和整合，于2021年4月正式挂牌成立县级标准化公共法律服务中心，在县司法局一楼采用窗口式服务大厅形式，设立法律援助、法律咨询、法律服务、公证受理咨询、人民调解、行政复议6个服务办事窗口，全面实施免费法律咨询便民服务。该中心自建成以来，共接待来电来访群众3200余人次，值班律师解答各类咨询1225人次，办理各类公证咨询事项48件，实现了让法律服务多聚集，让农牧民群众少跑路的良好社会效果。三是延伸法律服务触角。截至2023年年底，当雄县已建成标准化公共法律服务中心1个、乡镇公共法律服务工作站8个，实现县、乡两级公共法律服务实体平台全覆盖，建立村（居）法律顾问工作群，实现村（居）法律顾问服务全覆盖，让法律顾问成为基层干部、群众的"保健医生"，彻底打通法律服务"最后一公里"。

二、大力提升法律援助效果，全力维护人民群众合法权益

一是优化服务流程。依照《中华人民共和国法律援助法》确定的援助标准和范围，简化援助程序，取消村委会开具经济困难证明事项要求，依据个人诚信承诺确定申请人个人经济状况，真正做到便民惠民。二是聚焦重点群体。持续加大对未成年人、妇女、老年人、残疾人、农牧民工、退役军人等重点群体的法律援助工作力度，对符合法律援助标准的困难群众在案件办理、解答法律咨询、代书方面做到应援尽援。三是开展便民服务。为农牧民工、退役军人军属、老人儿童残疾人开设法律援助绿色通道，设立专门服务窗口优先受理；为交通不便和行动不便的老人、儿童、残疾人提供上门法律援助服务；为农牧民工法律援助当事人提供必要的车辆和交通服务，协助调查取证和跨省域立案开庭。四是解决语言障碍。为法援当事人安排翻译员进行全程藏汉翻译，解决援藏律师在民族地区的语言障碍问题，构建起援藏律师与藏区农牧民群众之间的"连心桥"，将党中央对边疆农牧民群众的关心和关爱真正落实落地。截至 2023 年年底，实现刑事案件律师辩护全覆盖，指派法律援助案件 258 件，代写各类法律文书 502 份。

三、着重突出大调解优势，加强多元解纷机制建设

一是加强"访调对接"。县信访局与公共法律服务中心在法律咨询、法律服务、法律援助、联合调解等环节实现无障碍衔接，法援律师为信访当事人提供政策法规解释、农牧民工资拖欠代理起诉、劳动工伤（死亡）初步估算等服务。县信访局在 8 个乡镇司法所设立信访办公室，将信访服务延伸至乡镇一级。2021 年以来，全县司法行政系统调解信访部门移送纠纷 19 件，公共法律服务中心办理信访转办的法律援助案件 86 件。二是联动化解涉法涉诉信访案件。县司法局统筹法律服务资源为信访人明法析理，告知其合理合法的救济途径和程序，对适合法律援助的依法导入法律援助途径化解纠纷。县公安局成立调解委员会，对当事人涉法涉诉信访案事件组织开展联动大调解，并引导当事人申请行政复议和法律监督。县检察院联合村委会、人民调解委员会等基层组织，针对邻里、亲戚间发生的轻伤害刑事案件组织调解和解，2021 年至 2023 年，达成刑事和解 3 件，依法作出相对不起诉决定的案件 3 件；协同县信访局受理拖欠农牧民工工资民事支持起诉案件 2 件，讨回工资 182 万元；办理涉法涉诉司法救助案件 8 件，发放救助金 15 万元。

县法院为本县人民调解组织、信访局及调解当事人申请司法确认和强制执行开辟专门服务通道，有效保障了人民调解和行政调解的成效。三是打造"一站式"矛盾纠纷调解中心。县8个乡镇司法所充分发挥乡镇级公共法律服务站、法律援助工作站、人民调解委员会、信访办、安置帮教办、社区矫正办、普法办等职能优势，整合乡镇人民法庭、人民检察室、公安派出所，构建"一站式"矛盾纠纷调解中心。截至2023年年底，调解各类疑难纠纷288件，调解成功276件，调解成功率95.8%。

经验启示

有效整合法律服务资源是前提。 西藏偏远县乡基层法律服务资源极为匮乏，高海拔地区尤为明显。当雄县最大力度整合现有法律服务资源，充分发挥援藏律师、基层法律顾问、司法行政工作人员、人民调解组织等各类法律服务人员作用，组建公共法律服务实体平台，努力推动公共法律服务向高海拔地区、向农牧区延伸。**脚踏实地为民服务是宗旨。** 随着全面依法治国的深入推进，西藏广大农牧民群众对法律的知晓率不断提升，法治需求不断增多，对法律服务的质量和要求不断提高，当雄县采用"一站式"服务模式，努力为群众提供普惠均等、便捷高效、智能精准的法律服务，在法治服务保障长治久安和高质量发展方面发挥积极作用。**提高农牧民法治意识是关键。** 立足边疆民族地区实际，通过法律援助、法律咨询、公证、人民调解、行政复议等途径依法维护农牧民群众合法权益，并将国家意识、公民意识、法治意识教育贯穿其中，以润物无声的方式提升广大农牧民法治素养。

陕西省渭南市华州区

改革完善行政审批制度流程　跑出行政审批"加速度"

近年来，陕西省渭南市华州区深入学习贯彻习近平法治思想，切实践行以人民为中心的发展思想，扎实推进"高效办成一件事"，落实事项标准化办理、全程网办、推行电子证照、承诺容缺制，积极探索推行"独任审批员"制度，用最短时间、最快速度，更加高效便捷服务企业、服务群众。

一、聚焦"一门服务"，筑牢审批服务基础

遵循"应进必进、应划尽划"原则，打造规范、便捷、高效的政务服务体系，方便企业和群众办事创业，有力有效降低企业运行成本。一是"应进必进"，完善便民服务。2019年新建总面积1.5万余平方米的政务服务中心投入使用，进驻单位（部门）42个，设置受理窗口119个，工作人员260余人，可办理各类审批、服务事项1300余项。中心设置行政审批、24小时自助服务、营商环境、税务、住房保障、社会事务办理、人社医疗保障、便民服务、综合办理、政务服务心连心热线9区1中心。统一服务规范和标准政务礼仪，让前来办理业务的企业和群众真正体验到便利和温暖。二是"应划尽划"，整合精简机构。组建成立政务服务中心进驻工作领导小组，区级各有关部门调整内设机构职能，将分散在本单位各股室的行政许可事项集中到一个股室。除公安、气象、环保双管部门外，集中后的股室人员与行政许可事项，一并依法移交至区行政审批服务局管理，采取"前台综合受理、后台分类审批、统一窗口出件"的"一窗受理"模式，实现了"一枚印章管审批"。截至2023年年底，全区划入行政审批服务局集中审批事项达410项，从根本上解决了企业和群众"办事难、办事慢，多头跑、来回跑"等问题。三是做优服务事项，简化办事流程。做好流程"减法"，按照"精简统一、便民高效"原则，将分散在不同部门的事项进行"全链条"梳理，对办理条件、申请要件、

流程时限等要素进行优化,将"一事一流程"整合为"多事一流程",实现"一站式办结"。整合调整各单位办事窗口,按照需求设立综合受理窗口,变"多头受理"为"统一受理"。做好事项"加法",将群众需求度高、办件量大的民生类公共服务项目、行政确认项目、行政服务项目归类,分门别类设置服务专区。探索行政审批领域负面清单制度,负面清单以外项目一律实行备案制,降低办理门槛。完善办理标准、统一工作流程、调整业务手册、一次性告知单、服务指南多措并举,为群众提供更多便捷化服务,实现群众"少跑腿",数据"多跑路"。

二、聚力"一网通办",建强审批网办平台

搭建智慧华州政务服务平台,集成审批服务系统、网格化管理系统、心为心政务服务热线系统和审批监管执法系统,将实体大厅、电脑、手机 App、公众号、自助服务终端等多渠道线上线下服务汇聚,实现横向到区级各部门、各行业,纵向联通省、市、区、乡镇(街道),打通线上审批办理渠道。一是全流程线上流转,推动审批服务标准化。智慧华州政务服务平台覆盖区、镇、村三级,三级办理数据形成华州区基础数据库。将"一门、一网"政务服务延伸到网上办事大厅、自助服务终端、心为心服务热线,实现了审批服务相关数据的实时公开,倒逼审批服务标准化运行。二是线上流程再造,推动更多事项"即批秒办"。从企业和群众"指尖办、马上办"的需求出发,拓展开发智慧华州政务服务平台的公众号和"智慧华州"App 子模块,把服务大厅功能拓展到群众身边、延伸到指尖。梳理低风险审批事项 60 余项实行承诺制,变原有"审、核、签、发"程序为"即批秒办"。三是"7×24"模式,推动审批服务智能化。为各乡镇(街道)配备 24 小时政务服务自助终端机,建设 24 小时服务专区。政务服务自助终端机可为群众提供政务服务、公共服务、便民服务、证照打印等模块服务,同时集成"刷脸"人证比对、指纹验证、手书电子签名等功能,让群众体验"多功能、全天候、一体式"的全新服务模式。

三、创新独任审批,助力审批提速

设立"独任审批员",助力政务服务更加高效便捷。一是使办理流程更"简"。制定印发《独任审批服务员工作制度》,对营业执照、公共卫生许可、健康证、特

种设备等有关事项实行独任审批，将业务受理、审核、审批、发证等多个环节及多人流转资料，压缩为窗口工作人员独立办结。明确了事项审核要件、流程、标准和时限，制定"零基础"填写的"一表申请"模板，尽可能压缩"独任审批员"自由裁量空间，申报件不再逐级流转审批，办理流程最"简"化，大幅提升了审批效率。二是使聘任人员更"专"。聘任既有独到的专业经验，又有良好的职业操守，具备风险识别和控制能力的人员16人，一年一聘，签发《独任审批员聘任书》。"独任审批员"享有对申请材料是否齐全、是否符合法定形式等进行独立审核的权力，审批工作不受任何人干预。三是使审批服务更"优"。把"红色代办"服务理念根植于心、见诸行动，为企业开办提供全流程免费服务，针对企业办事过程中遇到的政策法规不熟悉、证照丢失破损、相关材料准备不齐全等问题，进行"个性化贴心服务"，让服务既有速度又有温度。四是使业务办理更"快"。共梳理58个独任审批事项，华州区行政审批服务局审批事项办件量达2万余件。公共卫生许可证从受理到出件原需一天时间，实行独任审批后，申请表经核实无误后，申请人签署告知承诺书，5分钟就可拿证。企业设立的登记办理时限也由过去的3个工作日，压缩到15分钟办结。五是使监督考核更"严"。制定《内控稽查制度》，每季度对"独任审批员"办件情况进行一次考核，与平时不定期抽查相结合，及时发现和纠正工作中的不足，有效把控行政审批工作中的风险项，对发生严重失误、不宜继续承担独任审批工作任务的人员，由考核领导小组商议，取消资格。

经验启示

一是树牢服务导向。以增强企业和群众的获得感为目标，在"做细做实做优"上下功夫，提升综合服务能力，减少审批环节、优化服务流程、提高服务质量，打造精简高效的审批服务。二是明确工作责任。始终将行政审批服务改革与完善配套制度同步推进，压实工作责任，防止"单兵"推进改革出现权责不清、机构调整不顺、纵向与横向权力衔接不畅等问题。三是规范权力行使。在简化程序便民的同时，通过公开业务办理流程、明确独任审批制度、加强内部监督考核等方式，防范窗口工作人员审批权集中带来的廉政风险。

青海省格尔木市

打造政务"心温度" 优化服务"不止步"

近年来,青海省格尔木市深入学习贯彻习近平法治思想,树牢法治思维,积极践行法治理念,紧紧围绕企业群众需求,不断降低制度性交易成本,持续推动解决群众反映强烈的"办证多、办事难、办事繁"等堵点难点痛点问题,切实提高人民群众的获得感和满意度。

一、优化服务,打造优质高效办事环境

坚持把优化服务作为推动高质量发展的关键举措,努力打造流程少、效率高、服务好、环境优的一流办事环境。一是明确服务事项。统筹做好全市38个部门595项政务服务事项的梳理、认领工作,梳理完成行政许可、行政确认、其他行政权力和公共服务事项目录,明确责任单位及权限。依法规范进驻中心各窗口事项审批依据、办事流程、申报材料、承诺时限、收费标准、收费依据等。二是优化服务流程。按照"减环节、减材料、减时限"要求,对25家单位445项事项进行标准化梳理和流程再造,其中5个事项减少7个环节,69项事项精简182个申请材料,73项事项压减377.5个工作日,压缩时限36%。在唐古拉山镇、黄河路街道办事处、八一社区推进实施"青海省政务服务一体化平台"试点,推动基层政务服务迭代升级,提升基层治理现代化法治化水平。三是强化便民服务。积极探索"基层便民服务中心(站)+自助服务终端+代办服务"便民服务模式,实现困难群众临时救助审批、低收入家庭申请申报、独生子女医保、居民居住证明等161项便民服务事项线上咨询、办理,逐步扩大政务服务辐射覆盖面。

二、规范用权,推进严格依法履行职责

全面贯彻行政执法"三项制度",严格落实许可事项清单管理,切实加强政务

服务监管。一是规范行政许可实施。公布实施行政许可事项清单（2023年版），及时公开行政许可权责清单、办事指南。依法对许可受理、审核、现场勘查、审批环节进行"全过程"记录，做到一案一卷，杜绝许可案卷不规范的情况。对相对集中行政审批的23项事项大力推行"前台综合受理、后台分类审批、统一窗口出件"办理模式，积极推行容缺受理、"绿色通道"服务、告知承诺等审批服务方式，2023年全年办理各类许可事项1504件，办结率100%。将产生的信用信息数据及时录入信用青海信息共享平台，加大信息归集力度，对外公示行政许可信息1504条，确保政府权力在阳光下运行。二是改革创新许可模式。大力推行"一业一证"改革，选取5个行业先行先试纳入首批"一业一证"改革，颁发首张动物诊疗行业综合许可证，实现"一次告知、一套资料、一窗受理、一同核查、一网联动、一证准营"。三是加大政务服务监管力度。严格落实《青海省政务服务"好差评"管理办法》，全市政务服务"好差评"汇集数据47.5万余条。多渠道开展公共资源交易市场主体和第三方评议工作，收到"好差评"数据284条，海西线上评议173条，好评率100%。以兜底服务用好"办不成事"窗口，解决群众疑难问题43件，现场办结率93%。跟踪问效回访电话747次，聘请市级社会义务监督员20名，以政务服务"好差评"、跟踪问效、社会义务监督员等举措倒逼政务服务改进，推动办理业务47.5万件，同比增长22.4%。

三、便民利企，高质高效服务人民群众

持续深化"一件事"套餐服务，新增企业开办、员工录用、军人退役、企业职工退休等17项政务服务事项，依托政务服务一体化平台，推出52个"一件事"应用场景。一是发布办事指南。统筹协调涉及市场主体相关事项关联部门，进一步完善"一件事"主题套餐集成服务办事指南基本信息、办事流程等内容，依托市政务服务公众号，对外发布办事指南。在一体化在线政务服务平台设置"一件事"专栏，在市政务服务中心和各分中心设置"一件事一次办"综合窗口。二是做实跨省通办。积极落实国务院、青海省"跨省通办"改革举措，加大与外省市"跨省通办"工作对接力度，进一步拓展"跨省通办"范围和深度，与22个省（自治区）的373个县（市、区）就104项高频服务事项实现"跨省通办"。通过深化"全程网办"、拓展"异地代办"、强化"协同联办"等方式，实行窗口专人

受理、部门分类办理、免费邮政送达推动"跨省通办",为公众提供了更加便捷、高效、优质的政务服务。三是强化助企惠民。结合开展助企暖企春风行动,推动实现93条助企暖企政策"咨询办"、涉企开户服务"马上办"、便民服务"就近办"、民生13项"一证通办"、47项"即可办"、18项"上门办"、27项信用承诺"容缺办",轮岗201人次常态化开展帮代办志愿服务,提供上门、预约、延时等特色服务1176人次,免费为企业和群众邮寄结果73件,以民生"小切口"撬动政务服务能力"大提升"。

四、公开透明,不断提升资源配置质效

依托青海省公共资源交易平台,2023年共完成各类公共资源交易项目349个,同比增长44.8%,交易金额22.4亿余元,节约资金1.3亿余元。一是加强技术赋能。深化政府采购电子化改革,电子化交易率100%,开展政府采购"1+N"跨省远程异地评标项目,运用"易彩虹"跨地区交易平台、多因子评标终端等技术手段,积极加入黄河流域公共资源交易跨区域合作联盟,与内蒙古自治区、山东省、陕西省的多个地市建立跨省远程异地评标合作机制。2023年完成省内跨地区远程异地评标项目103个,跨省远程异地评审项目14个,进一步破解了评标专家"圈子化""熟人效应"难题,提高公共资源配置效率和公平性。二是创新招投标机制。推行企业以电子保函、履约保函等非现金方式缴纳投标保证金、履约保证金,开出电子保函918单,替代投标保证金1.5亿元。创新见证手段,落实"一标一人"原则,对进场的招标人、招标代理、监督人员、评标专家实行"一标一评"。三是加大监督力度。明确整治规范工程建设领域招标投标举报方式,向社会广泛征集问题线索。建立健全投诉处理、投诉处理超期预警、投诉举报接收、转办、反馈等机制,推动公共资源交易阳光操作。

> **经验启示**
>
> **服务群众是目标**。秉持"金杯银杯,不如群众口碑"的理念,以"提升服务质量、优化办事流程、保障群众满意"为重点,将优化政务服务、提高依法办事水平作为推动高质量发展的"关键一招",不断探索流程最少、效率最高、服务最好、环境最优服务新模式。**智慧服务是牵引**。运用信息化技术手段,坚

持以科技创新带动理念创新、机制创新、监管创新、服务创新，推动政务服务质效再上新台阶。服务监管是保障。建立健全公共服务事项目录、行政许可事项清单，开展政务服务评价管理等制度，规范政务服务事项，强化政务服务监管，促进提升服务质量。

宁夏回族自治区银川市金凤区

以法治方式打通居民小区治理堵点

居民小区是基层治理的"最小单元",是法治社会建设的"神经末梢",将加强小区物业管理作为保障和改善民生、创新基层社会治理的重要抓手,对于提升群众法治获得感具有重要作用。宁夏回族自治区银川市金凤区上海西路街道以破解老旧小区物业管理问题为切口,积极探索法治赋能物业管理模式,在法治化轨道上深化物业管理改革,疏通居民身边客观存在的"堵点",切实破解居民生活普遍关注的"难点",接通居民物业沟通不畅的"断点",居民的满意度和幸福指数得到显著提高。

一、坚持依法治理,健全物业治理体系,全力疏通治理"堵点"

始终坚持高位推动、系统设计,通过强链条、建专班、搭平台三步走,持续拓展延伸精细化治理模式。一是强链条,高站位统筹谋划。整合辖区资源、汇聚各方力量,形成以上海西路街道党委为中心、法治建设领导小组为主体、社区网格化为基础、物业服务为细胞,以及辖区综治、公安、司法、市场监管等N家单位联盟共建的"4+N"法治网格体系,在辖区7个社区开辟31个物业管理项目,成立并运行11家业主委员会,凝聚起基层法治建设强大合力。二是建专班,高质量落实责任。组建大联动工作专班,成立以办事处主要负责人为组长的物业管理工作考核领导小组,每季度对各网格物业服务项目进行交叉互评考核,同时依托智慧城市建设平台统筹开展民生诉求、矛盾纠纷搜集办理。累计下达整改通知书10余份,处理由物业管理引起的投诉案件18起,办理数字城管和12345平台转办投诉问题200余件。12345热线中关于辖区物业服务质量的投诉同比大幅下降,群众满意度显著提升。三是搭平台,高效能融合治理。探索"党建引领、法治保障、物业管理"三位一体小区治理模式,搭建"社区党支部+物业+业委会+村居法律顾问+居民"平台，打造教育实训基地，成立物业纠纷调解工作室，充分发挥律师等专业法律工作者的作用，形成"调和、调顺、解忧、解难"的纠纷调解模式，实现基层党建和法治建设的有机结合。

二、坚持共建共享，创新物业管理模式，全力化解管理"难点"

创新"部门+企业+居民"多维度管理模式，充分发挥各方所长，实现不同部门、不同主体之间治理资源的纵向联动，切实凝聚工作合力。一是部门联管解难题。探索实行社区党组织领导下的业委会、物业服务企业、居委会"1+3+N"民主议事机制，依托综合执法、公安、物业公司、包联单位等部门参加的物业工作联席会，建立起"受理、分派、督办、回访、考核"全环节工作模式，推行"24+72+10"居民诉求快速处理机制，实现居民诉求24小时受理、72小时办结、复杂疑难问题10个工作日处置完毕，协同打通小区物业管理的"堵点"。二是企业"法"管优服务。依法加强对物业公司成立、进驻、履职等全过程监督，针对服务管理差、矛盾纠纷多的社会化物业公司，由街道办牵头，组建整治提升工作专班，围绕"依法成立、依法进驻、依法收费、依法追缴、依法退出"五个方面整顿治理，倒逼社会化物业企业提升服务水平，先后开展日常巡查40余次，下达整改通知书30余份，帮助2家物业企业实现整治提升，辖区物业服务质量星级化评定覆盖率达100%。三是居民自管增积分。创新建立法治积分项目，引导居民代表主动参与社区治理，依托"板凳会"、议事长廊、"楼事会"等活动，组织居民与社区工作人员、物业公司、村居法律顾问等协商社区治理大小事，推动物业管理联席会议制度落实落地，先后商议解决小区、公寓垃圾乱堆、非机动车占道等问题10余个，形成社区基层治理的良性互动。

三、坚持人民至上，优化物业服务效能，全力打通服务"断点"

聚焦群众"急难愁盼"，从队伍建设入手，着力建强"安全员、参谋员、管理员"三支队伍，通过治理法治化、服务精准化，以破解难题带动工作效能整体跃升。一是建强群防群治"安全员"队伍。构建司法主导、社会参与的"平安联盟"治安防控模式，积极吸纳平安建设志愿者、退休老党员、社会工作者、小区安保等力量组建群防群治队伍，做到场所重合、人员整合、工作联合，累计为34个居民小区安装了23个智能门禁系统，录入居民信息4.3万条。先后搜集极端警情14条，排查化解矛盾纠纷58件，消除风险隐患156处。二是建强基层法治"参谋员"队伍。建立由村居法律顾问、基层实践经验丰富老司法和退休干警、有群众基础的物业从业者组成的法治智囊团。同时，充分挖掘干部群众中的法治力量，扩大"法治带头人""法律明白人""学法中心户"等队伍，积极引导其参与基层社会治理、贡献智慧。三是建强社区自治"管理员"队伍。开展"一居一品"行动，坚持因地制宜、"一区一策"，每个社区根据工作实际分别确定特色制度并逐步实施，全力打造特色品牌。一老旧小区推行"代管式、自治型"管理模式，成功实现了由"无人管"变"社区兜"。创新"找热心骨干、找资金来源、找公共空间，定居规民约"的"三找一定"工作法，累计施划停车位145个，盘活闲置公共空间3处共计2600万平方米，惠及群众3万余人。

经验启示

党的领导是根本。 始终把党建引领贯穿于基层治理的全过程各方面，构建出"党建引领、法治保障、物业管理"的三位一体小区治理模式，建立"4+N"法治网格体系等多种管理制度，探索出一条以党组织为核心，部门和物业服务企业共同参与，政治、法治、德治、自治、智治五治融合的基层治理新路径，全力推动基层依法治理全面提升。**法治为民是出发点。** 始终坚持以人民为中心，坚持利民为本，从解决物业管理"有没有"的问题转向更加重视解决"好不好"的问题，创新"1+3+N"民主议事机制、组建物业整治提升工作专班等，以法治思维、法治方式解决基层治理中人民群众的急难愁盼问题，形成小区问题反映有渠道、便民利民服务有平台、群众难题解决有机制的工作闭环，真正做到发展为了人民、发展依靠人民、发展成果由人民共享。**科学施治是关键。** 坚持科学决策、民主决策、依法决策，立足工作实际，创新性地由每个社区按照"一区一策"原则，制定有针对性、个性化的工作制度、推进措施，避免了"一刀切""瞎指挥"和"拍脑袋"的随意决策，实现了每年都有新变化、每处都有新突破、各区都有好品牌。

第四编

4

加强地方立法
和规范性文件
制定工作

北京市顺义区

以"三化"建设为抓手
深入推进行政规范性文件管理工作

北京市顺义区聚焦法治政府建设关键环节，积极探索完善行政规范性文件管理方式，通过持续优化行政规范性文件"起草—审核—发布—备案—清理—评估"全链条流程，完善各环节标准，行政规范性文件管理规范化、法治化水平不断提升，从源头上预防违法行政和不当行政，充分保障公民、法人和其他组织的合法权益。

一、科学定位、夯基筑台，推进行政规范性文件管理工作制度化运行

一是构建"1+1+2"全链条制度体系。以《北京市顺义区行政规范性文件制定和监督管理办法》为总领，创新建立"合理性审核""有效期""冲突协调解决"多项机制，形成公开征求意见全面化、合法性审查标准化、备案审查规范化、实施后评估常态化、责任追究严格化"五化"全流程工作模式。配套发布《北京市顺义区人民政府关于全面推行行政规范性文件合法性审核机制的实施意见》，明确规定审核范围、职责权限、审核程序、信息化建设等内容，推动合法性审核实质化运行。辅之发布认定行政规范性文件的指导意见、行政规范性文件制定主体清单两个文件，有效破解文件管理工作中存在的认定难、争议多等问题，从源头上防止违法文件出台。二是强化全流程规范指引。"实体+程序"双向发力，制定《顺义区行政规范性文件合法性审核要点》，从文件性质判断、制定程序、行政主体、许可处罚强制检索、工程招投标等11个方面确定了119条审核要点，逐项量化标准口径，实现法审标准化操作。以思维导图形式绘制《行政规范性文件合法性审核及备案工作流程图》，准确排布工作时序，在各环节精准设置提示事项，实现流程可视化。三是聚焦精准化专业指导。以促进全区文审业务提升为目标，深度总结实务经验，编写《行政规范性文件备案审查工作手册》，打造"一看就懂的使用说明、一学就会的实操宝典、一找就有的制度集锦"，为全区合法性审核工作人员提供实用的"案头书"。以快速提升实务水平为导向，将"固定式""灌输式"培训转变为"菜单式""互动式"培训，定期收集各单位在法审工作中遇到的困惑和难题，成立"司法局业务骨干+政府法律顾问"专业指导团队，"一对一""手把手"对接各单位法治机构，全面提升工作人员的依法履职能力。

二、守正创新、重点突破，推进行政规范性文件管理工作标准化建设

一是公开征求意见标准化。在区政府官网设置"政策性文件意见征集"窗口，方便公众知晓文件内容、提出意见建议，畅通意见反馈渠道，明确要求起草单位在征集意见结束后15个工作日内向社会公开征集情况说明。严格落实优化营商环境工作要求，进一步细化座谈会、听证会、实地走访、问卷调查等公众参与方式的适用情形，规定起草单位应当根据文件的影响范围、复杂程度、社会关注度等因素依法选择适宜的公众参与方式，为有效落实公开征求意见程序提供标准化操作指引。二是合法性审核程序标准化。完善多视角广路径审查方式，建立健全"2+2"联审机制：文件起草单位和区政府两级法制审核机构分别出具合法性审核意见，形成审核工作合力，同时指派两名区政府法律顾问团成员实施"背对背"审核，确保合法性审核意见提得准、立得住，全面构筑隔离风险的防护屏障。实施备案审核风险评级，细化五级风险评级标准，对评定三级（含）风险以上的单位加大监督力度，做到靶向发力，提升行政规范性文件整体制发质量。三是"三联审""后评估"制度运行标准化。实行合法性审核、公平竞争审查、性别平等评估"三联审"，把公平竞争审查、性别平等评估作为合法性审核的前置环节，实现审核平台"一网关联"，有效打破信息壁垒，实现流程闭环。创新实施行政规范性文件后评估"六性"工作法，围绕"合法性""合理性""协调性""可操作性""规范性""绩效性"设置后评估指标，突出考察文件实施效果。为避免文件起草单位自评视角单一的问题，引入第三方专家评估团队，推动行政规范性文件后评估工作全覆盖，综合研判实施效果，为全区行政规范性文件立改废提供有效依据。

三、科技引领、创新驱动，推进行政规范性文件管理工作数字化转型

一是线上管理集成化。2022年5月，自主开发建设"顺义区行政规范性文件和政府合同审核、备案管理信息平台"，涵盖区级行政规范性文件合法性审核、各部门各镇街行政规范性文件备案审查、政府合同事前审核和事后备案、顺义区文件数据库等功能，实现合法性审核及备案审查工作环节全程留痕，可回溯管理，构建起顺义区行政规范性文件横向协同、纵向贯通的集成化管理体系。二是备案入库动态化。快速搭建"顺义区行政规范性文件数据库"，下设区级文件库、各单位文件库及失效文件库，将区政府及28家单位制发的227件行政规范性文件纳入数据库管理。同时，创新建立备案功能与数据库联动机制，行政规范性文件完成备案程序后，自动入库，实现全区行政规范性文件目录和文本动态化管理。三是清理预警智能化。依托平台电子信息数据检索功能，建立文件清理预警机制。设置文件制定依据、文件施行日期、文件有效期等关键词，通过关键词检索及有效期倒计时设置的运用，对文件制定依据失效、有效期到期前三个月、文件后评估工作启动期限进行特别提示，快速准确掌握行政规范性文件效力情况，有效杜绝"违法文件""越权文件""僵尸文件"现象的发生。

> **经验启示**
>
> 一是突出制度设计"指挥棒"作用。坚持从制度层面夯实基础，建立和完善一批打基础、管长远的制度机制，紧扣源头关口，构建全链条闭环管理的制度体系，推动行政规范性文件管理提档升级。二是发挥规范流程"压舱石"作用。锁定关键环节，明确行政规范性文件制定过程中的征求意见、合法性审核、公平竞争审查、风险评估等相关要求，规范制发程序，确保行政规范性文件合法有效。三是强化信息平台"助推器"作用。积极融合信息技术手段，重点抓好数据处理、系统构建、页面设计等技术研发，同步优化智能检索、统计分析、动态管理等核心功能，着力打造智能化行政规范性文件管理系统，推动"数字政府""智慧司法"建设。

上海市浦东新区

用好立法授权　以高质量法治赋能高质量发展

上海市浦东新区以法筑基、以法促治、以法立行，在两年多的时间里，充分运用全国人大常委会立法授权，聚焦重点领域、新兴领域，坚持改革导向、问题导向、效果导向，在促进经济建设、推动社会发展各方面进行了有益探索和尝试，累计推动出台18部浦东新区法规，以高质量法治赋能高质量发展。

一、建立完善体制机制，构建立法工作体系

浦东新区不断夯实立法工作基础，探索建立并逐步完善立法体制机制，构建协同高效的立法工作体系。一是建立立法工作机制。2021年9月，浦东新区区委成立推进浦东新区法规立法工作小组，由区委主要领导担任组长，统筹推进全区立法工作，办公室设在区发展改革委。2021年9月、11月，浦东新区人大常委会、浦东新区政府先后出台立法相关工作规程。2023年5月，区政府修订立法相关工作规程。2023年12月，区委成立7个领域立法专项小组。二是建强立法机构队伍。2021年7月以来，区人大常委会办公室、区司法局分别成立专门处室，承担浦东新区立法相关工作。同时，建立区级立法培训机制，定期组织区级起草部门培训，提升全区立法工作人员能力和水平。三是借智借力专家外脑。聚焦金融、航运、贸易、科创等重点领域，选拔并聘任首批40名立法工作专家，建立立法工作专家咨询制度。在此基础上，2023年7月，聘任境外法律专家担任区法律咨询专家和区立法工作专家。2023年9月，从商事金融、知识产权、城市建设等重点领域遴选了100名律师，组建"区司法局立法工作律师专家库"，作为区立法工作专家库的重要补充。四是编制立法需求清单。建立浦东新区法治保障需求征集和动态更新工作机制，借鉴经济特区和长三角城市立法经验，梳理形成立法需求项目基础库。五是设立基层立法联系点。2021年6月起，区人大常委会先后设立23

个区级基层立法联系点，逐步将工作网络拓展至街镇、社会团体、行业协会等领域。2023年5月，区政府设立首批18家基层立法联系点，其中包含了外企、外国律师事务所代表处等，拓宽社会各方参与立法的途径和方式。

二、紧扣"创制性"和"变通性"，发挥引领区制度优势

根据《全国人民代表大会常务委员会关于授权上海市人民代表大会及其常务委员会制定浦东新区法规的决定》的授权规定，"创制性"和"变通性"成为浦东新区法规的最大特色，但难点也在于如何取得上级相关部门对于创新变通点的支持。为此，浦东新区在加强对法规项目研究论证的基础上，注重加强部门间的协调联动，推动建立市、区两级立法部门间常态化双向沟通协调机制，请求市级立法部门给予专业指导。对于较大的变通点、涉及中央事权的事项，通过加强沟通、与市级部门形成合力，争取中央部委的支持。同时，增强区级立法工作部门间以及立法工作部门与起草部门间的紧密联动，确保推进过程中各司其职、通力协作、有效衔接。截至2023年12月，浦东"立法试验田"聚焦优化营商环境、促进重点产业和新兴领域发展、推进生态文明建设、探索城市治理转型等领域，共推动出台18部浦东新区法规，为相关领域的发展以及推动引领区建设提供了强有力的法治保障。一是在优化营商环境方面，着力破除藩篱，充分激发市场主体活力。如《上海市浦东新区推进市场准营承诺即入制改革若干规定》采用一次性告知涉及该行业经营的多项审批条件，对于信用良好的企业，只要自愿作出书面承诺，即可当场获得食品经营等市场准营许可证，实现"证照衔接"，真正解决了"准入"不"准营"的难题。二是在促进重点产业和新兴领域发展方面，着力突破制度瓶颈，为产业发展解绑赋能。如《上海市浦东新区文物艺术品交易若干规定》出台后，浦东新区设立文物艺术品交易服务中心，为文物拍卖经营活动和艺术品交易提供场所、设施、鉴定等服务，允许多元主体共同参与文物拍卖经营活动，促进增强上海在文物艺术品交易领域的全球资源配置能力。三是在推进生态文明建设方面，秉持人与自然和谐发展理念，有效推进生态优先、节约集约和低碳发展。如《上海市健全浦东新区生态环境保护制度若干规定》明确将碳达峰、碳中和纳入经济社会发展全局，建立健全减少污染排放、降低温室气体排放等激励约束机制，在"源头预防、过程控制、损害赔偿、责任追究"方面作出制度创新，加快推动经济社会发展全面绿色转型。四是在探索城市治理转型方面，注重更新城市治理理念，创新城市治理手段。如《上海市浦东新区城市管理领域非现场执法规定》出台后，有效解决了城管非现场执法的合法性问题，同时依托"一网统管"平台，各执法环节实行全方位电子化、线上化，办案时限从传统办案模式下平均27天到非现场执法办案模式下小于4天，大大提高了执法效率。

三、建立健全实施监督体系，确保立法成果落地见效

立法工作体系的有效运行离不开实施监督体系，有力的实施监督体系是引领区法治保障的坚实后盾。为此，浦东新区积极推动建立健全引领区法治保障实施监督体系。一方面，出台做好浦东新区法规管理措施贯彻实施工作意见，通过细化实施方案、完善配套制度、强化规范适用、开展监督评估和跟踪问效等工作，持续推进法规措施落地见效。另一方面，配合市人大开展立法成效评估，并形成评估报告，助力授权立法成效进一步释放、法治保障体系进一步完善。

> **经验启示**
>
> **强化体制机制建设是基础。**"欲筑室者，先治其基"，立法工作也是如此。通过建立区级立法统筹体制、立法需求征集和动态更新机制、立法专家咨询机制、基层立法联系点制度等，构建完善的立法工作体系，为高质量立法提供全方位支撑。**形成协同推进合力是关键。**制定浦东新区法规的过程不仅是立法的过程，同时也是推进改革的过程，更是通过不断沟通协调赢取共识的过程。因此，立法过程中对于重要的创新变通点，尤其是涉及中央事权的事项，需要加强与市级部门的沟通，形成合力协同推进，争取中央部委的支持，破解改革中面临的制度障碍，有效保障引领区高质量发展。**加强实施监督评估是保障。**将浦东新区法规的宣传解读、监督实施、清理评估等相结合，形成从制度设计、贯彻实施到效果反馈的全闭环。通过加强宣传持续扩大浦东新区法规的影响力，通过督察考核评估全力推动立法质量提高和法规有效实施。

江苏省昆山市

创新构建"365"循环工作体系
推动基层立法联系点提质增效

2020年7月，江苏省昆山市人大常委会成为全国人大常委会法工委第二批基层立法联系点。昆山基层立法联系点主动作为，积极探索，着力构建贯彻"三融三促"工作理念、推行"六个路径"工作方式、打造"五个方面"工作标杆的"365"循环工作体系，努力争当全国基层立法联系点"优等生""排头兵"。

一、锚定建好建优建强目标，树牢"三融三促"工作理念，确保基层立法联系点"行稳致远"

按照"短期打基础、中期创品牌、远期当标兵"的思路，出台加强基层立法联系点建设的工作意见，确立"三融三促"工作理念，即基层立法联系点工作与践行全过程人民民主重大理念相融合、与打造中国式现代化的县域示范相融合、与推动人大整体工作水平提升相融合，促进地方民主法治建设、促进基层社会治理提升、促进地方经济社会高质量发展。在这一工作理念引领下，各镇街因地制宜设立让群众广开言路的民主阵地，周庄镇用好"吃讲茶"的民间传统，不断拓展群众参与立法的深度和广度；淀山湖镇以"五村九联"的形式，探索征询工作在省际毗邻区域协同开展的新方式，推动打造践行全过程人民民主的县域典范。

二、把握求实务实扎实要求，推行"六个路径"工作方式，力促基层立法联系点"见行见效"

围绕开展立法工作调研、组织法律草案征询、报送法律实施情况、提供基层典型案例、反映社会治理问题、加强宪法法律宣传六大工作职能，探索六个工作路径：一是积极发动群众参与。以公众的体验感受、基层的视野角度、群众的意愿需求为导向，广泛动员基层群众、社会团体、行业先进和企业代表参与立法联系工作，对于意见建议有关内容被正式法律条文吸收采纳的，制发感谢信进行反馈。二是健全完善工作机制。制定工作网络建设方案、立法信息联络站工作规则等系列工作制度，推出接受征询任务、制定工作方案等"九步工作法"，规范工作流程，提升立法征询工作的社会性、广泛性、代表性和专业性。三是全面设立工作阵地。依托代表之家、律师事务所等建成立法信息联络站，依托基层社会治理网格设立立法信息采集点，探索意见建议精准征集模式，切实打通民意征集"最后一百米"。四是创新融合普法教育。推动"立法参与+实时普法+实时互动"相结合，将实时普法融入意见征集全过程，依托公众号、代表履职平台、"昆山论坛"等与群众开展零距离互动，使公众在参与国家立法活动的同时接受普法教育、树立法治思维、感受法治进程。五是抓好梳理分析环节。定期召开立法征询座谈会，邀请专家学者、法治工作者、律师、企业代表等对各类建议进行分析归纳，形成正式建议。每部法律公布后第一时间进行比照分析，统计采纳情况。截至2023年年底，累计参与家庭教育促进法等50部法律草案征求意见工作，提交意见建议2631条，共有217条意见建议被研究采纳。六是注重成果总结转化。研究起草爱国主义教育法立法调研等30多篇工作报告，与中央党校（国家行政学院）政法教研部合作形成《关于监督法的修改建议》，撰写《国家立法"直通车"开上"昆山之路"》等调研报告，为推动提高立法质量提供支撑。

三、传承敢想敢干敢拼精神，打造"五个方面"工作标杆，形成基层立法联系点"独好风景"

传承弘扬"昆山之路"精神，探索形成"一核两高三全四化五新"工作特色，努力在工作机制、队伍建设、阵地打造、社会宣传、创新举措等五个方面争当工作标杆。一核，成立以昆山基层立法联系点工作领导小组为核心的工作体系，市委、市政府主要领导任组长，构建"党委领导、人大主导、政府支持、区镇部门各司其职、全社会共同参与"的工作格局。两高，市委出台践行全过程人民民主的实施意见，为高站位推动基层立法联系点提供有力的制度保证。将昆山市基层立法联系和人大代表联络服务中心增编扩能，为高水平建设基层立法联系点提供有力的组织保障。三全，完善"1+2+3"工作网络体系，设立1个工作机构（基层立法联系和人大代表联络服务中心），打造 2 大基层阵地（22 个立法信息联络站和 1857 个立法信息采集点），组建 3 个支持团队（立法联系协作单位、顾问单位和宣讲团），实现联系对象全覆盖、工作网络全领域、阵地建设全方位。四化，围绕工作开展制度化、征询流程规范化、业务管理标准化、意见征集精准化，不断健全民意收集工作机制，推动基层立法联系点工作提质增效。五新，形成五项阶段性创新成果：一是在本地网络社交媒体"昆山论坛"设立立法信息联络站，组建网民信息员队伍，建设线下网民驿站，打造线上线下"民情民意收集点"；二是举办"讲述身边的中国民主故事"微电影创作征集活动，获奖作品通过公益平台展播，单片网络平台播放量 10 多万次；三是征集践行全过程人民民主典型事例，编辑出版《人民至上——全过程人民民主的昆山实践》一书；四是举办全过程人民民主重大理念基层实践研讨交流会，多位全国知名专家参会；五是精心打造昆山全过程人民民主宣教实践基地，与市人大代表之家、宪法公园一并构建起"三位一体"民主法治宣教实践场所，推动"三融三促"工作理念转化为服务国家立法与地方治理的生动实践。

经验启示

"365"循环工作体系围绕提升基层立法联系点工作实效，不断探索创新工作方式和路径，为参与科学立法、民主立法、依法立法和践行全过程人民民主提供了实践参考。一是秉承人民至上的工作理念。始终坚持人民主体地位，注重发挥基层立法联系点的"桥梁纽带"作用，积极构建国家立法工作联系群众的"连心之桥"、人民群众参与民主法治建设的"聚力之桥"。二是拓宽人民参与的工作渠道。通过统筹设点布局、创新工作方式，建立线上线下"民情民意收集点"，注重收集人民建议、群众呼声，助力立法意见征询工作更加高效，反映民意更加真实、全面。三是健全人民参与的工作机制。完善民意收集的征询、采集、反馈等工作机制，持续推动基层立法联系点规范化建设，进一步推动在立法工作中广泛凝聚社会共识，打造讲述中国式民主故事的良好阵地。

浙江省杭州市

发挥"小快灵"立法优势　精准服务保障"大民生"

近年来，浙江省杭州市认真学习贯彻习近平法治思想，坚持立法决策与改革决策相衔接，聚焦地方发展所需、群众所盼，以"小快灵"立法推进制度创新，引领社会治理，服务保障民生，出台多部小而精、接地气、有特色、真管用的立法。

一、聚焦"小切口"谋划确定立法项目，使立法更有针对性

一是加强立法理念引导。通过立法工作培训班、立法调研座谈会等形式，加大"小快灵"立法模式宣传，加快地方立法理念更新，引导部门立足职能职责，推进各自领域"小切口"立法项目谋划和申报，提升立法项目库中"小切口"立法项目比重。2021年至2023年，杭州市级部门共提出立法建议项目114个，其中"小切口"项目46个，占40.3%。二是紧扣社会热点谋划。注重从法治角度看待和分析社会热点事件，将解决群众急难愁盼的"小事"作为立法项目谋划的切入点和落脚点，推动在立法决策中回应民众诉求。如2020年，针对老旧小区加装电梯工程建设中存在的加梯前意见"统一难"、加梯时过程"推进难"、加梯后运维"管理难"等问题，谋划制定《杭州市老旧小区住宅加装电梯管理办法》，通过规定加装电梯申请主体及业主表决条件，规范项目施工流程，明确电梯使用和管理的主体责任和义务，拓宽维保资金筹措渠道，有力保障了民生工程的落地落实。三是注重部门协同联动。转变立法项目征集工作理念，变"坐等上门"为"主动敲门"，由负责政府立法工作的部门通过走访调研，主动对接有关部门立法需求，共同梳理谋划"小切口"立法项目。如2020年，杭州市司法局立法处室在走访中获悉自动体外除颤器（AED）在公共场所"推广难""配置难"，人民群众"不敢用""不会用"的问题，便主动与市卫生健康委相关处室联系，共同开展专题调

研，研究谋划了《杭州市公共场所自动体外除颤器管理办法》项目。项目出台后填补了相关领域的立法空白，有力促进了自动体外除颤器的普及推广，守护了公民生命健康安全。

二、聚焦"快速高效"优化工作机制，使立法更富适用性

一是推行立法工作专班机制。在年度立法计划确定后，同步编制法规起草"工作专班"方案，实行"一个项目、一个专班、一抓到底"。依托专班工作机制，市人大常委会法工委及相关专委、工委、市司法局可以提前介入、全程参与、统筹协调、督促推进草案起草工作，有效汇聚各方力量，形成立法工作合力，加快立法进程。如《杭州市非道路移动机械排气污染防治规定》工作专班成立后，市人大常委会法工委、市司法局、市生态环境局等部门全程参与立法的起草修改，共同推进立法工作，从部门提交草案至市人大审议通过仅用了5个月，有效兼顾了立法质量和立法效率，取得良好立法效果。二是落实重要法规起草"双组长"制。发挥重要法规起草"双组长"制工作优势，通过联合调研、"双组长"会议等形式，加强部门分歧协商，凝聚立法共识，高效推进涉及重大体制机制和重大利益调整等内容的协调解决，强化人大对法规起草内容和进度的把控，提高草案质量，为后续立法进程快速推进打下良好基础。如在《杭州市淳安特别生态功能区条例》制定过程中，有关单位和部门、特别生态功能区属地政府在管理体制和资金保障等方面存在较大分歧，经"双组长"会议协调，通过新设杭州市淳安特别生态功能区管理委员会，明确特别生态功能区民生保障和公共服务需达到或者高于全市平均水平等要求，最终在提请市人大常委会审议前弥合了各方分歧，保证了条例的顺利出台。三是完善基层立法联系点制度。明晰基层立法联系点作为反映民情、倾听民意、汇聚民智的"立法直通车"的职能定位，分行业、分领域、分地区统筹设置，提高覆盖面，同时以数字化改革为依托，推动基层立法联系点规范化、制度化建设，使法规规章草案意见征求更精准、更便捷、更高效。截至2023年年底，杭州市人大常委会有34家立法联系点，市政府有38家立法联系点（其中民营企业立法联系点24家）。在《杭州市农村公路条例》征求意见过程中，萧山区宁围街道宁新村基层立法联系点短时间内就收集到反馈意见建议17条，被采纳6条。

三、聚焦"灵活管用"设计制度内容，使立法更具可操作性

一是化繁为简，针对重点问题设计制度。立法过程中，坚持以问题为导向，针对当前工作中存在的突出矛盾和问题，从解决具体实际问题出发，灵活设计体例结构，需要解决什么问题就规定什么，需要几条就制定几条，真正做到针对问题立法，立法解决问题。如2022年出台的《杭州市网络餐饮外卖配送监督管理办法》仅28条，直奔主题、形式简明，为规范网络餐饮外卖配送活动，保障网络餐饮外卖消费安全，维护经营者、消费者和网约配送员的合法权益提供了有力法治保障。二是因地制宜，紧扣地方需求突出特色。根据市域内经济社会发展、资源禀赋等情况来设计具体立法项目中的制度规定，不照抄照搬上位法，使立法内容更好体现地方特色，制度设计更契合实际需要。注重发挥地方立法的引领和推动作用，推进数智城市、数字经济等新兴领域立法工作。如2020年，杭州围绕打造"全国数字治理排名前列城"目标，制定出台了颇具地方特色的地方性法规《杭州城市大脑赋能城市治理促进条例》，并针对部分低收入人群、残障人士、老年人等群体存在"被数字化"的困境，规定完善线下服务和救济渠道，保障公民选择传统服务方式的权利等内容，让规定更具有针对性、实操性。三是严格论证，维护法治统一权威。践行依法立法，加强对立法项目中一些重要制度规定的合法性、合理性、可行性研究论证。制定出台《杭州市政府立法听证规定》，既规定了市司法局应当视情况举行立法听证会的6类事项，又确立了公民、法人或者其他组织可以向市司法局书面提出立法听证建议的制度安排，助推立法务实管用。

经验启示

地方立法应坚持从地方实际出发，以问题为导向，从"小切口"选题入手，融入"一起来立法"工作理念，做到具体问题具体分析，务实、管用、解决问题，体现鲜明针对性、适用性、可操作性。一是选题要小。聚焦具有鲜明的地方性、具体性、特殊性，群众反映强烈、意见集中、矛盾突出的方面。二是问题要准。应组织法规规章的具体操作者、利益相关者、切身体会者、热心关注者、长期研究者等一起参与立法，助推立法问题梳理，不仅要找准问题"面"，还要找准症结"点"。三是结构要简。不拘泥于追求完整体系架构，简化

框架结构，精减条款数量，需要几条就立几条，尽量减少宏观性、纲领性、宣示性等条款。**四是规定要实**。根据实际需要细化立法解决方案，条文直接明确，注重措施的可操作性和可落地性，确保"立得住、行得通、真管用"。**五是速度要快**。坚持急用先行、快速响应，通过优化机制来实现快速确立项目、快速完成起草、快速提请审议，在保证质量的前提下加快立法节奏，增强立法时效性。

安徽省合肥市

发挥立法引领保障作用　助推养老事业高质量发展

安徽省合肥市深入学习贯彻习近平法治思想和习近平总书记关于养老服务工作的重要指示批示精神，认真落实《中共中央 国务院关于加强新时代老龄工作的意见》要求，坚持打好"组合拳"，发挥法治固根本、稳预期、利长远的保障作用，以法治力量积极应对人口老龄化，着力提升养老服务水平，持续助推养老事业高质量发展。

一、推进地方立法，完善养老服务法治体系

一是因地制宜建章立制。2016年出台《合肥市居家养老服务条例》（以下简称《条例》），针对居家养老保障不到位、基本公共服务范围不清晰、设施规划建设指标不统一等突出问题，明确居家为基础、社区为依托、机构为补充、医养结合的养老服务模式，将助餐助浴、医疗护理等6个方面20余项服务纳入基本公共服务范围，细化居家养老设施规划建设硬指标。2023年启动《条例》修订工作，坚持问题导向，突出地方特色，加强制度创新，规定政府定期发布基本养老服务清单，建立特殊困难老年人关爱服务机制，推进家庭养老床位建设等，为居家养老服务进一步提供法治支撑。二是积极开展调研评估。2022年根据《条例》实施情况，开展立法后评估，采取实地访谈和网上问卷调查相结合等方式，对县（市、区）居家养老服务工作情况开展调研，先后召开13次座谈会，实地调查23个养老服务点，问卷调查255个养老助餐机构、381个城乡养老服务中心，综合分析研究《条例》实施、城乡三级养老服务中心建设和运营、养老助餐服务等情况，梳理存在的主要问题并提出意见建议，有效助推养老服务立法修改完善、养老服务工作持续优化。三是配套完善举措办法。深入贯彻省委"暖民心行动"要求，细化《条例》"助餐"服务规定，2023年出台《关于加强老年助餐服务的决定》。该决

定共9条，坚持需求导向，突出解决经济困难、独居、空巢、高龄等老年人吃饭不便问题，规定建设"十分钟就餐服务圈"，制定老年助餐服务补贴政策，支持老年食堂（助餐点）规范运营，鼓励机关、企事业单位食堂对老年人开放，助推建设覆盖城乡、布局均衡、方便可及、多元主体参与的老年助餐服务网络。

二、强化监督实效，健全养老服务体制机制

一是开展执法检查。2020年对《条例》实施情况开展执法检查，紧扣法规要求，梳理4个方面23条重点内容，逐条对照检查。坚持抓问题、抓典型、抓案例，尤其是对公共服务、配套建设、失能失智等特困老年人长期护理、医养融合等进行重点分析，采取明查与随机抽查相结合的方式，召开10次座谈会，实地检查32个不同类型点位，市、县两级人大常委会开展联动检查，实现9个县（市、区）全覆盖，形成养老服务具体问题清单，并提出有针对性的意见建议。二是开展专题询问。市人大常委会综合运用两种监督方式，结合执法检查开展专题询问，剖析问题根源，推动问题解决，相关部门就12个居家养老热点问题详细回答。政府及有关部门认真落实审议意见，推动健全工作机制，落实用房配建要求，优化基本公共服务。三是开展专题调研。2021年，为督办执法检查审议意见落实情况，持续跟踪问效居家养老服务工作开展情况，组织开展居家养老服务专题调研。2022年围绕全市老年助餐服务情况开展专题调研，结合实地走访、座谈交流，全面总结全市养老助餐服务经验做法，重点分析老年助餐服务布局、服务供给、服务机构运营、服务监管等情况，梳理相关问题和不足，推动完善和落实有关政策措施。

三、深化政策落实，构建养老服务工作格局

一是强化政策保障，完善制度机制。《条例》出台后，市政府制定《条例》实施意见等5个文件，民政、财政等部门相继制定40多个配套文件，形成了"1+5+X"政策体系。科学编制合肥市养老服务业发展规划，大力开展养老服务领域标准研制工作，引导居家养老服务高质量发展。二是加快站点建设，优化服务体系。合肥市养老兜底保障、发展普惠型养老服务、完善社区居家养老服务网络等工作成效显著，城乡居家养老服务三级中心建设实现全覆盖，建成县级中心12家、街道（乡镇）中心142家、社区（村）服务站970家。截至2023年年底，全市享受政

府购买居家养老服务达 2.6 万人，累计服务 3811 万人次，支出 9.6 亿元。建成运营老年食堂（助餐点）1116 个，日均服务老年人 2 万多人次。

经验启示

一是工作导向紧贴民生需求。聚焦"老有所养"，大力加强养老公共服务，将其纳入全市经济社会发展大局中谋划推进，积极发挥立法、监督作用，运用法治手段回应人民群众新期待。二是立法形式注重"小快灵"。选题突出"小"，选择居家养老这种当前的主要养老模式立法，体现了精准选题、急用先行，以立法小切口做好民生改善大文章。效率强调"快"，在前期充分调研、评估基础上，通过部门紧密配合和快速协同保障了立法工作高效推进。效果注重"灵"，总结提炼成熟经验和创新做法，将其上升为地方性法规，从制度层面破解养老难题。三是深入践行全过程人民民主。让人民群众全过程参与法规立项、起草、审议、监督等各环节，使地方立法更能紧扣养老事业发展需求，更能解决老龄工作中的突出问题。在法规实施过程中充分发挥人民群众的监督作用，推动法规落地生效，以法治力量护航老年人幸福晚年。

湖北省宜昌市

探索生物多样性保护区域协同地方立法

近年来，湖北省宜昌市深入贯彻落实党的二十大关于深入实施区域协调发展战略的决策部署，贯彻落实省第十二次党代会提出的完善区域发展布局、健全区域协调发展政策机制的工作要求，牵头与荆州市、荆门市、恩施土家族苗族自治州、神农架林区等地联合制定《关于加强生物多样性协同保护的决定》（以下简称《决定》），助力全面提升区域生物多样性协同保护和监管能力，更好促进人与自然和谐共生、推动区域经济社会高质量一体化发展。

一、强化制度设计，探索区域协同立法路径

一是坚持党对协同立法工作的全面领导。在协调立法中全面落实重大事项请示报告制度，对于协同立法项目选题、《关于加强生物多样性协同保护的决定（草案）》（以下简称《决定（草案）》）制度设计和审议表决程序等重点内容以及关键环节，由市人大常委会党组报请市委研究决定。二是注重发挥人大在立法中的主导作用。市人大常委会法制工作机构与相关政府职能部门组建工作专班，群策群力共同开展《决定（草案）》起草相关工作；与高校联合开展"五地生物多样性协同保护法治化路径选择"课题研究，借智借力强化协同立法的理论和实践支撑；五地人大常委会法制工作机构共同参与《决定（草案）》起草、调研、论证和修改等工作。三是构建协同立法工作机制。2021年5月，"宜荆荆恩"城市群区域协同立法第一次联席会议审议通过城市群区域协同立法框架协议；2022年4月，宜昌、荆州、荆门、恩施四地人大常委会主任会议分别审议通过《湖北省宜荆荆恩城市群区域协同立法项目协商办法》，确立了城市群人大常委会法制工作机构联席会议、立项会商、进度统筹三项工作机制，协商制定了《2022年生物多样性保护区域协同立法工作方案》，明确了审议程序、进度安排、表决时间等关键内

容，为区域协同立法高效开展奠定了坚实基础。

二、把握立法原则，凝聚区域协同最大合力

一是坚持依据需求确定协同范围。区域协同立法工作开展之初，经集中研学、专家辅导，发现五地同处长江流域生态敏感区，特别是神农架林区，更是全世界公认的"植物基因宝库"，在维护生物多样性保护功能和生态安全方面发挥着极其独特而重要的作用。经反复协调、沟通并请示，最终确定由宜昌、荆州、荆门、恩施、神农架五地来共同制定。二是坚持践行全过程人民民主。在区域协同立法过程中，五地人大常委会坚持开门纳谏，通过各地主流媒体广泛征求社会各界意见建议；充分发挥人大常委会基层立法联系点作用，最大化提高群众参与度；分别召开专家学者专题座谈会，倾听呼声、吸纳智慧。宜昌市人大常委会充分发挥牵头抓总作用，先后召开15次立法座谈会，征集意见建议达120余条。三是坚持求同存异寻求最大公约数。五地先后两次召开联席会议，集思广益、集中讨论修改《决定（草案）》，并委托湖北省地方立法研究和人才培养基地对《决定（草案专家评估稿）》进行立法中论证评估。五地人大常委会本着求同存异的原则，在《决定》文本内容保持统一的前提下，适当予以留白，致力寻求制度设计的"最大公约数"。

三、坚持效果导向，共享区域协同法治红利

一是坚持服务区域协同发展大局。《决定》聚焦中央、湖北省委有关区域协同发展决策部署，以提升区域生态系统多样性、稳定性、持续性，实施区域生态系统保护和修复，协同开展生物多样性保护为路径，更好促进人与自然和谐共生、推动区域高质量一体化发展。宜昌市聚焦生物多样性保护，深入推进长江大保护典范城市建设，生物种群持续上新，生态系统更加健康，2023年全市环境空气优良天数比例86.6%，长江干流宜昌段水质稳定达到Ⅱ类标准。二是推进协同保护。五地具有丰富而独特的生物多样性，三峡库区、大巴山区、武陵山区和长江流域孕育着美丽多样的动植物，是世界基因宝库。《决定》综合考量各地地理条件、资源分布、物种基础等客观因素，厘清了生物多样性保护存在的突出问题。突出协同编制行动计划，明确保护优先区域、优先领域及优先行动。突出优化空间格局，

推进重要生态系统保护与修复，落实就地保护，完善迁地保护。紧盯底数不清现实问题，明确开展本底调查，实施动态监测，定期评估成效；紧盯外来物种风险，明确外来入侵物种普查、防控和引入管控等机制，有效促进提高生物多样性协同保护的工作质效。三是强化公众参与形成示范效应。五地围绕《决定》出台广泛开展多形式的自然体验教育，着力推动全社会走进山水，触摸生物之美，聚力和谐共生。利用爱鸟周、世界野生动物保护日、国际生物多样性日、国际湿地日等重要节点，大力开展科普宣传活动，努力营造全民参与助力生物多样性保护的良好氛围。宜昌投资6000万元，建成全市首个生态文明教育场馆——武陵山（湖北）野生动植物标本馆，开馆10个月共接待各类考察研学团队500多批次、3万余人次。

经验启示

一是始终紧扣中央决策部署推进区域协同立法。坚持在地方党委的领导下，聚焦国家战略的有效实施，紧贴地方发展的实际需求，科学选择立法项目，协调各地各方面力量，围绕区域协同发展的战略定位、工作目标和重点任务有序开展区域协同立法，以充分发挥地方立法在区域高质量发展中的引领和推动作用。二是充分发挥地方人大在协同立法工作中的主导作用。在坚持国家法治统一的大前提下，依照地方立法权限和程序，协同开展法规制度设计以及立法工作机制建设。尤其在立法选项及解决重大问题方面，坚持人大精准选题、联合攻关，借智借力、凝聚共识，带动立法各环节整体推进。三是**统筹兼顾各方面共同需求与本地地方特色**。在开展协同立法过程中，坚持问题导向，充分考虑各地经济社会发展水平，现行管理体制机制等地区化、差异化等因素，不简单地搞立法"一刀切"。针对不同立法项目，或采取通篇协同，或设置专章协同，或明确专门条款予以协同，充分体现"求大同、存小异"。

广西壮族自治区三江侗族自治县

以基层立法联系点促民族地区立法工作护航县域经济社会高质量发展

广西壮族自治区三江侗族自治县深入贯彻落实习近平法治思想，积极践行全过程人民民主重大理念，坚持法治引领，立足地方特色，扎实推进基层立法联系点建设和民族地区地方立法工作，维护了桂湘黔省际接边地区民族团结、社会和谐稳定，促进了自治县经济社会高质量发展。

一、建好用好基层立法联系点，让侗乡群众声音直通国家立法机关

三江侗族自治县被全国人大常委会法工委确定为基层立法联系点后，多措并举，着力推进高质量基层立法联系点建设。一是强化组织保障，规范基层立法联系点高效运行。制定了《三江侗族自治县启动全国人大常委会法工委基层立法联系点工作方案》《三江侗族自治县基层立法联系点工作职责（试行）》等制度。成立了基层立法联系点工作领导小组和办公室，设立了1个立法联系点服务中心、13家立法联络点、7家立法信息采集点，选聘了120余名联络员和信息员，构建了覆盖各行各业、各乡镇、各村屯的意见征询网络。加强与高校的合作，为基层立法联系点建设提供智力支撑。实行"日清周结月销号"快速办结工作机制，推进基层立法联系点规范化、高效化运行。二是创新征询方式，让侗乡群众心声直通国家立法机关。三江侗族自治县结合传统民族文化资源，通过寨佬"鼓楼议事"、款坪"讲款"、"耶歌唱法"、"村寨月也"、"百家宴"、寨佬话"村规民约"等当地群众通俗易懂、喜闻乐见的形式，把法律法规草案条文解释成群众能听得懂的语言，引导群众提出意见，同时又把群众意见建议转换成法律规范用语，"原汁原味"地如实反馈给国家立法机关。截至2023年年底，三江侗族自治县意见建议被全国人大常委会法工委采纳55条、自治区人大常委会法工委采纳114条。三是区

域协同联动,推动三省(区)各民族交流交融。三江侗族自治县地处桂湘黔三省(区)交界,充分发挥民族基层立法联系点的辐射带动效应和影响力,建立了三省(区)六县联席会议轮值、学习交流、执法普法协调和动态信息互通等制度机制,共同承接全国人大常委会法工委立法征询意见工作。自创建三省(区)六县人大常委会基层立法联系点工作区域协同机制以来,邀请桂湘黔边界相接的五县参加全国人大常委会法工委视频连线征求意见座谈会3次,协同开展立法意见征询12项,涉及11部法律草案,征集意见建议69条。通过搭建三省(区)六县的立法社情"直通车",实现立法征集意见广角度、多层次、宽领域,使立法更好地反映人民意愿,让"高大上"立法更"接地气"。

二、深化"站点"融合共建,维护侗乡和谐稳定

将人大代表联络站和基层立法联系点融合共建,以良法促进发展、保障善治。一是与普法宣传相结合,提升侗乡群众法治意识。采取专题讲座、座谈交流、鼓楼讲堂、讲款等方式,向群众宣传、解读宪法、立法法等法律,让国家法律走入寻常百姓家。三级人大代表和干部走进田间地头、农家庭院,宣传民法典、种子法、乡村振兴促进法等法律,不断提升群众的守法用法意识。二是与执法监督相结合,为民办实事解难题。立法联系点通过召开座谈会、开展专题调研等方式参与县人大常委会监督计划编制、执法检查等活动,了解法律法规在基层一线执行情况。围绕市容管理、饮用水源保护、优化营商环境和民生实事人大代表票决制等工作参与监督,提出意见建议13条,有力促进了相关法律法规在三江落地落实。三是与社会治理相结合,提升社会治理效能。充分发挥基层立法联系点法律实施"检测器"、服务群众"连心桥"作用,发动人大代表和立法联系点工作人员积极参与社会治理,深入开展法律咨询服务,依法化解基层各种矛盾纠纷,全力解决群众的操心事、烦心事、揪心事。截至2023年年底,累计协调化解矛盾纠纷560余次,让人民群众在基层治理中感受到了法治温暖。

三、加强民族特色立法,推动侗乡经济社会高质量发展

三江侗族自治县以铸牢中华民族共同体意识为主线,以基层立法联系点为支点践行全过程人民民主,制定了一系列有针对性、适用性、可操作性的单行条例,

保护了侗族民族特色的完整性与延续性，推动了侗乡经济社会高质量发展。一是出台非物质文化遗产保护条例，保护传承民族文化。在三江侗族地区已流传了数百年的百家宴是侗族热情好客、团结友爱、和谐大同的文化象征，侗族百家宴入选第二批自治区级非物质文化遗产名录。为进一步加强侗族百家宴非物质文化遗产保护工作，制定了《三江侗族自治县侗族百家宴保护条例》，通过传承和弘扬侗族优秀传统文化，促进侗族百家宴和自治县旅游产业融合发展。二是出台少数民族特色村寨保护条例，促进少数民族特色村寨发展。少数民族特色村寨是研究记录和传承民族传统文化的"活化石"，鼓楼、风雨桥和吊脚楼等独特的建筑具有较高的建筑研究价值和艺术审美价值。颁布实施《三江侗族自治县少数民族特色村寨保护与发展条例》，提升少数民族特色村寨保护水平，先后有 19 个村寨被列入全国传统村落保护名录，10 个村寨被列入全区传统村落保护名录。三是出台茶产业发展条例，保障特色产业高质量发展。立足茶产业发展，研究制定《三江侗族自治县茶产业发展条例》，着力将茶产业传统优势、质量优势、资源优势转化为产业优势、效益优势、品牌优势，推动将"小叶子"打造成"大产业"，以法治保障推进茶产业高质量发展。截至 2023 年年底，全县茶叶种植面积 21.5 万亩，年综合产值 25 亿元。

经验启示

加强基层立法联系点建设是基础。不断建立健全制度机制，积极探索创新，强化特色挖掘，搭建起服务侗乡人民的"连心桥"、立法意见征询的"直通车"。创新推进工作协同是重点。创新工作机制，把立法意见征询与普法宣传、执法监督、社会治理有机结合，全面推进科学立法、民主立法、依法立法，以法治守护百里侗乡和谐稳定。以特色立法保障特色发展是关键。坚持围绕中心、服务大局，用足、用好民族自治地方立法权，通过出台、修订切合地方实际的民族自治条例、单行条例，着力解决经济社会发展面临的问题，发挥好立法的引领、规范、保障作用。

宁夏回族自治区石嘴山市

坚持守正创新精益求精
以良法促发展保善治惠民生

宁夏回族自治区石嘴山市坚持深入学习贯彻习近平法治思想，围绕重大决策部署落实、改革发展稳定大局和人民群众关切，坚持科学立法、民主立法、依法立法，先后制定施行《石嘴山市城市餐厨垃圾管理条例》《石嘴山市文明行为促进条例》《石嘴山市养犬管理条例》《石嘴山市物业管理条例》等11部地方性法规，以良法夯实法治基础、汇聚推动高质量发展的强大法治力量，为争当建设黄河流域生态保护和高质量发展先行区排头兵提供有力法治保障。

一、坚定正确方向，全方位加强领导、落实要求

一是高站位推进立法工作。市委加强对本地区立法工作的领导，将立法工作规划和计划的确定、立法过程中重大问题的协调处理、立法工作队伍建设等重大问题列入重要议事日程，加强协调处理、积极创造条件，支持和保证立法机关行使立法权。市人大常委会坚决贯彻落实党中央关于人大工作的部署要求，深入学习贯彻习近平总书记视察宁夏重要讲话精神，切实落实党的领导、社会主义核心价值观入法入规的要求，推进党的领导制度化、法治化。二是完善请示报告制度。市人大常委会依法履职尽责，及时就立法规划、立法计划、基层立法联系点建设等重要事项、重大问题向市委请示报告，确保党的领导全面、系统、整体落实到立法工作各方面、全过程。

二、把握重点关键，全环节完善机制、提升质效

一是牢牢抓住提高立法质量这个关键。完善立法程序规定，探索实行市人大常委会和市政府分管领导"双组长"专班推进立法计划项目，相继出台市人大常

委会立法协商工作办法、市人大常委会立法咨询委员会工作规则等6个专项工作制度，不断规范立法听证、立法协商、专家咨询、法制委建设、备案审查等工作，实现全市各级人大常委会听取审议备案审查工作情况报告全覆盖，有效保障了地方立法质效。二是坚持把立法与法规监督紧密结合。突出法规实施，通过立法后评估、执法检查等方式评价法规实施情况，眼睛向内查找制度本身存在的不足，推动改进工作、完善法规。

三、突出问题导向，全领域服务发展、保障民生

一是加强规划引领。聚焦市委中心工作，以推动高质量发展、高水平安全、高颜值生态、高品质生活为主线，坚持因地制宜、因时制宜，围绕经济、社会、生态文明等重点领域科学编制立法计划、立法规划，着力解决现代化建设实践中需要通过立法加以规范的突出问题，真正做到以良法促发展、保稳定、惠民生。二是以高质量立法促进高质量发展。立足"宁夏工业摇篮"特殊市情和现代化转型发展新定位，广泛征集立法建议项目，及时出台工业遗产保护与利用条例，为老工业基地调整改造、黄河流域生态保护和高质量发展先行区建设等提供了"量身定制"的法治保障。出台的湿地保护条例、城市公园管理条例等地方性法规，立足"小切口""小快灵"，精准立法、为民立法，让群众在一片片湖泊湿地、一座座城市公园中收获身边的"绿色获得感"和家门口的"生态幸福感"。

四、坚持开门立法，全过程践行民主、凝聚智慧

一是打造全过程人民民主载体平台。制定实施市人大常委会基层立法联系点规范化建设实施意见，着重从阵地建设、制度建设、队伍建设、发挥作用等方面推动10个基层立法联系点规范提升，健全完善基层立法联系点工作办法、考核评价办法等4项工作制度，打造践行全过程人民民主的重要载体和实践平台。2023年对开展工作较好的5个基层立法联系点给予15万元经费支持。二是发挥基层立法联系点民意"直通车"作用。市人大法制委、常委会法工委每年走访基层立法联系点开展立法建议项目征集、法规草案修改等立法调研工作，立法计划及时发送联系点，让群众了解掌握年度立法安排，充分听取群众的立法意见建议，广泛汇聚民智民意。2023年，三级基层立法联系点开展立法意见建议征集活动51场

次，征询意见建议434条。平罗县人大常委会被确定为全国人大基层立法联系点，大武口区人民路街道民生社区等3个单位被确定为自治区人大常委会基层立法联系点。三是积极"借脑、借智、借力"。邀请专家学者对疑难问题进行论证和技术指导，以立法协商、听证会、新闻发布会等形式拓宽公众有序参与立法的途径，促进立法机关、有关部门和公众之间良性互动。

经验启示

一是突出把好政治关。必须深入学习贯彻习近平法治思想，坚持不懈用新时代党的创新理论武装头脑、指导立法工作，毫不动摇把党的领导贯穿立法工作各方面、全过程，坚定不移走中国特色社会主义法治道路。**二是突出把好质量关**。坚持面向实际、面向基层、面向群众，深入实地考察、找准真情实况，严格按照法定权限、法定程序制定地方性法规，及时研究解决法规选题立项、制定等重大问题。认真践行全过程人民民主，开门立法、民主立法，做到既最大限度倾听民声、凝聚民心、汇聚民智，又及时回应群众关切、解决群众诉求、维护群众权益。**三是突出把好落实关**。充分发挥人大及其常委会在立法工作中的主导作用，按照"任务、时间、组织、责任"四落实要求协调有关部门推进立法计划项目，凝聚工作合力，落实落细每个环节工作。

第五编

5

推进市县法治政府建设

北京市朝阳区

提升行政复议质效　发挥化解行政争议主渠道作用

北京市朝阳区近年来按照行政复议体制改革总体部署，从畅通渠道、优化机制、提升实质性化解能力、加强信息化以及队伍建设等方面积极履职，努力探索出一条规范畅通、便民为民、高效化解的具有朝阳特色的行政复议发展之路。朝阳区行政复议质效不断提升，化解行政争议的主渠道作用日益彰显，为推动朝阳区经济社会高质量发展与法治政府建设提供了有力保障。

一、畅通受理渠道，实现应收尽收、便民为民

构建"1+1+43"接待咨询新格局，打通行政复议"最后一公里"。一是设立一家专业化区政府行政复议受理中心，实现"立审分离"。设有复议接待大厅、调解室、阅卷室、听证审理室、网络庭审室等，年均接待群众2800余人。二是专设一个区政府公安交通行政复议受理分中心，注重"案前化解"。分中心充分发挥复议机关法律优势与公安交通部门的专业及信息技术优势，通过现场展示证据、释法说理，形成调解合力。分中心成立以来，累计收到申请3200余件，案前及案中化解率达到54.4%，让群众只跑一次就解决问题，取得了提高效率、方便群众、化解争议的多赢效果。三是分设43个街乡行政复议咨询点，为群众提供"家门口的服务"。咨询点累计解答群众咨询450余次，指导复议申请48次。

二、优化制度机制，促进审理规范、公正高效

制定和完善接待立案、案前化解、简易程序审理、听证审理、听证陪议员、复议意见书、复议委员会等8大项11小项工作制度，涵盖了行政复议工作全流程、全方位，实现了"一套流程办案""一个标准裁判"的目标要求。一是实行繁简分流的案件办理机制。对小额处罚、信息公开等3000余件事实清楚、争议不大的案

件做到简案快办，通过案前化解、精简文书、缩短审限等方式，提升群众满意度和获得感。对于重大疑难复杂案件做到繁案精办，采取现场调查、听证审理、集体讨论、专家咨询等方式确保案件审理公平公正。二是完善复议案件审理机制。推进"政府主导、专家参与"行政复议委员会运作模式，专家每年参与审议重大疑难案件百余件。创新建立听证陪议员制度，吸收人大代表、政协委员或相关专业领域人士作为陪议员参与到听证审理中，显著提升复议制度公信力。

三、实行审调结合，力争实质化解、案结事了

以实质性化解行政争议为导向，强化系统观念，实行审调结合。一是坚持依法审理、应纠必纠。近三年平均纠错率为9.1%，依法纠正错误和不当的行政行为。二是坚持案前、案中全过程调解。案中"审调结合"，对调解成功的案件，除以终止方式结案外，还以复议机关出具行政复议调解书的形式，确认调解结果。同时，出台《北京市朝阳区行政争议源头预防调处化解工作意见（试行）》，从产生前预防、成案前调处、成案后处理三阶段全链条发力，推动行政争议的减少与调处化解。目前在公安交通、社会保险认定等争议多发领域试行。近三年复议平均调解率为39.4%，实现了案结事了人和。

四、延伸复议职能，促进依法行政

区政府将行政复议工作情况作为法治政府建设考核的重要指标，充分发挥考核的"指挥棒"作用，加快推进法治政府建设。一是加强统计分析。近年下发季度、年度案件统计分析报告20余篇，进行案件分析及工作预警提示，发挥行政复议"晴雨表"作用。二是加强规范指导。编印行政复议典型案例评析近百篇，加强对行政机关严格规范公正文明执法的针对性指导。制发行政复议意见书、建议书40余份，办理一案，规范一片，同时加大了对落实情况的跟踪力度。2023年在区行政复议受理中心建立了依法行政教育实践基地，通过顶岗交流、旁听案件听证审理等方式开展法治教育实践活动。

五、强化保障力度，推进工作信息化、专业化

坚持以信息化、专业化建设提升行政复议案件办理质效。一是加强信息化建

设。制定《朝阳区行政复议法律文书电子送达工作细则（试行）》，依托"掌上复议"小程序、电子邮箱等实现行政复议在线申请、在线送达、在线听证等。累计线上接收复议申请400余件，电子送达程序性法律文书1200余份，网上阅卷近3000人次，在"北京朝阳"官网主动公开行政复议决定书1300余份。二是加强专业化建设。充实配强机构，打造专业化、职业化人员队伍，设置行政复议一科、行政复议二科、行政复议立案科和行政应诉科、区政府行政复议受理中心，现有复议应诉人员22名，平均年龄32岁，新入职人员均通过国家统一法律职业资格考试。通过加强理论及业务学习，岗位练兵、业务比武、集体研讨等方式，促进提升复议队伍专业能力。

通过强化行政复议主渠道建设，朝阳区基本实现了行政复议"应收尽收、应调尽调、应纠尽纠、应赔尽赔"。2022年收案2003件，占全市案件总数的13.4%。2023年收案5258件，是复议体制改革前年均案件量（540件）的近10倍，大幅超过辖区人民法院一审行政诉讼案件量（1372件）和信访复查案件量（95件），共审结案件5080件，纠错率为5.1%，调解率为41.6%，复议后再诉率为8.1%，败诉率不到1%，超过90%的行政争议在复议阶段案结事了，基本形成"大复议、中诉讼、小信访"的格局，行政复议成为群众解决行政争议的首选。同时，办案质效稳步提升，呈现出复议案件数量上升，复议后再诉率、败诉率下降的"一升两降"态势。

经验启示

一是畅通渠道打基础。通过设立复议受理中心、分中心、咨询点，构建"1+1+43"接待咨询新格局，打通行政复议"最后一公里"，实现复议为民，应收尽收。二是制度建设定标准。制定完善接待受理、繁简分流、听证审理、专家审议等工作制度流程，为实现"一个标准裁判"订立了标准。三是实质性化解为目标。通过依法纠错、全过程调解，实质性化解大批行政争议，达到"案结事了人和"目标。四是信息化、专业化做保障。开展在线申请、在线送达、在线公开复议决定书等信息化建设；充实配强机构与人员，打造专业化、职业化人员队伍，共同为复议工作开展打下坚实基础。

天津市红桥区

全主体全要素全流程全方位协调联动
打造"一中心"统筹推进行政争议多元解纷

天津市红桥区打造行政争议多元解纷中心，持续完善实质性化解协调联动机制，在前端疏导、中端化解、后端治理上协同发力，构建全主体全要素全流程全方位化解行政争议模式，充分发挥调处化解矛盾纠纷的"减压阀"、法治政府建设的"助推器"作用，推动行政争议实质化解。近年来，该区行政争议实质化解率逐年提升，2023年达82.5%。

一、"一个中心"支撑解纷体系，全主体激活"倍增器"

注重"预防在前、调解优先、运用法治、就地解决"，明确"一个入口、多种出口、实质化解"目标，充分发挥"一个中心"辐射带动作用，将行政争议化解在基层、化解在萌芽状态。一是中心"导诊"。充分发挥行政争议多元解纷中心的沉淀、过滤和吸附作用，以事要解决为核心，在区法院和区司法局"双挂牌双办公"，集成行政机关自我纠错、达成赔偿或补偿协议等方式，为群众提供便捷高效的多元解纷选择，汇聚"1+1>2"新合力。二是专家"问诊"。组建由82名人大代表、政协委员、法官、专家学者、公职律师、行政专家、资深调解员组成的行政争议多元解纷专家库，形成化解行政争议的矩阵优势，为化解争议把脉问诊115件次。三是统筹"会诊"。依托诉讼服务中心、矛调中心、司法所、法官工作室开展行政争议信息收集识别，将线上"云调解"与线下"面对面"、群众来访与主动约调相结合，根据行政争议特征分类登记，推行数据分析、信息预警、资源协调、结果反馈全流程、全周期在线办理。

二、"多方联动"建强协同机制，全要素形成"一盘棋"

坚持合目的性、合规则性、合理性相统一，统筹政府、司法机关及社会各方力量推动全主体参与，运用各类调解方式促进全要素化解。一是强化统筹联动。出台行政争议多元解纷机制实施意见和工作规程，将全区各机关各街道纳入协同机制，定期召开联席会议提出解纷方案，主动跟进化解。聚焦争议多发领域，推进多元解纷，促成317件行政争议在诉前、诉中、诉后实质性化解。二是畅通多调衔接。坚持凡涉诉讼、凡涉复议先行调解原则，将调解贯穿接待、立案、审理、检察监督各环节，统筹人民调解、行政调解、司法调解、检察和解四种非诉解纷机制联动化解行政争议，释放多元解纷"最大公倍数"效能。三是整合责任链条。区司法局、法院、检察院分别牵头负责复议、诉讼、检察监督阶段的行政争议化解，统筹协调相关单位通过多种方式共同化解争议。对在调处化解中发现的行政行为违法或瑕疵问题，制发行政复议建议、司法建议、检察建议37件次。四是深化区域协同。与指定交叉异地管辖区法院及司法局建立四方联席会议制度，优化涉复议、诉讼事项沟通渠道，邀请行政机关负责人和法官参与解纷，构建多元解纷"共同体"，吸附辖区外争议在多元解纷中心一揽子化解，妥善处理跨区域行政争议428件。

三、"实质解纷"提升化解效能，全流程开准"治本方"

坚持"高质效化解每一个争议"，畅通诉前诉中诉后调解渠道，将多元化解贯穿行政争议处置全周期，提升化解针对性，推动矛盾纠纷实质性精准化解。一是下沉一线早介入。行政复议立案部门下沉一线，创新"3+2"立案调解模式，即推动现场登记、现场解答、现场调解和第一时间、第一地点化解行政争议，将争议调解延伸至派出所、司法所和街道社区。2023年行政复议案前案中综合调解率47%，同比提升37.7%，主渠道作用发挥显著。二是诉前矛盾联动调。设立诉前人民调解委员会，开创"行诉前调"案件体系，建立人民调解员参与、法官助理承办、员额法官指导机制，综合运用释法说理、公开听证、司法救助等手段，把事实讲清、把规定讲明、把道理讲透，在诉前阶段分流案件、促成和解，行政诉讼一审案件诉前分流率34%。三是诉中调判强交互。将息诉服判与实质化解作为核心指标，已进入诉讼程序的案件仍可进行调解，解决当事人"调诉取舍"顾虑。

调解达成协议的可依规申请司法确认，增强协议司法强制力。对不宜调解结案的案件，通过释法析理、依法审判、跟踪疏导，平衡保护各方合法权益。多元解纷中心投用以来诉中息诉服判率达 57.9%。四是诉后监督护权益。针对当事人申请检察监督的案件，区检察院结合案件实际情况量身定制化解方案，落实刑事民事行政检察和公益诉讼一体履职，灵活运用检察数据模型、检察听证、司法救助等机制，化解诉后行政争议 6 件，其中民事行政交叉争议 2 件。

四、"防治结合"促进依法行政，全方位保障"长久治"

以"解矛盾、纠偏差"为抓手，深挖制约依法行政的普遍性、根源性问题，以更高层次多元解纷促进更高水平社会治理，促进全社会知法懂法守法。一是树牢法护营商导向。设立涉企行政争议案件快速办理通道，受理案件时第一时间引导争议行为作出机关进行调解，依法妥善调处涉及税收征管、市场监管、知识产权等方面行政争议，制发《行政争议多元解纷意见函》，提供化解方案建议，助力营造法治化营商环境。二是坚持"抓前端、治未病"。通过行政诉讼观摩庭、检察开放日、法治培训讲座等形式，累计培训执法人员 2000 余人次，进一步推动严格规范公正文明执法。面向行政机关开展走访调研，将行政争议"问题清单""需求清单"转化为司法"履职清单"，签订府院《多元解纷中心双向合作备忘录》9 件次。三是延伸基层法治触角。选取人民群众关切、具有典型意义的行政争议到社区开庭 12 次、检察听证 8 次，政法干警工作日全覆盖轮值街道矛调中心，"开门听诊"化解争议，通过"就地开庭、就地调解、就地宣判、就地释明"的方式，以"小切口"推动行政争议的源头预防、前端化解。

经验启示

完善协调机制是关键。 通过完善工作规程、定期联席会商等方式，加强涉行政争议事项全主体协调联动，开展全流程全要素全链条精准调解，满足企业群众多元法治需求，解决行政争议化解难点堵点痛点问题。**防范化解相结合是重点。** 把法治资源延伸到基层治理最末端，将多元解纷工作贯穿行政复议、行政调解、行政诉讼、检察监督等各环节，推进后端解纷向前端预防转变。实质

化解争议是目标。将行政争议实质性化解作为法治政府建设重要指标,综合运用类案指引、旁听庭审、专题培训等方式,强化国家工作人员法治意识,提升行政机关依法行政能力水平。

山西省长子县

围绕"放得下、接得住、管得好"推动乡镇综合行政执法改革提质增效

乡镇综合行政执法改革启动以来，山西省长子县深入学习贯彻习近平法治思想，紧紧围绕"放得下、接得住、管得好"的工作目标，坚持创新突破，优化资源配置，下沉执法重心，强化改革攻坚，全力推进乡镇综合行政执法改革落地落实，着力打通行政执法"最后一公里"，形成了组织有序、队伍完备、数字化运行、规范化运转的运作体系，为促进乡村振兴、推动全方位高质量发展提供了良好法治保障。

一、聚焦赋权强队伍，确保执法事项"放得下"

一是依法严格赋权。按照乡镇综合行政执法改革明责、赋权、扩能工作要求，长子县结合实际，明确各乡镇法定执法事项，依照程序赋权下沉，形成"法定+赋权"一乡镇一清单，平均每乡镇执法事项73项，清晰界定了乡镇部门执法和监管边界。县机构编制部门协调指导各执法队动态调整事项权责清单，县司法局加强合法性审查，确保了行政执法事项清单化管理、动态化调整。二是配强工作力量。按照"一支队伍管执法"的要求，全县11个乡镇分别在综合行政执法办公室加挂执法队牌子，经组织、机构编制、人社、司法行政四部门联审，确定乡镇专业执法人员131名，执法队长由乡镇长担任。46名派驻乡镇站所人员、98名县级执法队包联乡镇人员全部纳入乡镇执法队统一管理，形成以执法办公室为核心、乡镇执法人员+派驻站所人员+县执法队包联人员"一核三圈"的乡镇执法队伍架构，执法力量得到有效保障。三是提升队伍素质。开展实战演练、以考促学、以案说法等特色学习培训活动。组织权威专家、律师等编写符合本地实际的执法导引手册、乡镇实务手册和执法人员"口袋书"，指导乡镇执法人员掌握规程、边学边

干。全县共组织开展线上线下执法培训30余次,县级执法能手深入乡镇"手把手"实地教学800余人次,先后开展应急、文旅、农业等重点领域现场执法"大练兵""大比武",有效提升了乡镇执法队伍能力水平。

二、聚焦运行强保障,确保执法事项"接得住"

一是强化工作保障。县委、县政府高度重视乡镇综合行政执法改革工作,县委常委会专题研究,县政府投入财政资金650余万元,新建综合行政执法指挥中心、综合行政执法培训中心,共为乡镇配备执法车辆11辆、执法记录仪22个、移动打印机12个,为131名乡镇执法队员购买意外伤害保险。根据各乡镇实际需要,县财政每年动态调整划拨经费5万元至10万元,并形成长效机制,有效夯实乡镇执法工作基础。二是规范运行机制。按照权责明确、衔接有序、协作有力、运行顺畅的原则,先后出台长子县《乡镇综合行政执法改革重点工作任务清单》《"乡镇吹哨、部门报到"实施方案》《乡镇综合行政执法协调配合实施细则》《乡镇综合行政执法联席会议制度(试行)》等,从案件移送、投诉举报、信息共享、联合执法、争议协调等各方面明确了乡镇与县级相关部门职责任务,形成了资源共享、信息互通、协作通畅的良好工作格局。全县共召开乡镇综合执法联席会议9次,就法律法规适用、执法管理衔接等重点难点执法事项进行交流探讨和协调解决,推动乡镇综合执法工作协调联动、高效运行。三是科技引领赋能。建立集指挥调度、联合执法、会商研判、投诉举报、培训指导、协调监督等10大功能于一体的县综合行政执法指挥中心,内设综合办公室、行政执法协调室、行政执法监督室、指挥中心、培训中心等功能区,由县政府行政执法协调监督局5名常驻人员和12个县直重点执法部门轮驻人员负责日常平台运行调度,开通群众投诉举报电话,建立与执法记录仪相连接的实时监控平台,实现了远程执法实时指导、全流程监管、智能化运行,推动基层执法每处场景"看得见"、各个环节"管得住"。

三、聚焦监督提质效,确保行政执法"管得好"

一是以通报考核压责任。加强对改革工作推进情况的跟踪督办,对工作不力、问题突出的乡镇和县级有关部门,采取通报批评、约谈等方式要求限期整改。将乡镇综合行政执法工作纳入全面依法治县工作考核范围以及乡镇党政主要负责人专题述法内容，2023年，该项工作考核分值占比将近四分之一，县委主要负责同志主持召开专题述法会议，听取各乡镇法治建设工作推进情况，切实以考核"指挥棒"压实乡镇党委政府行政执法改革责任。二是以执法监督促规范。优化完善外部监督制约机制，选聘包括县人大代表、政协委员、律师等15名各界人士作为行政执法社会监督员，在全县部分行政村、社区、企业探索建立11个行政执法监督联系点，在全县286个村设立执法公示牌，充分发挥社会力量对乡镇综合行政执法监督作用。司法行政部门牵头开展乡镇执法案卷评查，通过以评代训、以查促改，切实把好案卷质量关。2023年，全县共开展乡镇专项监督2次、案卷评查3次，下达问题反馈函22份，行政执法规范化水平不断提高。三是以专项巡查验成效。大力开展"六查六保"（查隐患保安全、查漏洞保生产、查苗头保稳定、查防控保健康、查乱象保秩序、查污染保环境）专项执法行动，县直执法部门联合乡镇执法队，在全县范围内推行常态化执法巡查。截至2023年年底，共开展行政检查1064次，出动执法人员3623人次，下达责令整改通知书86份，使一批"看得见的管不着，管得着的看不见"的问题得到有效解决，基层群众的法治获得感、幸福感、安全感明显提升。

> **经验启示**
>
> 　　**精准赋权是关键。**通过"放权"，落实事项清单动态调整制度，差异化向乡镇精准赋权，厘清职责、明晰权责，确保执法事项"放得下"。**队伍建设是保障。**注重以练促训、以训促学、以学促用，通过开展全方位系统培训，举办"大比武""大练兵"，组织实地观摩和联合执法等多种形式，不断提高基层行政执法人员的业务能力和执法水平，确保基层"接得住"。**数智赋能是重点。**积极顺应数智化发展趋势，以"数智+执法"、数智执法平台建设为抓手，发挥数智化改革引领、撬动、规范作用，不断推动乡镇综合行政执法全方位变革、系统性重塑，为提升行政执法工作质效蓄势赋能。

辽宁省盘锦市

齐抓共管　同向发力
多措并举推进行政执法与纪检监察贯通协同

辽宁省盘锦市深入笃学践行习近平法治思想，将严格落实行政执法责任制和责任追究制度作为法治化营商环境建设的重要抓手，以惩戒违法违纪执法案件为着力点，在辽宁省率先探索建立行政执法问题线索处理与纪检监察监督协作配合工作机制（以下简称协作配合工作机制）。通过打造具有盘锦辨识度和影响力的协作配合工作机制为基础，密切工作联系，实现优势互补，形成监督合力，持续推进全面依法治市向纵深发展，形成齐抓共管的良好工作格局。

一、推动"两个衔接"，强化业务协同

盘锦市认真贯彻落实党中央关于全面依法治国、全面从严治党重大决策部署，推动相关工作协调衔接、相互促进、有机统一。一是推进法治督察与纪检监察监督有效衔接。将法治督察与纪检监察监督有效结合，综合运用执法监督、纪律监督、监察监督等方式，联合对全市贯彻落实党中央关于全面依法治国的重大决策部署和省委、市委关于法治建设的工作要求，人民群众反映强烈的法治领域急难愁盼问题的解决情况，以及相关党规党纪执行情况等开展全方位多角度监督检查，切实解决监督力量薄弱、手段单一、监督部门之间协调配合不力等问题。截至2023年年底，召开"专题""联席"等会议6次，向纪检监察机关提供行政执法问题线索83件。二是联动"强化措施配合"和"强化业务支持"汇聚合力。对司法行政机关在行政复议、执法监督中发现的涉及"人民群众反映强烈的行政执法领域急难愁盼问题、破坏优化营商环境的突出问题"，市纪委监委、市委巡察机构将其纳入监督检查和巡察监督范畴。对市纪委监委在工作中遇到的疑难行政决定案件，组织专业人员提供法律咨询协助，根据纪检监察机关要求辅助纪检监察案

件查办。截至 2023 年年底，已先后为市纪委监委推荐了 3 名公职律师，为涉及行政许可、拆迁类案件提供专业的法律咨询服务，并为纪委监委监督办理的疑难信访案件提出 7 次法律意见，协作配合效果明显。

二、突出联合监督，强化线索移送

司法行政机关通过法治督察、执法监督、行政复议与纪检监察机关发挥各自职能优势，将"行政执法监督重点领域、重要问题"纳入联合监督范畴。一是加强双向发力，把握"3 种态势"。在联合监督中，从执法监督与纪检监察监督各自角度分工负责出发，把握"坚持常态化、连续性""相互配合、协调研究""按照管理事项和干部管理权限"3 种态势，协作配合做好调查处理工作。二是规范移送标准，严管"7 种情形"。对行政复议案件中发现行政机关及其工作人员有"不正确履行职责""拒绝或者阻挠取证""干涉、插手办案""阻挠市场主体依法维权""不依法纠正违法行为""泄露案情""其他应当予以政务处分"7 种情形的，将相关问题线索移送纪检监察机关依纪依法处理。截至 2023 年年底，已提供的行政执法问题线索中，有 5 件涉及土地征收、安全事故、社会治安、市场监管等领域的线索被市纪委监委重点核查，对被纠错行政机关及人员启动了立案、追责程序。

三、加强联合调研，推进共享共用

通过组织开展行政执法监督联合调研、编发执法监督、行政复议典型案例和指导性案例等方式，就纪检监察机关与司法行政机关对于重大法治问题事实认定、性质判定、处理尺度的标准进行了统一。一是通过"联席"促进"联动"。定期组织召开联席会议，通过联席会议制度加强工作联系、业务沟通，及时关注全市的重点区域、重点部门（单位）、重点事项和重点问题。建立互相通报制度，及时将法治督察、行政复议和执法监督专项报告、问题清单等通报市纪委监委。对在督察中发现的问题拒不整改或整改不力需要进行问责的相关党组织、党的领导干部，根据《中国共产党问责条例》有关规定，交由相关单位依据职能职责实施问责；需要给予党纪政务处分的，立即将问题线索和有关情况及时移送，由纪检监察机关依规依纪依法进行处置。市纪委监委把全市各县（区）政府、部门（单位）落实督察发现的行政执法问题整改情况、追责问责情况纳入监督检查工作范畴，及时研究行政执法发现的问题、提出的建议,并将其作为评估全市各县(区)政府、部门(单位)党风廉政建设工作情况参考内容。二是提升"成效"推动"延伸"。对"通报督察成果""督促问题整改""强化成果运用"等工作举措进行完善,推动健全地方立法和地方党内法规制度体系建设,突出抓好重大或紧急事项的问题线索处理,细化有关移送线索反馈等协作配合措施。机制运行一年以来,市委、市政府主要领导多次调度机制运行情况、对有关人员启动追责情况和督促问题整改情况。市行政复议机构编撰了《行政复议典型案例》,形成了《行政复议案件白皮书》,为持续开展好行政执法案件纪检监察监督提供了重要参考。

经验启示

一是以双重利剑督促依法行政。深入学习贯彻习近平法治思想,贯彻落实党的二十大关于"严格落实行政执法责任制和责任追究制度"的重大部署,用"党纪""国法"的双重利剑,监督行政执法机关依法行政、严格规范公正文明执法。二是推进法治督察整改工作形成闭环。依法处理行政执法问题线索中发现的失职渎职等问题,依纪依规追责问责,起到查处一案、规范一片的效果,并推动问题实质性整改,确保督察整改有实效、不落空。三是聚力解决行政执法领域的堵点、难点、痛点问题。坚持问题导向,以"人民群众反映强烈的行政执法领域急难愁盼问题、破坏优化营商环境的突出问题"案件线索为引导,以更大力度、更优措施、更强动能,推动执法监督、法治督察与纪检监察监督实现更好融合,提升问题解决质效。

浙江省衢州市衢江区

专设机构　多维破难
纵深推进合法性审查工作提质增效

浙江省衢州市衢江区深入学习贯彻习近平法治思想，充分发挥法治固根本、稳预期、利长远的保障作用，在探索"区乡一体合法性审查联动机制"基础上，衔接浙江省"大综合一体化"行政执法改革试点工作，创新设立区乡两级合法性审查中心，将合法性审查作为保障高质量发展的有力抓手，不断强化在征地拆迁、项目推进、招商引资等领域的合法性审查，为党委政府依法决策、依法行政提供了强有力的法治保障。

一、区乡联动、人岗相适，审查体系进一步健全

一是完善机构设置，构建全域联动体系。区级层面，新设区级合法性审查中心，为区司法局所属副科级事业单位，核定编制5名，承担乡镇（街道）合法性审查业务指导、重大疑难涉法事务协助审查等8项工作职能。乡镇层面，党政办作为合法性审查机构，统筹乡镇（街道）法治力量，依托司法所推进合法性审查具体工作。目前，区中心配有主任1名，审查人员3名，全员持有法律职业资格证；各乡镇（街道）审查人员达59名，实现有人审、全覆盖。二是明确责任主体，构建伞形审查体系。明确乡镇（街道）审查主体责任，坚持把合法性审查作为行政行为的内控机制，构建"党政办+综治办+司法所+执法队+法律顾问"的"1+4"伞形结构审查体系，形成合法性审查工作由乡镇党政办"一口进、一口出"的工作模式，着力解决基层审查责任不明、能力不足等问题。三是细化职责分工，构建专业队伍体系。全盘统筹乡镇（街道）力量，由党政办协调司法所、乡镇法律顾问、公职律师等法治力量共同参与，提出具体审查意见建议。另外，配合执法权下沉，明确在10个行政执法赋权乡镇中，至少有1名综合执法队员担任法治员，

负责具体执法案件的审查。截至 2023 年年底，共整合全区 22 个乡镇（街道）合法性审查工作人员 59 名。

二、优化机制、注重实操，审查能力进一步提升

一是"清单式"目录指引。坚持"有件必审"原则，围绕"审什么"这一核心问题，指导全区 22 个乡镇（街道）因地制宜编制"4+X"合法性审查事项清单，明确除"行政规范性文件、行政合同、重大行政决策、重大执法决定"四大类必审事项外，各乡镇（街道）根据工作实际，将政府信息公开答复、村级重大涉众型合同等事项纳入审查范围，并实行动态调整，强化合法性审查的风险管控功能。自 2023 年 7 月目录清单公布以来，全区乡镇（街道）审查数量环比增长164.4%，"应审尽审"的意识和能力大大提升。二是"订单式"业务指导。坚持"即时指导"原则，区中心根据乡镇（街道）提出重大疑难问题解惑"申请"，开展一对一"订单式"业务指导，切实提高乡镇（街道）合法性审查能力。同时，立足基层法务知识需求及"订单"中常见问题，建立合法性审查实例指导案例库，印发"一图一指引一手册"等审查工作资料；邀请专家开展专题培训，结合案例讲解合法性审查实务，增强乡镇（街道）审查人员的实操能力。三是"联动式"审查把关。坚持"需求导向"原则，紧盯审查工作薄弱点，出台《合法性审查工作运行机制》《合法性审查事项备案工作细则》，根据合法性审查事项、行政执法案件复杂难易程度，建立"乡镇初审、部门联审、中心协审"的三级审查机制，实现疑难审查事项多重联动审查把关。如重大行政执法案件经乡镇（街道）初审和分析研判后可提请区中心协审，区中心根据事项具体情况可邀请相关部门联审，实现乡镇合法性审查从"单方作战"到"多方协助"。2023 年以来，区中心工作人员下沉指导 20余次，协助乡镇审查疑难复杂案件 35 件，提出协审意见建议 259 条，同比增长133%，审查意见采用率达 97.2%。

三、紧扣中心、提质扩面，审查成效进一步彰显

一是前端介入，防范源头风险。发挥合法性审查工作前端预防作用，为招商引资、拆迁安置等中心工作提供"全周期"法律服务，以法治视角，从程序、内容等方面指出法律风险并提出修改建议，从源头上确保政府决策合法合规，避免

不必要的法律风险和纠纷。2023年,对区域发展过程中的招商引资、建设工程等79个事项进行应审尽审,提前介入参与协调会议120余次,主动防范法律风险,经过审查的合同均没有进入诉讼或仲裁程序。二是常态学习,提高法治素养。将合法性审查工作列入"法治衢江"考核和纪检巡察工作重点,分层分类开展区乡两级法治人才全覆盖、立体化培训。将行政合法性审查相关规定纳入区委区政府学法内容和区委党校主体班次课程,强化领导干部法治意识。开展青年干部道德法纪培训班、法治专题培训班、乡镇合法性审查工作培训会,对乡镇法治分管负责人、审查员进行分层分类培训,增强其法治意识、业务能力。2023年以来,共开展各类专题学习培训15场次,组织5批次共81名领导干部参加任前法律知识考试,开展以案释法、旁听庭审等学法活动40场次,学习效果受到一致好评。三是数字赋能,强化基层治理。运用"数字+法治"思维,全面推广使用"乡镇合法性审查"数字应用系统,实现流程可视化、程序规范化。自2023年10月系统运用以来,共通过线上审查224件,乡镇审查全部实现线上流转,备案率达100%。经过审查的事项均未发生行政复议被撤回或行政败诉,行政复议纠错率下降6%,全区信访总量同比下降64.2%。

经验启示

党委政府重视是前提。 党委政府对法治建设重视度和支持度不断提高,支持组建事业编制专门审查机构,确保了专门机构和专业人员干专业的事,有效避免了由乡镇(街道)自行组建法治审查机构产生"散、弱"问题,同时乡镇(街道)党委政府在干部晋升渠道上向从事审查工作的法治干部倾斜,保持了基层审查组织和人员等专业性和稳定性。**区乡协同机制是基础。** 明确区乡分层分类审查的协同机制,建立一般(案件)材料由乡镇(街道)自己审、重大(案件)材料由区中心协助解决、疑难(案件)材料联合多部门协同解决等基本审查流程,明确审查职责,解决了"谁来审、审什么、怎么审"等核心问题。**乡镇资源整合是关键。** 探索建立党政办牵头的乡镇审查机构,进一步整合派驻乡镇的法治力量,明确土地征收、城市管理、市场监管等重点领域由派驻部门选派法治力量负责各自领域审查,有效破解了乡镇(街道)法治人才支撑力不强的难题,提升了乡镇审查质效。

浙江省舟山市

数字赋能强协同　积极探索海洋"一支队伍管执法"

浙江省舟山市是中国第一个以群岛建制的地级市，岛屿众多、海域辽阔。因海况复杂造成的海上执法较为低效、"多龙治海"、协同不足等难题长期存在。2022年，《浙江省加快推进"大综合一体化"行政执法改革试点工作方案》获中央批复同意。舟山市笃学践行习近平法治思想，积极推进海洋"一支队伍管执法"改革，助推海洋治理体系和治理能力现代化。

一、党建统领聚合力，实现"单兵作战"向"一支队伍"转变

充分发挥党总揽全局、协调各方的领导核心作用，谋划做好"一支队伍"制度设计。一是打造"一个品牌"。创新实施"航行的支部"海上党建工作，截至2023年年底，全市船岸协同打造118艘"航行的支部示范船"和17个海陆联动的"红帆驿站"，构建起政企渔全域参与"一支队伍"的海域管控共同体，切实加强"跨海域、跨领域、跨地域"的海上互助、安全生产、规范监管。二是夯实"一套体系"。根据"不动体制动机制"的改革思路，构建"市指挥部+市指挥中心+县（区）指挥中心+网格工作组"的指挥体系，聚集渔政、港航、公安、资规、生态等地方监管执法力量，协同海事、海警等省部执法力量，实现多跨协同、高效联动。三是厘清"一张清单"。靶向梳理海洋"一支队伍管执法"问题清单，针对数字化建设欠缺、管执边界模糊、执法协调处置复杂等难题，市委、市政府领导多次召集改革工作会议，明确改革任务需求和时间节点，明晰问题领办和协同单位，并形成《舟山市深入推进海洋综合行政执法实施方案》。

二、上下联动强协同，实现"市内循环"向"共抓共促"跃升

聚焦"部省协同需要强化"具体问题，积极探索从机制上破解海上问题市内

循环的瓶颈，理顺"一支队伍"运转模式。一是深化"省市联动"机制创新。针对海事（部属）、海警部门在执法协同、数据贯通、资源共享等方面难以与地方政府部门形成有效合力的情况，由舟山市人民政府与浙江省农业农村厅、浙江海事局、浙江海警局签订《关于共同建立海洋行政联合执法协作机制的合作协议》，推动建立联合执法、联络会商、信息共享、行刑衔接、执法保障五大机制，形成部省市齐抓共管的工作格局。二是深化"供需联动"有效对接。立足海上执法全链条跟踪、全流程监督等需求，推动与省"大综合一体化"执法监管数字应用有效贯通，与省农业农村厅对接完成执法船艇定位数据实时更新工作和视频连线功能，与各县（区）贯通共享扣船场所、冷冻库等执法保障场所，构建从线索发现到案件处置的执法全流程线上闭环管理模式。打造"行刑共治"绿色司法快通道，联合检察、海警等多部门印发《行刑共治操作规范》，明确涉海案件移送渠道和操作标准。三是深化"执法联动"同向发力。紧盯商渔船碰撞、非法捕捞、非法载客、海上走私等海上执法难点，综合运用数字手段，智能分析，动态筛选重点海域、重点船舶，科学辅助决策确定专项执法行动，落实"上一次船，查多项事"。2023年，通过智能应用生成联合专项行动任务50余次、商渔共治行动19次，出动执法船艇120余艘次，查获涉嫌违法违规船舶30艘，涉案人员300余人。

三、数字赋能提质效，实现"传统治理"向"智能执法"转型

通过省市数据有效归集、市内设备有效整合，建成"海洋行政联合执法"应用，突破体制机制束缚，实现"一支队伍"线上联动。一是感知"一张屏"精准预警防范风险。横向贯通公安、渔业系统智能应用，全域集成47套涉海雷达、12套AIS（沿海船舶自动识别系统）基站、1146路视频监控等海上感知设备，整合船舶、海况等上亿条涉海数据，构建非法捕捞等11大预警模型，打破"靠巡航、靠举报"的传统执法模式，实现舟山海域智能管控全面覆盖。二是管控"一张网"全域构筑安全防线。按照海域最小单元有效管控要求，结合"事件频发区、船舶聚集区、航路密集区"等要素，将辖区海域划分成15个网格，根据网格属性科学配置执法力量，动态调整执法重心，实现分网格精准防控、快速响应。截至2023年年底，已将全市渔政、港航、海事等近50艘执法船艇，以及600余名执法人员全部纳入网格管理。三是响应"一键通"快速提升执法效能。从渔政、港航等涉

海 12 家单位核心业务、高频事项横向维度和案件事态的危害性、紧迫性、必要性纵向维度深入研判,建立"红橙黄"三色处置指挥流程,通过现场执法、回港处置、电子警告等分类举措,提升执法效能。同时,探索建立以信用评价、风险等级为基础的少检免检制度,在自由裁量的基础上创新轻罚免罚清单,让有限的执法船艇、执法力量更多地用于大案、要案和海上救援。

四、基层响应重落实,实现"粗放管控"向"精细防治"深化

设立"一支队伍"下沉试点,通过加强市县联动,整合资源力量,推动基层全面参与海域管控。一是责任体系一沉到底。市指挥中心牵头建立"县—乡—网格"三级响应机制,构建配套工作机制,细化形成自上而下的快响处置、网格管控等 10 余条工作制度,规范了基层响应、派人派船、结果反馈等细节,推进海洋管控精细防治。二是市县协同一体推进。坚持市指挥部统筹部署,市指挥中心指挥协调,县(区)指挥中心研判落实的市县联动指挥体系,强化市县对接协同,同步推进涉海行政执法事项划转、数字应用贯通使用、配套制度的建立完善,实现海上执法统一指挥、高效协同。三是海上网格一站管控。截至 2023 年年底,整合全市 37 个乡镇街道的渔政、综合执法等海陆执法力量,全面纳入海上"网格工作组",充分挖掘党员、基层渔管组织等力量,数字赋能快速响应指令、线索一站处理、线上反馈落实,推动指挥协调由点及面全覆盖。

> **经验启示**
>
> 海洋"一支队伍管执法"改革是一项系统性、连续性工作,需要持之以恒,聚焦关键发力,抓住重点突破。一是坚持数字驱动。创新"互联网+监管""线上执法"等方式方法,充分运用数字化手段支撑海上的远程监管、动态监管,不断提升智能化执法能力,让数据多跑腿,降低海上执法成本。二是坚持多跨协同。打破部门壁垒、地域限制,积极向省级部门争取支持;与业务部门对接协作,寻求全方位技术支撑;向沿海地市交流学习,取长补短合作共赢。三是坚持以人为本。坚持改革目的是为人服务,一方面以海上执法人员实际需求为导向,优化简化执法流程;另一方面注重全域参与,广泛吸收海上群众力量,营造海域管控人人有责、人人参与的社会氛围。

湖北省黄冈市

推进"市长审案"　　建设法治政府

"市长审案"是由市长、副市长主持复议案件审理会议，相关政府部门主要负责人、专家学者参与审理，被申请人等相关行政机关旁听的复议案件审理制度。湖北省黄冈市自2014年推行"市长审案"以来，共有34位市长、副市长主持48次行政复议案件审理会议，共审案161件；另有51位县（市、区）长审理行政复议案件65件。"市长审案"案件决定履行率达100%。

一、建立三项制度

黄冈市先后制定了《黄冈市人民政府行政复议委员会市长审案制度规定》《黄冈市人民政府行政复议委员会行政复议案件审理会议程序规定》和《市长亲自审案工作方案》，明确列出"市长审案"流程，提出工作标准。一是市长轮流"审案"。根据"市长审案"工作制度和年度工作方案，每月由市长或副市长带头组成案审组审理案件。案审组由市长或副市长及4位行政机关负责人、2位律师或专家学者共7人组成。各位案审委员对案件充分发表意见，以票决形式当场对案件作出拟决意见。二是被申请人列席旁听。"市长审案"制度要求被申请人单位负责人及相关人员列席旁听，通过庭审就执法难点和疑惑与案审委员互动交流，了解本单位执法过程中的短板和不足，在今后执法中加以改进，提高行政执法水平。三是申请人旁听案件审理。该环节是黄冈市2023年深化拓展"市长审案"的新举措。以往的"市长审案"不邀请申请人参加，2023年，在第三次"市长审案"首次实现申请人全程旁听案件审理，并让申请人在案审会上当面向市长和委员提出诉求，进一步提高了"市长审案"的透明度和公信力。

二、抓住三个"关键"

"市长审案"推行10年来不断深化拓展,逐步形成符合黄冈实际、顺应新时代法治需求的经验举措。一是抓"关键少数"。领导干部是推进依法行政、建设法治政府的"关键少数"。改变过去行政复议"以签代审"办法,由市长、副市长主持复议案件审理会议,实质性参与复议案件审理,有力推动了政府行政首长和部门负责人法治建设责任落到实处。二是抓关键案件。在案件选取上,实行"四选两不选"标准,即选择社会影响较大、群众关注度高的案件,选择对法治政府建设有益的案件,选择与民生息息相关的案件,选择对优化营商环境有利的案件;不选最复杂的案件,也不选最简单的案件。"市长审案"的案件主要集中在征地拆迁、工伤认定、市场监管等领域,占"市长审案"案件的80%以上。通过选择关键案件,以点带面推动解决案件多发领域的关键问题,充分发挥行政复议化解纠纷的作用。三是抓关键环节。对"市长审案"会前准备、会中审议、会后督办三个关键环节做出明确规范。在会前准备环节,充分听取双方当事人的意见和诉求,必要时赴实地开展核查、举行听证会,确保案件审理质量;在会中审议环节,充分听取专家意见,市长提出整改要求,确保案件审理公平公正;在会后督办环节,及时与被申请人沟通,跟踪复议决定的执行进度和案件反映问题的整改情况,确保复议决定执行到位。

三、取得三大成效

黄冈市将"市长审案"制度向所属11个县(市、区)全面推广,各县(市、区)比照市政府做法成立了行政复议委员会,实施"县(市、区)长审案"制度,政府负责人审案在黄冈市实现了全覆盖,取得了良好法治效果。一是增强了领导干部的法治意识。在案审会上,由市长指出行政执法部门违法或不当的行政行为,让列席的被申请人单位负责人"红红脸、出出汗",在案件审理中增强法治意识、强化法治思维,起到了以案明理、以案说法的效果。二是化解了一批重大行政纠纷。通过强化层级监督,提高行政复议权威,复议纠错纠偏作用得到更好发挥。市长审理的161件案件综合纠错率达31%,决定履行率达100%,在违建执法、违停执法、工伤认定等案件多发领域实现了"审理一案,规范一片"的效果。三是提升了行政复议案件质量。"市长审案"制度实施以来,行政复议工作的权威性、公信力明显提升，行政复议案件办理质量，群众对行政复议的信任度、满意率显著提高。

> **经验启示**
>
> 推动法治政府建设要牢牢抓住领导干部这个"关键少数"。黄冈市积极探索和推行行政复议"市长审案"制度，并将其作为打造法治政府建设的示范工程持续推进，探索出了领导干部参与法治政府建设的具体路径。通过让政府和部门负责人参与复议案件审理，将行政复议机关职责落到了实处，夯实了法治政府建设责任，破解了行政复议案件"审案者不决定案件、决定案件者不审案"的制度困境，从而进一步压实了政府行政首长、部门负责人履行推进法治政府建设的职责，有力助推了法治政府建设。

湖南省湘潭县

建立健全"三个三"机制
推动乡镇"一支队伍管执法"落地落实

湖南省湘潭县认真贯彻落实习近平法治思想，扎实推进市县法治政府建设，紧盯乡镇"看得见，管不着"执法难题，推进乡镇综合行政执法改革，建立健全权责明晰、运转高效的"一支队伍管全部、一支队伍管到底"的基层综合、集中执法新机制，构建"村级信息采集员—乡镇执法大队—县直部门"联合执法网络体系，实现基层行政执法无死角、无盲点、无缝隙，基层综合执法效能不断提升。

一、健全"三项机制"，规范执法事项

一是健全行政执法事项委托授权机制。修改完善《关于委托乡镇行使县人民政府工作部门部分行政处罚权的实施意见》，出台《赋予乡镇经济社会管理权限目录》《乡镇权力清单和责任清单》。根据县域发展实际，对于基层迫切需要且能有效承接的行政处罚事项予以精准委托下放，做到"依法下放、宜放则放"，实现"因地制宜、应接尽接"。执法事项权责清单根据执法依据、评估结果及工作实际进行动态管理、适时调整。通过委托授权，乡镇共计承担执法权限61项，形成执法常态化、部门联动、督查考核等长效管理机制18项。二是健全部门协作联动机制。健全联席会议制度、案件上报制度、乡镇和部门联动执法机制、信息资源共享机制等，对于情况较复杂、影响较大的行政执法案件，按照"谁先发现、谁先制止、谁先固定证据"落实应急处置责任，由乡镇综合执法大队积极争取站办所、村组和县直相关部门支持配合、分工合作。全县9156个村组信息点和351个村级信息中心、17支乡镇执法大队、县直相关部门系统联动、紧密协作，构建了县乡村"三级联合"执法网络。三是健全督查考核机制。健全执法考核和检查制度，制定专门考核办法。按照权责一致原则，建立健全"谁主管、谁负责，谁行使、

谁担责"岗位责任制，县政府相关职能部门切实履行执法指导监督责任，加强对各乡镇综合执法工作指导和监督检查，定期开展以案件办理质量和案卷制作水平为重点的案卷评查和执法评议考核，结合"四不两直""双随机、一公开"监管整体推进。县司法行政部门对各乡镇综合执法人员履职情况进行监督，确保基层行政执法规范化、法治化。

二、突出"三个重点"，推进严格执法

一是突出日常巡查。落实日常巡查和值班制度，乡镇执法大队做好"巡、查、督"文章，加大重点区域、重点路段、重点时段巡查力度，实行劝导、整改、处罚三步走。建立工作台账，防微杜渐，及时发现、制止和处理各类违法违规行为，将违法苗头扼杀在萌芽状态。近三年，乡镇综合行政执法大队日常巡查次数年均2万余次，制止非法采砂、秸秆焚烧等3500余次。二是突出"三项制度"。全面推行行政执法"三项制度"，建立乡镇行政执法公示平台，并与县级平台有效衔接，全面及时准确公开行政执法事前、事中、事后信息。加强法制审核能力建设，明确乡镇司法所为本级政府法制审核机构，履行重大行政执法决定法制审核职责，发挥法律顾问、公职律师作用，充实法制审核力量。加强行政执法全过程记录，各乡镇明确专人负责执法信息更新调整和执法电子数据、文书档案、装备物资等管理工作，持续推动执法规范化、标准化建设。三是突出监管联动。各乡镇执法大队严格按照"口头规劝—书面告知—调查取证—依法处置"的程序，依法依规处置违法违规行为。强化"警司联动"，加强与公安机关、法院、检察院的沟通对接，健全完善案情通报、案件移送等行刑衔接机制。

三、坚持"三个到位"，强化工作保障

一是队伍整合到位。明确各乡镇综合执法机构的编制事项，在原有的乡镇综合执法中队基础上，整合现有执法力量和资源，组建综合行政执法大队。根据各乡镇区域范围和执法工作具体情况分别核定8—34名执法编制，在乡镇编制备案人员中择取人员列入乡镇综合行政执法大队编制，选优配强执法队伍，注重培养"一岗多强"型综合执法人员。截至2023年年底，全县17个乡镇共核定执法编制222名，实有乡镇专职执法人员总数达215人。二是指导培训到位。加强行政执法

协调监督，由司法行政部门牵头规范乡镇综合行政执法文书和程序，并加强指导。业务主管部门和司法行政部门每年分别组织专业法律知识和通用法律知识集中培训，执法人员坚持"持证上岗、亮证执法、规范执行"。近三年，开展乡镇综合行政执法相关培训 10 余场，参训人员 500 余人次，各乡镇已获取行政执法资格证人员 287 名，执法人员素能逐步提升。三是经费保障到位。全面落实经费保障措施，将执法经费列入县乡财政预算，做到"应保尽保"，为调查取证、案件处置等执法活动提供必要的经费保障。乡镇按"罚缴分离""收支两条线"原则管理，专列经费用于执法工作开展。全县 17 个乡镇均专门安排综合行政执法队伍办公场所，配备统一制服、执法记录仪和相关执法装备。各职能部门主动作为，加大硬件投入力度，为乡镇配备执法电脑、打印机、照相机、测距仪等设备。

经验启示

一是明责赋权强动力。通过建立完善乡镇权力、职责"两张清单"，进一步厘清县乡村三级事权划分，形成"纵向到底、横向到边、覆盖全县"的管理服务体系，打通基层治理"神经末梢"，为乡镇松了绑、减了负，实现"轻装上阵"，有效推动基层社会治理各项工作高效、有序开展。二是放权赋能聚合力。组建 17 支乡镇综合行政执法队伍，将生态环保、自然资源、农业农村、林业、应急管理、住建等县直部门部分执法事项委托至乡镇行使，多股执法力量"拧成一股绳"，既破解人手不足的困境，又覆盖常见多发的事项，真正实现"一支队伍管执法"，切实解决基层执法力量分散薄弱和"看到管不到"的问题。三是规范运行提效率。通过建立健全培训机制，每年组织执法人员参加培训和执法资格考试，提高乡镇执法人员专业素质，进一步规范执法行为，扎严行政执法"篱笆墙"；通过建立运转协调机制，按需适时召开联席会议，将案件承办情况纳入绩效考评内容，有效发挥"指挥棒"作用，全面提升执法效能。

重庆市綦江区

构建行政执法考核评议体系　创新设立行政执法指数

2022年6月，重庆市綦江区作为"全市行政执法协调监督工作体系建设试点"区县，具体承担"在行政执法考核评议体系建设方面加强研究"的工作项目。开展试点以来，綦江区积极探索构建行政执法考核评议体系，设立"1+3+N+X"行政执法指数矩阵（"1"指"行政执法总体指数"，"3"指"行政执法单位集群指数"，"N"指"行政执法单位个体指数"，"X"即"专项指数"，既包括"社会满意度指数"，还可视情况扩展容纳其他指数），形成全区行政执法水平"立体式、全覆盖、可视化"数据画像，破解监督"摸不准"难题，以客观评价促进行政执法主体严格规范公正文明执法，推动实现行政执法水平数据化呈现，行政执法监督硬性化提升，行政执法考核权威化适用。

一、体系创新，夯实指数矩阵底座

一是科学设置指标。借鉴政府常用的目标管理、关键绩效指标等科学考核办法，将行政执法考评设置为行政执法体制机制运行情况、执法队伍建设情况、制度建设与执行情况、执法行为规范情况、执法效果情况、执法保障情况6个一级指标，执法机构配置、行政执法人员、行政执法程序等22个二级指标，按要求在门户网公示执法事项清单、建立行刑衔接沟通协作和案件移送机制等42个量化三级指标，另设1个典型经验、优秀案例加分指标，构建形成《綦江区行政执法考核评议指标体系》。二是分类开展考评。出台《綦江区行政执法考核评议办法（试行）》，综合考量执法权限、执法事项、办案数量等因素，将评议对象细分为15个重点执法部门、16个非重点执法部门与21个镇街三大评议队列，根据各队列单位的工作实际匹配具体评议指标内容，实现差异化分类考评。2023年分别开展了全区行政执法整体情况综合评议和重点领域或突出问题方面的专项评议。三是建立评估机制。建立专家评议机制，采用购买社会服务的方式委托高等院校、研究机构、律师事务所等第三方机构开展行政执法评议，提高执法评议专业性。建立社会评议机制，通过电话访问、问卷调查等方式搜集"两代表一委员"、特邀法治监督员、企业代表、社会公众的意见，保障评议结果客观公正。评议中累计开展电话访问200余人次，问卷调查300余人次。

二、闭环推进，力促指数矩阵落地

一是逐项开展测评。充分运用信息化手段，通过政务公开平台、行政执法监管平台等对各行政执法单位的机构配置、制度建设、行政执法"三项制度"落实开展线上资料查证和网络检索3000项次。综合运用材料查证、实地核验、案卷评查等方法，从主体认定、证据收集、文书制作、法律适用等方面对行政执法全过程开展线下评估43项次。通过在线法律知识测试评估1700余名行政执法人员法律素养，以座谈访谈、随机调查等形式开展社会满意度测评351人次。二是综合开展测算。结合前期测评情况，根据每项评议指标的分值，对各行政执法单位的执法能力、质量、绩效等进行赋分、全面评分，测算出全区总体得分、每个队列的集群分、各行政执法单位的个体分以及包括"两代表一委员"、企业代表、群众代表等在内的社会满意度分值，形成全区行政执法指数矩阵，分别给予优秀、良好、合格、不合格4个档次评价。2022年度全区行政执法总体指数为75.47（良好），满意度总体指数为83%（良好）。三是全面把脉问诊。运用"定量+定性"分析方法，结合社会满意度评估结果，从严格规范公正文明执法情况、行政执法队伍建设情况、执法效果情况等七个方面总结成效、剖析问题，向各行政执法单位出具执法评估报告，客观提出对策建议，推动执法体制调整、职能配置优化、执法队伍强化。2023年累计梳理全区行政执法突出成绩53项，给予职责评价312条，发现问题700余项，最终形成评估总报告1份、评估子报告52份。

三、强化运用，推动指数矩阵见效

一是加强闭环整改。以"点对点"制发整改函的形式提出限期整改要求，各行政执法单位结合执法评估报告，在总结好的经验做法基础上，对存在的问题进行专项整改并及时反馈。通过现场核查、网络查询等方式验收整改落实情况，形成"监督—评议—反馈—整改—验收—提升"工作闭环,提升行政执法效能。2023年累计发出整改函52份,提出整改建议400余条,整改短板事项711处。二是联动评价考核。在镇街、部门年终考核中单列"行政执法效能"考核指标,赋予评议机关考核权限,将经区政府会议审定的行政执法评议结果报送区委组织部,作为对行政执法单位班子和行政负责人评价的重要内容,作为行政执法干部评优评先、晋职晋级的参考依据。最终单项指标考评出重点部门优秀9个、良好5个、合格1个,非重点部门优秀3个、良好10个、合格3个,镇街优秀3个、良好3个、合格9个、不合格6个。2023年累计批评教育、单独约谈干部2名。三是压实压紧责任。建立评议结果抄送机制,将区规划自然资源局、区市场监管局、区气象局、区烟草局4个在綦市管单位的评议情况和结果以区政府名义向市级主管部门抄送,通报涉及单位在行政执法队伍建设、执法制度执行、执法行为规范及执法效果等方面存在的问题,并从管理考核角度提出有关工作建议,确保压力传导,倒逼在綦市管单位压实主体责任,促进行政执法规范公正。

经验启示

一是改革要突出问题导向。针对行政执法监督力量薄弱、缺乏行之有效的行政执法考核评议机制、难以客观掌握和比较行政执法水平的问题,通过构建"行政执法指数",融入对制度机制、执法行为、执法强度等的评价,破解了司法行政部门难以掌握行政执法总体情况的难题。二是改革举措要务实精准。设置行政执法评价指标,建立线上评议和线下评议、专家评议和社会评议相结合的评价机制,对各行政执法单位进行逐项测评、赋分,运用"定量+定性"分析方法,从七个方面总结成效、剖析问题、把脉问诊,客观提出对策建议,推动执法体制调整、职能配置优化、执法队伍强化。三是制度机制要协同发力。通过建立结果运用联动、评议结果抄送、信息共享、线索互移等机制,充分运用评议结果,实现考核评议成效最大化。

贵州省毕节市

四个维度推动行政执法协调监督实现新突破

近年来，贵州省毕节市深入学习贯彻习近平法治思想，扎实开展司法部行政执法协调监督体系建设试点，从人员机构、制度机制、方式创新、结果运用四个维度推动行政执法监督实现新突破，行政执法质量效能明显提升，全市行政机关行政诉讼败诉率持续下降。

一、加强机构队伍建设，落实执法协调监督职责

一是加强执法监督机构人员建设。在市县司法局加挂行政执法监督办公室牌子，作为本级政府的行政执法协调监督机构；市县459家行政执法部门明确内部监督机构；明确乡镇司法所协助县级司法局开展执法协调监督工作。全市共配备执法监督人员619名，实现执法协调监督机构配备执法监督人员全覆盖。创办"法治毕节讲台"，线上线下推进执法协调监督（行政执法）业务实战实训114场次，编印行政执法指南指引，下发指导案例、典型案例184个，提升执法协调监督（行政执法）能力。二是厘清执法协调监督职责权限。出台《毕节市行政执法协调监督权责清单动态管理办法（试行）》，围绕行政执法工作总体情况、行政执法主体建设、行政执法制度建设、行政执法规范化建设、行政执法体制改革等，细化明确各级协调监督机构职责，制定执法协调监督工作要点、计划，台账化、清单化推动工作任务落地落实。三是汇聚行政执法协调监督合力。市委、市政府出台《毕节市加强行政执法监督实施方案》，形成集党内监督、人大监督、民主监督、司法监督、行政监督、社会监督"六大监督"于一体的完整体系，建立信息沟通、工作会商、线索移送、结果共享等机制，实现各类监督有机贯通、相互协调。

二、健全完善制度机制，规范执法协调监督内容

一是健全执法协调监督制度。从规范"监督体制、监督内容、监督方式、监督程序、责任体系"入手，制定行政执法监督办法（试行）、行政执法争议协调解决办法、行政执法投诉举报处理制度（试行）、行政执法案卷管理与评查办法、行政执法案件回访制度（试行）等，形成"1个监督办法为统领、18个制度机制为支撑、15个流程标准为配套"的制度体系。二是明确执法协调监督内容。围绕前端防范、中端管控、末端治理，将法定职责履行、行政执法"三项制度"落实、执法主体资格管理、行政裁量权行使、执法规范化建设、执法培训、执法作风、执法质效等作为监督重点，细化专项监督、案卷评查、案件回访、统计分析、执法检查、案例指导、投诉举报、执法年报、考核评议等12项监督举措。三是规范执法协调监督流程。制定37份行政执法监督文书格式范本，规范行政执法监督立案、审批、调查、决定、结案等各环节程序和时限，同步建立行政执法争议、重大执法事项协调程序机制。对不依法履行协调监督职责，监督程序不规范，文书审核把关不严等10种情形责令纠正；对执法监督人员推诿、执法争议协调处理不力造成严重后果等6种情形依法追究责任。

三、创新拓展监督方式，提升执法协调监督质效

一是向外借力强化执法协调监督。选聘40名行政执法业务专家组建监督专家库，选聘30名专业人员组建案件评查人才库，开展工作会商11次，组织法律顾问、专家、学者、业务骨干参与案卷评查、专项监督，对重点案件开展跟踪回访，提升协调监督专业化水平。2022年1月至2023年12月，累计评查执法案卷1.1万件，推动整改执法突出问题610个，回访行政处罚案件4529件、行政许可案件4.1万余件，当事人认可度达96%。二是全面畅通执法协调监督渠道。探索在企业、商会、村居（社区）设立行政执法监督联系点76个，选聘社会监督员142名，定期开展走访联络，收集意见建议42条，推动问题整改34个。在全市公布563家行政执法单位举报投诉电话、邮箱，接办群众来电来信633件次。在全省试点应用行政执法"三项制度"平台，在金沙县20家执法部门完成平台搭建，录入行政处罚案件信息2万余条，运用平台开展执法办案258件，实现全方位全流程监督。三是强化执法重点领域专项监督。聚焦群众反映强烈的执法领域突出问题，组建专项

监督小组,在食品药品、涉农、涉企、生态环保、安全生产、乱罚款乱收费六大领域开展专项整治监督 34 批次,督导执法部门查找执法突出问题并建立清单,推动整改共性问题 490 个。

四、注重监督结果运用,增强执法协调监督公信力

一是强化督察考核倒逼责任落实。把执法协调监督工作纳入法治建设考核,融入法治督察,建立执法监督考核指标体系,加强对执法部门履行监督职责情况的考核,将结果作为对部门年度法治建设考核评价的重要参考依据。二是强化个案监督倒逼执法规范。加大行政执法监督个案办理力度,通过受理投诉举报、开展执法案卷评查、行政执法检查等方式发现的问题线索,认真核查,对执法违法、执法不当的依法启动监督程序,形成"立案、调查、整改、反馈"全链条监督流程,推进执法规范化建设。2022 年 1 月至 2023 年 12 月,共办理执法监督案件 269 件,推动行政机关撤销、改变原行政行为 172 件。三是强化错案问责倒逼依法行政。出台行政错案问责追责办法,对行政败诉案件、被复议纠错案件、被执法监督纠错案件、负责人未出庭应诉的案件四类案件开展责任倒查,推动一案一分析、一案一整改,倒逼依法行政。从 2022 年 1 月至 2023 年 12 月,累计倒查行政错案 340 件,问责追责干部 286 人,推动执法责任制落实。

> **经验启示**
>
> 一是"纵横联动"形成合力。通过构建"六大监督"体系,推动执法监督与各类监督有机贯通、相互协调,织密监督制度笼子,注重上下联动、内外协作、各司其职,拧紧监督责任链条,打好执法协调监督"组合拳"。二是"三端共治"精准发力。立足于前端防范、中端管控、末端治理,聚焦执法主体管理、执法行为规范、执法质效提升,综合运用各类监督手段,精准施策、靶向整治,不断提升监督能力,实现对行政执法全方位全过程监督。三是"四项衔接"闭环管理。推动执法监督与法治考核、法治督察、问责追责有机衔接,强化监督结果共享运用,标本兼治、动真碰硬,压实执法责任制,提升执法协调监督的权威性和公信力。

陕西省宁强县

"一二三四"工作法
赋能基层执法改革试点工作走深走实

2021年，陕西省宁强县被确定为"规范地方行政执法队伍人员编制管理"全国试点地区之一。宁强县在实践中积极探索改革路径，完善制度机制，解决难点堵点问题，确保试点工作平稳有序推进。2023年7月20日，宁强县综合行政执法局正式揭牌成立，标志着符合宁强实际的"1+1+X"综合行政执法体系全面建成。

一、锚定"一个目标"，明确综合执法改革路径

锚定推进县域治理体系和治理能力现代化目标，聚焦"多头执法、重复执法""看得见、管不着"等问题，坚持规范行政执法队伍人员编制管理和构建综合行政执法体系任务"两结合""两统筹"，明确构建"县镇一体、条抓块统"综合执法体系总体思路。中央编办领导赴宁强县现场调研指导，省委组织部、省委编办、省司法厅精心组织推动、实时跟进协调，指导形成试点改革方案，并根据任务推进情况多次跟踪调研指导，协调省市有关业务部门会商研究、把脉问诊，做到制度设计到位、保障支持到位。建立健全组织、编制部门双协调推进工作机制，确定了整合优化行政执法职能和机构设置、精简规范执法队伍人员编制、稳妥做好现有执法人员过渡安排等8个方面的重点任务，全面探索构建符合宁强县实际的"跨部门大综合"行政执法体制。

二、抓住"两个关键"，打造专业化执法队伍

坚持控总调优、减上补下，加强"属地管理"，统筹执法人员力量。一是科学整合执法力量。稳妥有序推动队伍精简，逐步规范执法队伍机构设置。宁强县委

全面履行主体责任，强化牵头抓总、统筹推进；县委常委会、县政府常务会多次专题研究试点工作，抽调18人投入改革试点工作，及时理顺职责关系、整合执法资源、优化人员配置，全员定岗定责，实现高效运转。整合城市管理、交通运输、文化旅游等9个部门执法力量，构建一支执法队伍。坚持"执法所需、高效精简、一线倾斜"原则，大力推动县域执法力量向乡镇（街道）下沉，核定的执法中队、市场监管所编制占县域执法编制总量的62.5%，全面理顺派驻执法队所与县级主管局、乡镇（街道）之间的组织领导、业务管理、指挥调度、工作配合等关系。二是有效推进规范管理。县委、县政府主要领导、分管领导定期调度、跟踪督办、实地调研，协调解决困难问题，坚持以提升行政执法规范化水平为抓手，以提素能强质效为目标，统筹做好编制内行政执法人员的规范管理，制定23项内控制度，统一执法服装和装备，规范一线执法办案文书制作、证据效力、自由裁量、执法流程。严格实施执法人员持证上岗和资格管理制度，举办全县综合行政执法工作专题业务培训班，集中开展百日综合行政执法能力建设专项行动，全面提升综合行政执法标准化、规范化、法治化水平。

三、编制"三个清单"，筑牢清单动态管理体系

梳理26个行业部门执法事项，按照"高效率、高综合、高需求以及适宜集中实施"原则，编制完成"三个清单"。一是综合行政执法局执法事项目录清单。结合近年来在行政执法中掌握的情况，将发生频率较高，与企业、群众日常生产生活关系密切，易造成多头重复交叉执法的1120项执法事项纳入县综合行政执法局。二是行业部门保留行政执法事项目录清单。明确行业部门的日常监管、行政指导等职能，确保行业部门不在清单之外行使权力，让企业、群众在办理事项时或在行业部门行政执法过程中知道每一个环节，既方便企业、群众办事，也能对行业部门形成监督。三是下放和委托乡镇（街道）执法事项清单。对照省政府下放执法事项目录，按照"接得住、管得好"原则，明确委托执法机构、执法主体、执法权限、执法事项等，将70余项县级执法事项下放或委托乡镇（街道）执法。受委托乡镇（街道）执法人员按照行政执法程序在日常工作中开展执法监督检查。在编制落实"三个清单"的同时，配套制定"涉改行政主管部门与综合行政执法局职责边界实施意见+监管和执法职责边界清

单",严格清单准入和动态调整,依单考核、依单监管、依单问责,厘清各自的主体责任,形成事前、事中、事后全链条协同监管格局,确保监管和执法"无缝衔接"。

四、建立"四项机制",强化工作协同联动

为有效解决行政执法权限冲突和监管执法碎片化等突出问题,建立健全指挥协调、执法联动、数据共享等工作机制,全方位提升行政执法效能。一是建立执法支持保障机制。成立县综合执法协调行政领导小组,统筹深化综合行政执法改革工作,明确了县综合行政执法局的市级主管部门和12个业务管理部门,有力解决了"谁主管""谁指导"和"管什么""怎么管"的原则性、基础性问题。二是建立监管执法协作机制。按照"谁审批、谁主管、谁监管"的原则,全面厘清源头审批、事中事后监管和末端执法边界。通过现场办公、座谈交流等方式,共商解决执法过程中遇到的普遍性问题和热点、焦点、难点问题,进一步整合执法资源,实现优势互补。三是建立执法监督考核机制。制定行政执法"三项制度"、案卷评查、执法统计等11项执法监督考核相关配套政策,分行业收集编制了行政处罚清单和行政裁量权基准等制度汇编,深化落实行政执法责任制。四是建立综合执法联动机制。建立综合行政执法局与其他执法部门联合执法机制,确保减少重复执法和执法扰民。加强与公安、纪检监察、法院、检察院的案情通报、线索移送等协作配合,实现行政执法与刑事司法有效衔接。

总的来看,县综合行政执法改革取得了积极成效:一是条块结合有效衔接。实现"以条为主"向"条块同步"转变,解决了"执法脱节"的问题,打通了基层行政执法的"最后一公里"。二是主动作为提质增效。实现了"被动"向"主动"转变,解决了"执法低效"的问题,增强了基层治理效能。三是集约规范高效协同。实现了"多头管理"向"集约规范"转变,解决了"执法扯皮"问题,构建起上下联通、协调一致、保障有力的县镇全闭环执法机制。

经验启示

一是从"观念"看怎么改，明晰推进县域治理体系和治理能力现代化这一目标。二是从"破题"看怎么办，紧抓科学配置执法力量、有效推进规范管理两个关键点，确保打造专业化执法队伍。三是从"规范"看怎么干，建立清单化动态管理体系，加强对行政执法事项的源头治理。四是从"保障"看怎么促，建立健全配套制度机制，协同联动确保工作实效。

宁夏回族自治区中卫市

"小试点"撬动"大改革"
行政复议体制改革蹚出新路子

宁夏回族自治区中卫市深入学习贯彻习近平法治思想，聚焦法治政府建设，秉承复议为民理念，开展行政复议体制改革试点，多层面推动、多角度把关、多维度发力，以"小试点"撬动"大改革"，取得较好成效。

一、勇担当、早破题，试点改革探索复议新路

一是以改革试点破解实践难题。为解决2004年撤县设市后，全市行政执法规范化水平不高，行政争议较多、复议纠错率较低等问题，2014年中卫市人民政府开展行政复议改革试点，将37个市直部门的行政复议权集中交由市人民政府行使，以统一受理、调查、审查、决定、送达、执行、应诉、案件管理的"八统一"模式，拉开全市复议体制改革大幕。当年，办理复议案件数从改革前的年均5件增至98件，市中级人民法院受理的一审行政诉讼案件从188件下降至8件。二是加强行政复议机构建设。2019年，中卫市人民政府成立推进行政复议试点工作领导小组，调整行政复议委员会组成人员，在市司法局增设行政复议与应诉科。2021年，全市增加行政复议工作专项编制9名，市、县（区）行政复议机构实现全覆盖。三是加大支持保障力度。自2014年起，市本级财政预算每年保障行政复议工作经费10万元，目前累计投入148万元。市、县（区）均将行政复议改革任务落实情况纳入效能目标、法治政府等管理考核，加大赋分权重，严格督导，推动行政复议体制改革各项措施落地落实、取得成效。开展试点以来，全市共受理行政复议案件1211件，其中市人民政府受理复议案件773件，同期市中级人民法院受理一审行政诉讼案件236件，行政复议化解行政争议主渠道作用得到有效发挥。

二、建机制、强监督，复议履职提升办理质效

一是引入"外脑"强化审理机制。中卫市人民政府2014年成立行政复议委员会，制定委员会工作规则、案件审理程序规定、案件审理议事规则等工作制度，聘请律师、学者、专家等担任委员，借助"外脑"参与重大、疑难、复杂案件的审理，为案件"问诊把脉""对症开药"。2021年以来，委员参与案件审理会、听证会、"政府开放日"等33次，市本级行政复议被诉案件胜诉率为100%。二是坚守"底线"强化监督机制。建立"行政复议+行政执法监督"机制，贯通形成行政复议监督与法治督察、执法监督、行政诉讼的协同合力。对案件办理中发现的违法或不当行政行为不遮掩、不护短，开展"伴随式"执法纠错。对行政案件多发部门"点对点"召开专题研讨会，分析研判，点出症结，从根本上整改落实。对土地征收、社会保障等重点领域存在的不当行政行为制发建议书，监督行政机关严格规范公正文明执法。对复议纠错案件，开展"回头看"跟踪督办，倒逼前端执法严守法治原则和法律底线。开展试点以来，全市共作出撤销、确认违法、责令履行职责等复议决定279件，行政行为被纠错率为23.5%，复议决定履行率为100%。三是定期"体检"强化评查机制。制定评查制度、评查标准，定期开展案件评查，对2019年机构改革以来办理的411件案件全面"体检"，评选具有典型性、示范性的优秀案例，编印《中卫市行政复议优秀案例汇编》，为行政机关依法行政提供指导。

三、抓前端、重实效，定分止争推动争议化解

一是坚持"未立先调""应调尽调"。协调行政机关对被复议行政行为回溯核查、主动调解，做到行政争议解决在早、化解在小。2021年以来，以调解方式结案的复议案件数96件，占办结案件数的24.5%。市、县（区）全覆盖成立行政争议协调化解中心，制定《中卫市依法推进行政争议协调化解工作实施方案》等10余项制度，推动行政调解、人民调解、司法调解有效衔接，协调化解行政争议129件，化解成功53件，成功率为41%。二是建立府院联席机制。召开府院联席会议，研究行政执法领域存在的苗头性、典型性问题，分析预判争议风险，制定防范化解方案，将行政争议化解在萌芽阶段。三是加强督促协调。对案件调解配合不力、程序空转、不实质解决问题的行政机关，下发工作提示函、督办函等督促协调化

解。对积压多年的行政争议成立专班，挂牌办案。例如，陈某因行政拆除涉2起行政赔偿案件，诉讼5年未果，市行政争议协调化解中心搭建"民见官"沟通平台组织调解，经过10余次调解，纠纷最终得以实质性化解。

四、转方式、惠民生，创新举措增强服务实效

一是依托网络提供便民服务。通过政府官网、公众号等新媒体，公布"中卫市人民政府行政复议服务指引"，公开行政复议申请方式、条件和范围，为群众提供掌上服务、指尖申请。二是延伸行政复议服务触角。依托市、县（区）、乡各便民大厅、服务中心、工业园区、司法所、调委会等窗口，全覆盖设置行政复议咨询代办点，"进一扇门，见一次面，办一揽子事"，打通复议为民"最后一公里"。三是加强行政复议场所建设。高标准打造行政复议接待室，为群众提供咨询、申请、阅卷、送达等"一站式""零距离"服务。建成规范化行政复议案审室、听证室，依法公开、公正审理案件，提升行政复议的公正性和公信力。

> **经验启示**
>
> 一是充分发挥复议调解柔性效能。坚持和发展新时代"枫桥经验"，全面提升行政复议调解能力是新修订行政复议法的重要内容，不断完善行政复议多元调处化解机制，规范行政复议调解工作，因势利导，应调尽调，全面强化行政复议调和行政争议源头治理。二是健全审理机制促进公平正义。以行政复议办案工作为切口，从内部执法监督入手，贯通行政复议监督与法治督察、执法监督、行政诉讼，督促执法机关依法行政。依托"外脑"促进提升复议办案质量，多维度发力实现公平正义。三是数字赋能行政复议规范化建设。以智慧化、规范化办案场所及设施设备为依托，灵活运用政府网站、公众号等新媒体介质，紧扣新法实施重点工作做好宣传，规范办案平台建设和案件审理工作，提升行政复议公信力，畅通行政争议解决主渠道。

第六编

推进市县公正司法

北京市密云区

积极构建"一体两翼多方"工作机制
高质效推动生态检察创新发展

北京市密云区作为首都最重要的水源保护地及区域生态治理协作区、国家生态文明先行示范区，保水护水一直是密云区的"首要政治责任"和"头等大事"。密云区人民检察院立足新时代检察职能，创新提出坚持"法治+生态"一体理念，增强"司法+行政"两翼合力，完善"检察+库区"多方机制，积极打造生态检察守护密云水库"一体两翼多方"密云样本的工作思路，为密云打造"两山"理论样板区贡献检察力量。

一、坚持"法治+生态"一体理念，建设保水护水"新模式"

一是强化一体理念融合。深入践行习近平法治思想和习近平生态文明思想，将"法治+生态"一体理念贯穿生态检察全过程。成立生态检察"专家咨询委员会"，聘任9名国内生态环境资源司法保护工作领域的知名专家学者作为委员。建立国家检察官学院生态检察特色教学实践基地，与法学院校签订合作共建协议。聘任区生态环境局等部门的10名专业人员担任特邀检察官助理参与办案150余件。二是打造一体办案模式。创新设立"生态检察办公室"，集中统一办理涉生态环境资源类刑事、民事、行政、公益诉讼案件，办理生态环境和资源保护案件500余件。积极推行"专业化法律监督+恢复性司法实践+社会化综合治理"的生态检察模式，针对水资源水环境水生态、生物多样性保护等工作重点，运用打击惩治、保护修复、教育引导等方式守护生态环境。三是建立一套制度机制。建立"2+1"生态检察保水护水制度，制定实施方案，出台20条工作措施，推动生态检察专业化、精准化。设立线索征集平台，公布密云检察热线，形成"电话+微信+网络+网格"立体式线索征集工作格局。制定生态检察白皮书发布制度。

二、发挥"司法+行政"两翼合力，打出保水护水"组合拳"

一是筑牢立体防线。在坚持严惩破坏环境资源保护犯罪的同时，将从严打击与深入落实宽严相济刑事政策相结合，依法当宽则宽、当严则严。构建"密云水库生态环境资源保护大数据法律监督模型"，有效解决传统执法手段难以发现复杂违法犯罪行为的问题。注重生态环境损害赔偿与公益诉讼的有效衔接，推动建立区级生态环境损害赔偿专项账户科目；积极探索惩罚性生态损害赔偿的有效实现方式，通过引导当事人以承担环境治理物资、参与护林防火管护、提供社会公益服务等方式进行替代性修复，同时引入属地镇村党组织的深度参与、全程支持和贴近监督，取得了政治效果、法律效果和社会效果的有机统一。二是加强监督与协作。综合运用检察建议等方式，及时督促行政机关严格履职。注重与密云水库综合执法大队、水务局、生态环境局等行政执法机关的横向合作，健全完善联席会议、案件咨询和重大案件情况通报等制度。三是注重关口前移。探索推动预防性生态领域公益诉讼，在汛期到来之前开展河道行洪安全专项工作，协同并推动解决潮河、潮白河上垮塌的漫水桥阻碍行洪等问题。用小案例讲述大道理，在世界水日、世界环境日等重要节点深入镇村、社区、学校等开展普法 200 余次，促进保水护水理念深入人心。

三、完善"检察+库区"多方机制，绘就保水护水"同心圆"

一是完善检察与库区协作机制。推动在环水库周边 7 个镇构建线索发现、案件办理、生态修复、法治宣传"四位一体"的生态检察保护路径。依托"巡回+订单"工作模式，深化"检察长包镇、检察官包点"工作机制，就地推动涉生态环境资源类案件的对接和办理，有效形成"横向到边，纵向到底"的检察侧工作机制。聘任 50 名"益心为公"检察云平台公益保护志愿者和 45 名生态检察兼职线索征集员，高效解决环境损害发现不及时、线索反映不便捷的难题。二是推进检察专项协作机制。稳步推进"河长+检察""林长+检察""田长+检察"专项协作机制，定期开展"一库一环三区多廊"流域水生态，雾灵山、云蒙山、云峰山自然保护地等重点区域专项生态检察保护活动。组织开展森林防火、污水处理、饮用水源安全、古树名木保护等法律监督专项活动，促进依法行政、保护公共利益、加强检察监督的有机融合。依托"河长+检察"协作机制，协同推动全区洗车单位全部完成循环水设施安装和排水许可证办理。三是建立跨区域检察协作机制。深入落实京冀协同发展保护密云水库要求，与河北省承德市人民检察院签订《公益诉讼检察工作协作办法》，与密云水库流域"两市三区"检察机关会签《生态检察协作机制》，与京津冀"四市五区"检察机关会签《公益检察护航大美燕山联合行动意见》，有效解决分头治理、联动不足等问题。

经验启示

一是以思路创新开新局。通过健全生态检察工作的思想、组织、制度、机制等，统筹院内各相关部门交叉分散的涉生态检察职能，有效统一执法司法理念和办案标准，生态检察制度的效能发挥更加充分。二是以协作联动聚合力。通过优化跨部门、跨行业、跨领域等方面的协作机制，形成检察机关与其他国家机关、社会组织密切协作，社会公众广泛参与的生态环境保护检察治理格局。三是以积极履职护民生。通过生态检察高质效履职与"检护民生"专项行动结合，运用"法治温度"提升"民生温度"，以检察之力守护好生态环境这个最普惠的民生福祉。四是以品牌打造促发展。通过不断提供更多的优质生态检察产品，打造具有鲜明密云特色、展现检察特质的生态检察品牌，主动探索"两山"理论转化的司法途径，助力区域生态优势转化为发展优势。

吉林省桦甸市

以"检察之智"助力县域金融治理

吉林省桦甸市人民检察院深入贯彻落实习近平法治思想，针对近年来骗取县域金融机构贷款案件频发、部分银行因不良贷款无法妥善处理导致"爆雷"等问题，聚焦惩治金融犯罪、防范金融风险，坚持"小切口深治理"办案理念，依托"数字赋能+三种履职+协同共治"模式，全面加强骗取贷款类案监督，以高质效检察履职助力县域金融治理现代化，取得良好成效。

一、探索数字赋能，开辟县域金融治理"新路径"

一是解析个案，梳理类案要素。2022年，桦甸市人民检察院在办理骗取贷款个案中发现，被告人张某等人将农民包装成个体经营者、企业法人，注册"空壳公司"，伪造虚假材料，虚构贷款用途，骗取银行贷款，给银行造成特别重大损失。为突破传统法律监督模式瓶颈，该院确定以数字检察赋能类案监督治理的工作思路，对2018年以来办理的骗取贷款案件进行特征分析，进而提炼涉虚假市场主体、虚假还款能力、虚假抵押财产、冒名贷款等要素，明确数据比对、碰撞方向。二是构建模型，筛查类案线索。根据类案特征要素，搭建"骗取贷款类案监督"模型，引入法院、银行、公安、市场监管、社保、税务、房产等部门数据建立"数据池"，框定"起诉频次高""超注册资金借款、担保""借款身份、还款能力不匹配""同一担保主体同时期多笔借款担保"等关键词，通过比对、碰撞，批量筛出异常数据线索126条。三是三查融合，实现类案监督。坚持审查、调查、侦查相融合，以"大数据初查筛选+检察官复查复核"的形式，对异常数据线索进行实质性审查，最终获取立案监督线索47条。2023年，监督公安机关以骗取贷款罪、违法发放贷款罪、伪造买卖国家机关证件罪立案8件47人，涉案金额3亿元，实现了对骗取贷款犯罪及其衍生犯罪立案的有效监督。

二、强化三种履职，耕好县域金融治理"责任田"

一是强化综合履职。释放数字模型的监督效能，在金融领域加强全方位检察保护，对拓展发现的 17 条民事检察监督线索开展生效裁判监督；行政检察部门将筛查出的异常市场主体线索移送至市场监管部门，促使该部门对 56 家市场主体启动相应监管措施，并在全市范围内开展专项检查；公益诉讼部门针对国有资产流失问题发出检察建议，实现"四大检察"监督全覆盖。二是强化主动履职。持续落实"三号检察建议"，针对防范违法信贷业务、加强金融监管等问题，向涉案银行、金融监管部门制发检察建议，向部分金融机构作出法律风险提示，推动金融监管部门开展专项治理工作，健全完善内控管理机制，有力推动金融信贷领域突出问题常治长效。三是强化一体履职。吉林省三级检察机关充分发挥一体履职优势，吉林省人民检察院牵头向省委政法委进行专题汇报，召开全省检察系统试点工作会议，大力推广"桦甸经验"，确定在 1 市 8 县进行试点应用；吉林市人民检察院指派骨干加入模型数字专班、办案团队，全程指导参与。

三、坚持协同共治，打好县域金融治理"组合拳"

一是深化府检联动。依托"府检联动"机制，共同推进金融法治建设、治理创新，主动向党委、政府汇报数字监督模型创建、金融机构行业治理等工作，积极争取支持，多次召开联席会议，协调行政机关配合，获取企业登记、纳税、社保、房产等数据 800 余条，调取银行贷款档案 100 余份，有力消除顾虑、打破壁垒、达成共识。二是凝聚司法合力。加强与公安、法院制约配合，完善重大疑难复杂案件听取意见、沟通协作等机制，优化涉案财物移送、处置等环节衔接，在 2022 年办理王某等人骗取贷款系列案件中，会同公安、法院对案件涉及的各类存量资产进行梳理，分类制定追赃方案，委托第三方进行资产评估、审计，共促追赃挽损 2800 万元。三是加强行刑衔接。强化与金融监管部门的工作协同，2023 年与银保监组会签共同维护金融安全、防范化解金融风险的合作备忘录，建立联席会议、线索移送、案件协作、联合治理、机构合规、调研宣传等 10 项工作措施，不断提升县域金融法治化水平。

经验启示

数字检察是破题之策。针对骗取贷款犯罪隐蔽性强、潜伏期长、涉及范围广的特点，传统监督模式存在线索发现难、源头治理难的问题，积极引入数字检察工作模式，深挖隐藏在数据背后的深层问题，破解人工调查在海量数据面前的局限性，推动由"个案办理到类案监督再到系统治理"的转变，有效提升了办案精准度，实现了治理高质效，切实以检察工作现代化助力金融治理现代化。融合履职是重要保障。聚焦高质效办好每一件案件，凝聚三级检察机关合力，推动"四大检察"融合发展，围绕模型构建、线索共享、协同办理，着力打造骗取贷款类案监督大格局，应用转化成果丰硕，监督效果叠加倍增，为县域金融安全稳定贡献检察融合力量。协同治理是有效路径。组织开展"骗取贷款类案监督数字模型"研发、应用，推动县域金融治理由单兵作战向协同治理转变，凝聚府检合力，促进检察机关、行政机关之间的数据贯通，加强与金融监管部门的联络协调、双向衔接机制建设，司法机关各司其职，深化制约配合、全力追赃挽损，积极营造县域金融领域协同共治生态。

浙江省天台县

创新个人债务清理机制　助力诚信债务人"东山再起"

近年来，浙江省天台县聚焦因创业失败陷入债务困境的诚信债务人，在现有法律框架内探索具备个人破产制度功能的个人债务清理制度，通过创新"立破衔接"受理模式、构建"分层递进"诚信审查机制，有效凝聚弘扬诚信、惩戒失信和鼓励创新、宽容失败的社会共识，激发市场主体创业创新活力，全力优化法治化营商环境。

一、创新"立破衔接"受理模式，有效打破程序空转

一是倡导宽进理念，降低受理门槛。除债务人的身份资格条件及非法债务外，明确财产不足以清偿全部债务或明显缺乏清偿能力的自然人、有字号的个体工商户、个人独资企业、合伙企业均可申请进行债务清理，不受其他条件限制，不以债务必须经诉讼、执行程序为前提，让债务危机刚爆发的债务人有机会直接通过个人债务清理程序获得救济。截至2023年年底，274名债务人在立案环节申请个人债务清理。二是加强工作引导，把握工作主动。出台《个人债务清理"立审执破"预立案审查实施意见》，在立案窗口设立个人债务清理受理专窗，引导符合条件的潜在债务人申请个人债务清理，化"被动受理"为"主动审查"，有效减少诉讼时间和经济成本，缓解诉讼执行可能引发的对抗情绪。设立债务咨询制度，指定临时管理人为潜在申请人提供破产咨询、材料辅导等"一对一"服务，确保规范申报、科学整理、公平处理。截至2023年年底，累计接受咨询3000余人次，辅导申报债权债务1534人次。三是引入司法确认，实现程序闭环。引入"一站式""集约化"司法确认机制，将经债权人会议确认无异议的债权，通过整体打包方式进行司法确认，赋予强制执行效力。如果个人债务清理失败，具有强制执行效力的整体债权可以不经过分散诉讼直接进入执行程序，形成个人债务清理案件"立—破

（失败）—执"的程序闭环，有效减少常规"执转破"程序中诉讼、执行程序空转的问题。截至 2023 年年底，累计出具司法确认裁定书 32 份，减少潜在诉讼、执行案件 348 件。

二、构建"分层递进"审查机制，精准识别诚信状况

一是树立"诚信审查"执法办案理念。聚焦个人债务清理功能定位，深化理念创新，以识别诚信债务人为核心目标，变传统的调查处置财产、实现债权为甄别拯救诚信债务人、打击逃废债。避免个人债务清理审理陷入与执行和解同质化的倾向，陷入"无产可破"即失败的僵局。二是构建"财产申报"诚信筛查机制。出台《个人债务集中清理财产申报实施细则》，对财产申报作扩张解释，债务人既要如实、全面、完整申报个人债务规模、形成过程、形成原因并附具体依据，还要申报债务形成以来家庭财产变动情况、生产经营和消费情况等。将债务人申报情况与管理人、法院财产调查情况、债权人提供线索情况进行"对抗式"数据碰撞。债务人一旦被发现有漏项申报、不如实陈述、无法解释的收入或消费行为，都将被认定为不诚信。截至 2023 年年底，仅 66 名债务人通过财产申报诚信审查，通过率 24.1%，有效过滤了企图通过个人债务清理逃废债的不诚信债务人。三是创新"代表委员"诚信听证机制。对经财产申报碰撞后未发现不诚信但债权人仍不认可的情况，主动对接县人大、县政协，搭建"代表联络站+政协议事堂+个人债务清理"诚信听证机制，邀请代表委员、村居干部、地方乡贤参与债务人诚信度公开听证。从负债原因、清偿意愿、偿债能力、社会评价四个维度搭建债务人诚信评分模型，对债务人诚信度进行评分，根据听证结果确定债务人是否诚信，充分释放"民主+法治"的叠加效应。截至 2023 年年底，通过代表联络站、政协议事堂邀请 43 名代表委员等参与听证会 17 次，认定诚信债务人 9 人。

三、坚持"宽严相济"评价导向，广泛凝聚社会共识

一是创造条件褒奖诚信。区分不同类型的诚信债务人，"对症下药"，出具不同"处方"。对诚信但履行能力不足的债务人，暂停执行惩戒措施，积极协调争取利息、本金减免，给予喘息空间；对有固定收入的诚信债务人，积极引入第三方融资机构，提前变现未来收入；对因企业破产产生的连带责任担保债务人，实行

个企合并破产，一体化解企业和个人债务。截至 2023 年年底，52 名诚信债务人与债权人达成重整协议后退出强制执行程序，获得"重生"，豁免债务 5465.4 万元。二是态度鲜明惩治失信。对不诚信债务人企图利用个人债务清理逃废债进行严厉惩处，是让全社会接受个人破产的关键。在处罚对象上，既处罚债务人不配合的行为，解决"软对抗"问题，又处罚不诚信的结果，解决"逃废债"问题。在处罚结果上，坚持"三个一律"，即只要被认定为不诚信，一律立即退出个人债务清理程序，一律予以拘留并移送拒执打击，一律不再进行新的个人债务清理程序，切实杜绝债务人逃废债。截至 2023 年年底，累计拘留 120 人，移送拒执 28 人。三是实事求是客观评价。尊重个人债务清理客观规律，始终以审慎的态度推进个人债务清理，确保只有真正诚信的债务人才有可能通过个人债务清理受益。在评价个人债务工作成效时，不片面追求清理成功数和成功率，不刻意将执行和解转入个人债务清理。在宣传上，既公布诚信者成功清理的典型案例，也公布失信者被惩戒的典型案例，努力让全社会更加客观全面了解个人债务清理，打消个人破产逃废债疑虑，提高社会接受度，为个人破产立法提供司法实践样本。

经验启示

宽进严出是基调。 采取"实践先行"模式，在现有法律框架内探索具备个人破产制度功能的个人债务清理制度，降低受理门槛以受理更多案件，扩大实践探索样本库。在审理过程中坚持依法审慎推进，总结类型化案件，分类施策办理，严把出口关，严防逃废债。**诚信认定是关键。** 厘清个人债务清理与强制执行的边界，将个人债务清理的核心定位为诚信认定，区分有能力履行而拒不履行的"失德"人和有履行意愿但没有履行能力的"失能"人。如果认定为"失能"人，便给予个债保护，若认定为"失德"人，便退回强制执行并给予严厉打击。**凝聚共识是目的。** 以债务人诚信为前提，多采取重整、和解模式实现债权人清偿利益的最大化，向社会传递个人债务清理不是对"欠债还钱"的颠覆，而是以债务人诚信为前提，更好地促进清偿债务。

安徽省黄山市

建立"520"关怀型少年审判机制
全面立体保护未成年人权益

安徽省黄山市深入学习贯彻习近平法治思想，在市县两级法院推行以关怀为原点、以预防为重点、以审判为支点的"520"少年审判机制，打造全方位、立体化的未成年人司法保护体系。2023年，黄山市未成年人违法犯罪案件数量同比下降42.9%，侵害未成年人犯罪案件数量同比下降48.5%，部门全力协同、社会共同参与的联动保护工作格局不断优化，未成年人成长环境更加健康安全。

一、以"五项工程"为抓手，倡导从社会到家庭全领域呵护

一是动态推进少年审判组织构建工程。在中心城区人民法庭的基础上，以加挂牌子的方式设置少年法庭，集中审理辖区内涉未成年人刑事、民事、行政案件。市县两级法院全覆盖组建少年审判专业化团队8个，选任审判经验丰富、熟悉未成年人身心特点的员额法官、法官助理专门办理未成年人案件。二是聚力深化和谐家风涵养工程。凝聚"作退一步想"等徽文化精华，提炼"听、理、借、劝、退、和"六字调解法，引导家人互谅互让。出台婚姻家庭矛盾纠纷诉调对接工作意见，在县级矛调中心设立家事调解窗口，在基层人民法院设立家事小屋、家风长廊，对于进入诉讼的家事案件先行调解，2023年度成功调解涉及未成年人监护、抚养、探望等案件279件，家事案件调解撤诉率达到39.8%。三是持续深耕法治理念校园浸润工程。以市县两级党委政法委书记+"政法五长"开学普法第一课活动为载体，进一步拓展中小学生法治教育覆盖面。成立少年法庭法治宣讲团，组建"向日葵""蒲公英"等法院特色普法队伍，选派59名法官担任法治副校长，2023年度开展校园普法宣传133场次，组织中小学生参观法院、观摩庭审22场次，开展模拟庭审12场次。四是重拳开展抚养费纠纷绿色执行工程。组织开展涉抚养费执

行案件专项行动，注重善意文明、强制执行双管齐下，应用执行和解机制引导主动履行，通过失信曝光、拘传拘留等强制措施提高执行震慑，确保抚养费给付落实到位。2023年度快立快执涉抚养费执行案件168件，其中被执行人主动履行义务65件。五是用情推进困难家庭暖心救助工程。优化司法救助办理流程，加大对涉抚养费案件救助帮扶力度，为经济困难的未成年人缓减免交诉讼费，2023年度帮助9名困难未成年人解决生活、学习问题。组织"把爱带回家"女干警关爱儿童集中走访，面向留守儿童开展普法绘本共读、法治宣讲等系列关爱活动。

二、以"双向保护"为关键，实现从诉前到判后全方位关怀

一是"惩罚+排查"打击犯罪分子。坚决依法从严从重惩处拐卖、猥亵儿童等侵害未成年人刑事案件，对实施猥亵行为的犯罪分子一并判处从业禁止。联合检察机关确认对侵害未成年人犯罪人严把非羁押强制措施适用标准，细化追诉流程。注重预防可能影响未成年人身心健康犯罪活动的衍生后果，常态化分析涉黑涉恶、涉黄涉赌涉毒、涉电信网络诈骗案件犯罪对象、犯罪方法形式，召开新闻发布会向社会通报，避免未成年人遭受侵害。二是"自主+预后"保护受害人。设立心理咨询室，选聘心理咨询师参与案件审理，加强对遭受犯罪侵害的未成年被害人的心理干预、观护观察。采取涉子女抚养离婚纠纷财产报告制度，从源头上保障未成年人成长资金。三是"帮教+鼓励"挽救被告人。坚持"教育、感化、挽救"方针，对未成年被告人加强非监禁刑适用。将心理矫正嵌入圆桌审判，对因家庭环境误入歧途的未成年被告人，组织近亲属列席审判，由心理矫正师结合被告人成长经历主持对话、心理抚慰，重塑被告人正确的人生观、价值观。

三、以"负效向零"为目标，推动从源头到末端全流程保障

一是各尽其责力促"零侵害"。对村（居）委会、学校等密切接触未成年人的单位、组织及工作人员开展指导培训，规范侵害未成年人事件强制报告流程，做到发现侵害及时预警。搭建家庭教育指导工作站、青少年心理健康基地10个，对有家庭矛盾、家暴行为的情况及时制止、及时疏导，对婚姻家事案件随案发放《家庭教育责任告知书》，2023年度共发出家庭教育指导令、人身保护令43份。二是源头预防力促"零犯罪"。选派女干警进驻民政局，对办理离婚登记的家庭及

时释明子女抚养相关义务和法律问题。由家庭教育指导员、家事调解员、家事调查员、心理咨询师组成"三员一师"团队，针对家事案件中情绪激烈或自主意识较弱的未成年人，通过"知心问答""沙盘疗法"及时开展心理疏导。针对参与网络游戏、校园安全等案件中的薄弱环节和监管漏洞，向学校、教育机构发出司法建议，尽力避免生活问题引发"问题少年"。三是特殊保护力促"零影响"。实行未成年人刑事案件强制社会调查、庭前调查制度，围绕未成年人犯罪成因、一贯表现、教育改造突破口形成调查报告，作为案件审理、教育改造的重要依据。对犯罪时不满18周岁、被判处5年有期徒刑以下刑罚的青少年，严格执行犯罪记录封存制度。对判处非监禁刑的未成年人定期回访帮教，帮助迷途青少年重拾生活信心、重返人生正轨。

经验启示

以心换心是保障审判效果的关键。 建立贴合未成年人内在心理和外在需求的审判机制，不断加强审判人员的责任心、同理心，强化未成年人案件审判的专业化水平，能够更好实现未成年人案件审判寓教于审的司法效果，实现司法守护未成年人的工作职能。**聚力发力是保护成长环境的关键。** 联动相关部门、社会各环节、不同专业行业的有效参与，做好未成年人的家庭指导、心理疏导、普法教育，形成温馨稳定的家庭环境、安全友爱的校园环境、包容鼓励的社会环境，能够更好帮助未成年人树立正确价值观念、形成正确自主意识、培养正确法治观念，真正实现无忧无虑成长。**全面全程是保证源头预防的关键。** 通过后端司法审判反映折射问题，发现前端综合治理、行业漏洞、社会危险需要警示的问题，建立源头预警、日常观察的长效保护和预防机制，能够最大限度降低未成年人可能面临或者产生的社会危害，真正实现保护未成年人身心健康免受侵害的根本目的。

湖北省大冶市

协调联动打造破产案件审理快车道

　　湖北省大冶市人民法院（以下简称大冶法院）牢固树立"法治是最好的营商环境"理念，突出"低成本、高效率"，大力推进"优化破产案件简易审理程序"改革，出台《关于推进企业破产重整促进经济转型升级的实施办法》等15份机制方案，实现破产案件35天结案的高效率。截至2023年年底，共受理破产案件17件，其中适用破产案件简易审理程序审结案件5件，清理债务53.2亿元，盘活资产21.3亿元，释放土地房屋面积81万余平方米，安置职工2100余人。

一、协同发力助发展，"府院联动"稳、严、实

　　一是强化组织领导。设立市级企业破产重整工作指挥部及其办公室。由市长任指挥长，常务副市长具体抓，分管副市长和法院院长等担任副指挥长。充实综合协调、破产重整、职工安置三大工作专班，统筹全市企业破产重整工作。二是加强部门联动。出台《关于加强"府院联动"推进破产重整工作的实施意见》。完善"府院联动"全市考核体系，由法院牵头对"府院联动"各成员单位进行考核，严格兑现奖惩，确保工作实效。18家"府院联动"成员单位陆续出台细化方案，为案件审理中遇到的各种问题配套相关措施，进一步加强各部门之间协同配合，促进破产案件审理全域联动，确保破产案件一经立案畅通无阻、全速推进。近年来，共组织全市各职能部门、单位召开破产重整联席会议14次，共同推进案件审理中的司法与行政配合和风险处置工作。三是实施团队运作。配强破产重整政府专班，统筹负责职工安置、证照办理、信用修复等重点工作。组建了"2法官+1助理+2书记员"破产审判团队，实现破产审判专业化、集中化、团队化。审理过程中，由承办法官积极推进、审判团队加强协调、院优化办对外衔接、业务部门积极配合，实现破产简易审理案件法官在前、团队在后、全院推进的良好效果。

二、主动介入抢先机,"流程再造"精、早、细

一是"执转破"精准对接。出台《关于执行案件移送破产审查工作的实施意见(试行)》,统筹构建"立、审、执、破"一体化工作格局,促进执行程序与破产程序有效衔接。打通了执行与破产之间的程序壁垒,实现人员、审查、职责、程序等无缝对接,助力一批资不抵债的企业通过破产重整程序获得新生,推动一批长期"执行不能"的涉企案件清结销账。二是"预重整"提早介入。研究出台《大冶市人民法院破产案件预重整工作指引》,在企业申请破产前,由政府预制定维护稳定、政策支持、融资等一揽子计划,预征求债权人对重整方案意见,指导企业开展预重整工作,为破产审判创造有利环境,大幅压缩案件审理时间。三是"降成本"细化标准。市政府提供破产资金"兜底"保障,为破产企业减压降本,法院实行破产审理零收费制度,增加债权人的债权受偿率,并出台《关于企业破产案件简易审理工作指引》,从破产案件的受理到管理人的指定、债权人会议的召开、财产的变价和分配、破产程序的终结等程序方面,细化相关的操作流程和标准,对破产原因的认定、债务人与管理人的交接工作、管理人职责、程序进展相关期限、破产程序终结后的注销、信用修复等进行了明确和细化,推动"僵尸企业"有序退出市场,让企业破产出清后的土地、厂房、部分设备、技术工人再入市场。

三、健全机制促长效,"提速保质"简、优、快

一是简易审提速度。对企业破产案件明确适用简易审理程序的案件类型,确保极简破产案件3个月内结案,一般简易破产案件6个月内结案。积极探索"互联网+"模式,实现破产公告在全国破产信息网上发布,债权人会议线上线下同步进行,债权人可线上参会,并可通过线上进行债权申报等一系列操作,最大限度地为债权人提供便利,提高效率。二是优机制保质量。创新优化"管理人"选任机制,成立了破产管理人评审管理委员会,按"竞争+摇号"模式竞选破产管理人,综合考量社会中介机构的专业水准、经验、机构规模、初步报价等因素,从参与竞争的社会中介机构中择优选任管理工作经验丰富、专业能力过硬、职业责任感强的管理人。同时,法院督察室参加评审委员会,全程监督评审、选任过程,履行监督评审委员会的重要职责。评审委员会根据需要邀请人大代表、政协委员、

主要债权人、债务人参与监督，促进案件公正审理。三是快节奏促高效。压缩破产案件简易程序办理全流程时限，对立案受理、公告通知、财务接管、文书签发等11个环节明确办理时限，规范程序对接，促进各环节压茬推进。加快案件流转，强化与管理人工作对接，确定专门联络人，根据申请或依职权，及时反馈债务人案件及财产等信息，在财产调查、审计、评估、鉴定等环节，指导管理人依法加快进度。用好类案检索，发挥办案咨询机制作用，不断提升破产案件办理的能力和效果。

> **经验启示**
>
> 　　一是协调联动。破产案件审理牵涉面广，只有统筹运用好法院、政府部门的力量，才能保证破产案件审理、职工安置、社会维稳等工作同步顺利推进。二是提前介入。在企业申请破产前，由政府预制定维护稳定、政策支持、融资等一揽子计划，预征求债权人对重整方案意见，指导企业开展预重整工作，提前让困境企业与债权人自主协商。三是优化流程。针对破产案件特点，对工作流程进行合理化并联处理，最大化提升案件审理效率，有效适应市场经济运行要求。

广西壮族自治区贵港市

以"三个注重"公正高效办理涉企案件助推经济高质量发展

广西壮族自治区贵港市把优化法治化营商环境作为全市法治建设工作的重点内容，市中级人民法院研究制定了建立全市法院"立、审、执"绿色通道的规定等制度，不断探索方便企业诉讼的制度举措，着力为民营经济发展壮大提供司法服务和保障，取得积极成效。

一、注重压实责任

一是把涉企案件作为重点案件进行重点管理。明确办理涉企案件的包案副院长、主管庭领导、承办法官、团队法官助理、书记员，按照"一案一表"的要求填写涉企案件流程节点情况记录表，并由审判管理部门负责实时监督。分管副院长每半个月、庭领导每周负责对法官办理涉企案件的节点流转情况进行问效监督，形成各司其职又相互衔接的涉企案件管理系统，实现对涉企纠纷的全方位管理。二是重构流程节点。贵港市中级人民法院对立案、案卷移送、排期、送达、开庭、合议、判决、装订、裁判文书上网等"立、审、执"各阶段共45个节点全部进行重构，实现了涉企案件"快立、快送、快审、快执"。截至2023年年底，贵港市两级法院审结一审涉企纠纷案件2.3万余件，解决商业纠纷用时从2019年的201天下降至2023年的79天。三是提高涉企案件审理质效。贵港市中级人民法院民二庭为二审涉企案件的归口审理部门，确保全市法院对涉企案件统一裁判尺度，提高涉企案件管理效率，以更加专业、高效的司法服务，解决涉企商业纠纷。全市两级法院执行局组织开展"涉企案件清淤"专项工作，截至2023年年底，共执结6947件，执行到位金额7.9亿元。

二、注重实质解纷

一是秉持"善意文明"。开展执行注重甄别有意愿履行但暂时经营"困难"的企业,在取得申请人同意的前提下,多措并举给予被执行企业一定履行期限,尽量采取"活封""置换查封"等方式,选择对企业生产经营影响较小的查控措施,保障企业的正常稳定经营。同时,被纳入失信被执行人名单的企业履行完毕的,主动向企业发放《信用修复证明》,帮助其进行信用修复。二是创新执行方式。在区分整宗工业用地使用状态的基础上,以"分割"的方式处置涉企案件被执行人的未利用土地。采取"一督促六预告"和定制失信被执行人失信彩铃等执行措施,根据涉企案件被执行人的具体情况向其发出预告通知书,限定被执行人的履行期限,到期后如仍拒不履行将采取拘留、罚款等惩戒措施。截至 2023 年年底,贵港市法院共发出 1664 份"一督促六预告"通知书,促成被执行人自动履行金额 6617.4 万元。

三、注重守正创新

一是聚焦"财产变价"提高效益。针对涉企案件被执行财产经网络司法拍卖无人竞买且又不愿意以物抵债的情形,探索以"流拍价格"售卖给线下第三人,从而实现大宗资产的有效处置。2023 年,采取该类方式共推动 600 多万元的涉企案件资产变现。针对涉企案件商品房司法拍卖中竞买人有意购买却资金不足的问题,协调金融机构推出"法拍贷"个人按揭贷款业务,待竞拍成功后凭借法院出具的成交确认书到银行签署抵押贷款合同后,只需要支付首付款即可获得拍卖的房产。2023 年,共推动 1691 万元的房产处置变现。二是树牢"服务意识"延伸职能。定期开展优化法治化营商环境大走访活动,选取近三年来诉讼案件较多或对相关涉法问题反映强烈的企业,采取座谈、走访、判后回访、判后答疑等方式,认真听取企业家意见建议,收集汇总企业发展过程中的司法需求,填写"企业走访工作登记表"报各法院。法院梳理汇总后分流至各有关部门进行研究,并向企业反馈办理意见,帮助企业解决经营过程中遇到的法律问题,将矛盾纠纷化解在源头,切实增强企业的法治获得感。2021 年至 2023 年,贵港全市两级法院共深入企业开展法治服务活动 108 场次,协调解决企业各类困难 56 个。

经验启示

一是坚持系统观念。坚持立、审、执一体化的思维，通过预设目标审限，以压实审判管理责任，推动涉企案件办理的各个环节实现高效运转，尽可能把矛盾纠纷实质化解在上一个环节。二是坚持法治理念。通过加强审判管理、建章立制等方式，破解涉企案件当事人胜诉权益兑现的痛点、难点和堵点问题。三是坚持多赢共赢。依法保护涉企案件各方当事人的合法权益，努力使案件办理实现政治效果、法律效果和社会效果的有机统一。

重庆市渝中区

运用数字监督模型治理非羁押人员监管难题

近年来，重庆市渝中区刑事案件呈现出 80%以上的嫌疑人未羁押、80%以上的嫌疑人在辖区外的特点，"以少管多"情况突出。传统监管模式下，非羁押人员监管不及时、不精准，社会危险性评价和监督不足，新的监管难题累积，影响社会稳定。渝中区人民检察院贯彻落实习近平总书记关于"推动大数据、人工智能等科技创新成果同司法工作深度融合"的重要指示精神，利用区块链技术开发"渝 e 管"非羁押数字管控平台，有效提升了非羁押人员的监管质效，实现了监管方式的根本优化，推动了非羁押案件的高效办理，取得了良好的成效。

一、聚焦非羁押人员监管难题，上线数字监督模型

一是区块链技术与司法工作相结合。2022 年 7 月，渝中区检察院利用该区作为国家区块链创新应用综合试点的契机和建设重庆市区块链数字经济产业园的优势，积极探索区块链技术与刑事司法工作的结合。在区委政法委的统一部署下，与区法院、区公安分局、区大数据发展局等单位合作，研发"渝 e 管"区块链非羁押数字管控平台，建立整合非羁押人员数字监管、数字办案、数字监督和数字治理的大数据法律监督模型。二是依托平台切实提升监管能力。截至 2023 年 12 月，渝中区检察院依托"渝 e 管"平台对 2200 余名非羁押人员进行线上监管，实现了从被动监管到主动监管、从人工监管到智能监管、从分散监管到统一监管、从单一管理到综合治理的"四个转变"，极大提升了监管能力和水平。

二、改革办案方式，助力提升非羁押案件办理质效

一是加强非羁押人员数字监管。通过非羁押数字管控平台建立预警机制，运用可视化实时监控手段，实现"一屏"统管。在非羁押人员注册"渝 e 管"后，

办案机关可以利用人脸生物检测识别打卡人的身份信息，打卡过程自动抓取位置信息，通过可视化数据大屏实时监控非羁押人员。二是强化非羁押人员社会危险性评估。区公检法建立证据互认互信机制，运用"渝e管"平台对非羁押人员开展线上精准监管。通过收集、统计非羁押人员日常打卡定位、是否脱离监管、传讯是否到案等行为表现数据，量化评估非羁押人员社会危险性，辅助定罪量刑及强制措施适用。对违规预警数据进行筛选核对和调查核实，对违反监管行为开展有力监督。结合社会危险性评估情况，对严重违反监管规定的人员适用逮捕强制措施，对严格遵守监管规定、犯罪情节轻微的人员依法作不起诉处理，或者根据监管表现和犯罪情况对非羁押人员提出是否适用缓刑的量刑建议。三是优化非羁押案件办理监督。依托非羁押案件治理模型，区检察院侦查监督与协作配合办公室、案件管理部门、刑检办案部门在侦查前端、案件受理、审查办理三个"关口"对非羁押强制措施适用期限、非羁押案件办理流程协同开展监督。通过"渝e管"平台获取强制措施期限异常、办案期限异常、案件流转时间异常数据线索后，与检察业务应用系统进行数据比对，同时开展线下调查核实。对超期适用强制措施、超期办案等违法违规行为依法予以纠正，推动"挂案"清理，促进案件高效流转。

三、完善制度机制，规范非羁押案件办理

一是以精准量化评估为支撑定罪量刑。依托从非羁押数字管控平台中获取的4万多条违规预警信息对1800余名非羁押人员的社会危险性进行评估，对严重违规人员转捕20余人，依法不起诉700余人，建议适用缓刑800余人。二是以全流程监督协作为保障纠偏纠错。检察机关多部门协同开展非羁押案件办理流程监督，发现强制措施超期、办案超期等违法违规线索216条，通过监督撤案、督促移诉等方式清理"挂案"28件，纠正办案各环节超期办案48件。三是以"一站式"办案机制为依托繁简分流。落实"繁简分流、轻重分离、快慢分道"办案要求，运用监督模型对不同案件设定办案时间不同阈值，联合公安、法院建立侦诉审"一站式"办案机制，推动非羁押案件轻重分离、快慢分道。200余起犯罪情节轻微案件实现优办快办，非羁押案件办理效能大幅提升。

经验启示

一是运用数字手段赋能案件办理。面对非羁押人员管控的新难题,要紧跟数字技术发展潮流,引入数字科技手段赋能监管治理,协同构建数字治理模型,实现非羁押人员有效管控和社会安全稳定治理目标。二是加强公检法司办案衔接。发挥区块链电子政务平台作用,积极探索实现公安机关、检察机关、审判机关司法办案系统互联互通,电子卷宗在线传输,电子文书效力互认,可有效降低卷宗移送成本,提高司法效率。三是强化党政各部门协同配合。数字法治建设离不开各政法单位和政府各职能部门的大力支持。要在党委的统一领导下,建立健全联动配合机制,进一步发挥非羁押案件治理模型作用,推动案件办理提质增效。

四川省仪陇县

大数据赋能强制报告　照亮未成年人保护"隐秘角落"

四川省仪陇县是劳务输出大县，留守未成年人占未成年人总数的比例较大，侵害未成年人案件高发、医疗机构及其从业人员落实强制报告制度不到位等问题突出。仪陇县委、县政府主动回应人民群众的新期待、新要求，以构建智慧监督为抓手，自主研发强制报告（医院）大数据法律监督应用系统，推动未成年人保护取得更大成效。

一、聚焦县域实际，建立健全强制报告制度

坚持问题导向，转变思想观念，将强制报告纳入县域重点工作管理体系进行高站位谋划。一是深入实际调查研究。针对传统监督手段不能满足未成年人保护需求的现实问题，通过认真分析近三年案件数据，深入走访相关职能部门，听取专家学者意见建议，找准找实强制报告制度落实不力关键症结。二是建立完善制度机制。召开全县防范性侵未成年人工作会议，印发《仪陇县防范性侵未成年人工作实施方案》，进一步完善防范未成年人性侵保护机制。将"德乡护苗"防性侵工作纳入党委政府统一部署谋划，把推行强制报告制度纳入完善未成年人司法保护五项制度之一。三是人大全程跟踪监督。将未成年人保护工作纳入县人大常委会听取审议专项工作，对未成年人"三法一条例"落实情况组织专门执法检查和专题询问，重点监督未成年人保护领导小组及其成员单位落实强制报告情况。将建立强制报告监督平台纳入年度人大代表票决的十大民生事件大力推进，跟踪督办建设成效。

二、注重统筹兼顾，构建智慧监督格局

通过深化上下联动、部门协作机制，借助争取试点、协作会商、联合开发等

手段，在全面推行强制报告制度上持续发力。一是主动对接试点工作。积极对接上级部门开展强制报告制度法律监督试点工作，自主研发强制报告（医院）法律监督应用系统。通过召开强制报告法律监督试点工作会，举办"检爱同行 共护花开"检察开放日，主动听取人大代表、政协委员等各方意见，完善系统建设方案。二是加强部门协作会商。建立联席会议制度，组织检察、公安、卫健等相关部门，共同探讨落实侵害未成年人案件强制报告制度的工作思路、实现路径。制定出台《仪陇县"德乡护未"综合智理平台实施办法》，明确各部门职责分工，形成部门联动、衔接有序、齐抓共管的工作局面。三是研发智慧监督平台。整合诊疗系统、护航成长平台研发团队精干力量，在数据采集、功能设置、信息接收等方面进行共同研发，将强制报告模块植入医院诊疗系统，打通医院、检察数据壁垒，通过关键词筛查实现强制报告自动预警、自动推送。同时，对被害人信息与护航成长平台录入信息进行分析，把强制报告信息与公安机关强制报告涉案信息进行比对，延伸法律监督深度。

三、坚持多措并举，提升监督系统使用实效

积极拓展强制报告智慧监督运用成果，提升法治建设实效。一是确保系统使用便捷安全。系统自动抓取电子病历中年龄、性别、伤害原因、伤害情况四类关键词，根据其出现频率和不同组合，进行黄、橙、红三色预警并自动上报，通过嵌入诊疗系统进行筛查分析，仅对强制报告所需关键信息在线报送，有效避免数据泄露风险，充分保护未成年人隐私。二是实化检察监督治理效能。设置3天、7天、30天未处理强制报告线索自动预警功能，在线实时监督公安机关及时核查处理。针对公安机关已立案案件，检察机关提前介入引导侦查，确保强制报告案件线索的侦办效果。通过系统自动分析，对于相关职能部门未及时反馈强制报告线索情况，以检察机关社会治理类检察建议、诉前检察建议等方式督促其依法履职。系统上线以来，医院强制报告数同比增长4倍，推送疑似线索40余件，刑事立案查处8件。针对行政主管部门落实强制报告监督管理不到位等情况，制发检察建议2件，督促行政机关依法履职。三是强化宣传推广使用。加强对医务人员的宣传培训，促进系统使用，根据医务人员的实时反馈，及时调整关键词设置，提升强制报告的精准性。组建专业宣讲团，对37个乡镇（街道）开展强制报告专题宣讲，

提升社会知晓率。依托县总医院智慧医疗系统，将强制报告系统接入县城乡治理智慧平台，实现对全县医疗系统的全覆盖。截至 2023 年年底，该系统已在全市 19 家医院上线运行，医务人员"不愿报告、不会报告、不敢报告"等问题得到有效解决，数字化监督手段使法治意识渐入人心，法治建设取得显著成效。

经验启示

一是问题导向，针对施策。加强未成年人保护的源头治理、综合治理，必须从强制报告主体责任意识不强、监督追责不到位等难点、堵点问题入手，通过找准症结、上下联动、主动出击，有力提升治理的整体质效。二是统筹兼顾，汇聚合力。加强未成年人保护离不开职能部门的密切协作、通力配合。检察机关充分发挥法律监督职能作用，必须加强与公安、民政、卫健等部门的协作配合，聚力构建多方联动、密切配合、齐抓共管、运行高效的未成年人保护体系。三是科技赋能，创新治理。新时代基层治理工作离不开科技创新赋能，唯有在持续深化数字法治建设上出实招、用实劲，才能实现治理主体多元化、治理方式科学化、治理决策精准化。

贵州省湄潭县

践行"两山"理念 法护黔茶产业

茶产业是贵州省湄潭县的支柱产业,对于实现生态和富民双赢具有重要意义。湄潭县深入践行习近平法治思想和习近平生态文明思想,在陆续设立30余个专业化、标准化、规范化的环境保护法庭基础上,2022年3月,湄潭县人民法院设立首个茶产业环境保护法庭,积极探索"生态环境、人文环境、营商环境"一体化司法保护新路径,将司法质效转化为治理效能,护航干净黔茶"生态产业化、产业生态化",保护绿水青山,服务乡村振兴,在高质量发展中推进共同富裕。

一、建立"三项机制",建设以法护茶新格局

一是实行集中审理机制。优化整合审判资源,推进环境资源刑事、民事、行政案件"三审合一",将涉茶种植、管护、采收、生产、销售全链条纠纷归口审理,统一司法审判裁判尺度,茶产业环境保护法庭成立以来,共办理涉茶案件147件。二是建立走访调研机制。开展常态化走访调研,设立以法护茶法律服务咨询点,广泛听取意见建议,不断改进司法工作。三是健全诉前解纷机制。坚持以人民为中心,依托湄潭"寨管家""群众会+"基层治理模式,指导村(居)专职人民调解员、"法律明白人"诉前化解涉茶纠纷260余件,将矛盾纠纷源头治理、依法治理引向深入,提升乡村治理法治化水平。

二、聚焦"三个环境",实现以法护茶新突破

一是守护生态环境。严厉打击生态环境违法犯罪,受理环境资源刑事案件54件,收缴罚金88.3万余元、生态修复费58.9万余元。强化府院联动,县法院、检察院、公安局等8部门联合发布《关于湄潭县茶产业发展"三不准八禁止"的通告》《关于禁止在茶园中使用违禁农药及产品的通告》,开展茶叶质量安全巡查,

及时发出禁止令12份,有效制止茶园污染,保护茶山耕地,保障茶叶安全,助推"欧标茶园"建设。二是优化营商环境。建立"茶"环境、"茶"原料、"茶"产品、"茶"企业、"茶"文化等涉茶类案快速审理模式,成功化解茶农、茶商等民商事纠纷77件。充分发挥司法救治功能,巧用预重整机制,通过协助引资并股、畅通销售渠道回笼资金等举措,盘活资产3000余万元,助力省级龙头茶企引资脱困,激发企业再生活力,保障了30余名劳动者的权益,取得了良好的政治效果、法律效果和社会效果。三是厚植人文环境。融合红色文化、浙大西迁文化,设立贵州绿茶"湄潭翠芽""遵义红"司法保护基地,搭建前端治理、法治宣传、案件警示、理论研究、生态修复一体化平台。出台《加大"湄潭翠芽""遵义红"公用品牌暨地理标志保护力度若干意见》,开展专项行动,发出"遵义红"茶叶区域公用品牌保护禁止令,组织开展涉茶知识产权保护专题培训16场次,助力"湄潭翠芽""遵义红"公用品牌保护。

三、做实"三项服务",探索以法护茶新路径

一是服务党政决策。对2022年以来的涉茶案件审判数据进行全面分析,找准制约茶产业高质量发展的茶企抗风险能力较弱、茶园碳汇价值实现难、茶园小农经营方式与产业发展不相适应、公用品牌培育保护意识薄弱等问题,向党委政府提出强化龙头产业培育、完善产业链孵化、建立碳汇测算标准、提升茶产业现代化标准化水平、多部门发力保护公用品牌等建议,为党委政府决策提供参考。二是服务资源变资金改革。为逐步改良茶产业传统发展模式,在总结前期集体林权制度改革经验的基础上,强化调研,撰写《乡村振兴视域下茶园经营权法律制度研究》;办理徐某、古某诉蔡某等30余人茶园侵权纠纷一案,通过调解双方达成由原告限期使用承包土地,期限届满后无偿归还土地的一致意见,促使争议茶园正常采摘秩序得到恢复,该案为补充完善茶园流转手续提供了参考样本。推动出台《湄潭县"一亩一证"茶园经营权流转改革试点指导意见》,创新茶园经营权流转模式,建立茶园经营权集中流转和分片定制托管服务机制,即镇、村组织集中流转,企业以分片定制模式在省农村产权交易平台湄潭运营中心挂牌交易,部门为"一亩一证"认购主体办理茶树林流转经营权证,村股份经济合作社或茶叶企业为"一亩一证"认购主体提供委托管理服务,并收取"一亩一证"认购主体定

制所需的相应投资和服务费，破解茶园经营权抵押融资瓶颈，有效盘活茶园资产。三是服务涉茶风险防范。聚焦茶叶种植、生产、加工、交易等环节，举办四季司法护茶宣传教育活动7场次，开展法治体检36次，梳理排查茶企法律风险点，及时提出防控建议，提供涉茶法律咨询200余人次，联合职能部门采取针对性措施帮助茶企"控隐患、降风险、解困难"。

经验启示

一是准确把握小阵地与大格局的关系。茶产业环境保护法庭立足服务地方经济社会发展大局，将乡村振兴之需与人民法庭之责有机结合，助力"绿水青山"与"金山银山"双向互通、双向奔赴，充分发挥小法庭的大能量，完成了普通环境资源审判向"生态+产业"法庭的蜕变与升级。二是准确把握小案件与大导向的关系。摒弃就案办案思想，善用典型个案的"小切口"，发挥司法裁判指引作用，推动"荒山变茶山、茶山变金山"绿色发展改革，引导构建健康、诚信的市场环境，实现"化一个纠纷，护一片茶园，兴一方产业"的良好效果。三是准确把握小创意与大品牌的关系。湄潭县茶产业环境保护法庭围绕"湄潭翠芽""遵义红"公用品牌暨地理标志法治化保护做好文章，深化品牌内涵、强化品牌效应、提升品牌价值，持续推动"生态美环境优、生产美产业强、生活美百姓富"的贵州最美乡村建设，是司法服务保障贵州生态文明先行区建设的生动实践。

甘肃省张掖市甘州区

"种子法庭"倾心守护农业"芯片"

甘肃省张掖市甘州区西郊法庭辖区 3 个乡镇是张掖玉米制种的主产区，面积共 314 平方公里，有 62 家制种、贸易企业和 30 余家农民专业合作社。作为集中管辖甘州区制种产业纠纷的"种子法庭"，近年来，西郊法庭结合产业聚集优势，以服务保障种业发展为目标，构建种业纠纷调裁分流、精审快执和"五项联动""六常态"工作体系，努力保障种源安全、促进产业振兴。

一、"三调一裁"分层递进，推动产业纠纷快速化解

设立人民法庭诉讼服务站，建立涉种纠纷人民调解、行业调解、审前调解和民商事速裁"3+1"快速解纷机制，诉讼案件数量、化解周期持续低位运行，非诉案件量占 61%，调解成功率超过 80%。一是推进繁简分流。将简单涉种纠纷向人民调解组织分流，70%通过在线调解、线上司法确认快速化解。二是加强多元解纷。对部分涉种纠纷委派行业组织调解，以行业性、专业性优势妥善化解，推动案结事了。对法庭直接立案的涉种案件，由法庭特邀调解员审前调解，必要时引入村委会、行业协会共同参与化解。对调解不成的纠纷，由法庭直接根据调解笔录、无争议事实进行速裁。三是实现提速增效。通过涉种纠纷调解、立案、送达、司法确认、审理全流程"在线"办理，种企、种农诉累大幅减轻。2023 年，西郊"种子法庭"通过提前介入、联动解纷和专业审理，快速化解涉制种行业的土地租赁、劳动争议、合同等各类纠纷 64 件，平均解纷周期仅为 26 天，涉种纠纷化解驶入"快车道"。

二、"三专一执"协同配合，确保涉种案件精审快执

建立涉种案件专家咨询、专业审理、专家陪审和联动执行"三专一执"机制。

一是做优专家咨询。与高校、种子管理部门、制种龙头企业合作建立"专家库",为种业纠纷化解提供专业技术支持。二是做精专业审理。组建专门合议庭,编印种业政策、典型案例,完善19项制度,持续提升专业化审判能力。三是做实专家陪审。从种子管理部门、制种行业遴选11名"专家型"人民陪审员,为涉种案件审理增添专业视角,2023年参与化解各类涉种纠纷8件。四是做强联动执行。针对涉种纠纷季节性强等特点,建立驻庭执行小组现场督促履行、全体干警集中执行、村企执行联络员配合执行等机制,形成涉种案件执行"简案速执、节点攻坚、信息共享"的新格局。2023年,驻庭执行小组与村企执行联络员配合就地执结涉种案件16件。

三、"五项联动"多点发力,凝聚护航产业发展合力

主动融入乡村振兴大局,构建服务制种产业"法庭+"模式。"五项联动"一体推进,以"良性互动"护航产业发展。一是与辖区政府联动。推动辖区"一庭两所一中心"和五级解纷网格形成解纷合力。二是与相关行政部门联动。对重大案件、热点问题与工商、农业农村、种子管理等部门联合研判,参与种子市场专项执法检查,化解行业风险。三是与行业组织联动。联合张掖市种子行业协会等机构对涉种纠纷提前介入、相关案件联合调处。四是与村级组织联动。实行"一村一法官"机制,为农民制种"种产销"提供全链条法律支持。五是与制种企业联动。开展"一企一法官"结对联系,为制种企业健康发展保驾护航。2023年,西郊法庭法官人均走访企业村社45个,累计开展巡回审判及"送法进企""普法赶集"活动37场次,发布典型案例12个,种业人员学法、用法、守法意识不断增强。

> **经验启示**
>
> 一是高站位推动。成立人民法庭工作领导小组,建立院领导结对包抓基层法庭机制,定期研判基层法庭工作。畅通与政府的定期沟通渠道,加强与相关部门的协作配合,形成齐抓共管、协同发力的人民法庭工作合力。建立健全人民法庭工作考核体系,实行法庭单独绩效考核机制,激发法庭工作人员的工作热情和积极性。二是高标准建设。坚持"强基础、固根本、促发展"导向,全力提升法庭软硬件保障水平,利用西郊法庭标准化新建的有利契机,健全16

项法庭管理制度,全面优化法庭办公办案环境,配齐配优各类办公办案和生活设施,建成高标准数字化审判庭和在线调解、远程庭审、视频会议、庭审语音识别等各类"智慧法院"配套设施,完善各类安全保障设备,推动法庭工作向规范化、信息化和高效化发展。**三是高品质创新。**按照"重特色、增亮点、树形象"总体思路,围绕服务辖区制种产业,创新构建"三调一裁""三专一执""五项联动"的工作机制,开创一条特色鲜明、导向明确的发展道路,推动辖区制种产业矛盾纠纷多方联动、快速化解,为制种企业健康发展护航产业振兴发展提供了可复制、可推广的经验做法。

第七编

深化基层普法和依法治理

北京市东城区

坚持首善标准　提升公民法治素养

2022年4月，北京市东城区交道口街道被司法部确定为公民法治素养提升行动试点地区。试点工作开展以来，东城区坚持"抓试点、求实效、创特色"的工作思路，从建立健全体制机制、细化优化工作举措和不断提升基层法治化水平等多个维度开展创新性探索，取得了较好成效。交道口街道信访数量同比下降10%，犯罪数量同比下降59%，接诉即办案件同比下降38%，响应率、解决率、满意率不断上升。

一、系统谋划，打造"高起点"

一是建好"主引擎"，强化机制牵引。将试点工作纳入工作大盘子统筹谋划。区委主要领导带头研究、部署试点工作，成立区委常委、宣传部部长与副区长担任"双组长"的试点工作领导小组，为试点工作有效推进提供组织保障。二是画好"施工图"，强化体系建设。制定印发工作方案，确定分层分类推动实行公民终身法治教育制度、建立公民法治素养多维评价指标体系、建立完善公民法治素养精准提升制度体系、推动公民法治素养提升工作项目化品牌化发展、推动提升社区依法治理工作水平五项工作任务，进一步细化任务分工，明确工作目标。三是用好"助推器"，强化智力支持。召开法学专家、法律工作者、普法志愿者参加的试点工作研讨会，邀请中国社科院专家成立试点工作课题组，开展公民法治素养测评和研究，制定有针对性、可操作性的社区居民法治素养评价指标体系，采用线上线下两种方式，实现试点街道所有社区全覆盖，从法治认知、法治知识、法治行为和法治能力四个维度确保测评调研的有效性和准确性。

二、整体推进，构建"大格局"

一是设立"观测点"，提升精准度。依托社区工作站、活动室设立线下公民法治素养观测点 7 个；依托"法治东城""魅力南锣"公众号打造线上公民法治素养观测点 2 个。通过线上线下观测点共享普法资源，开展普法宣传、普法测验、素养测评等活动，了解公民法治素养现状，征集居民法律需求，提供优质法律服务。二是培养"带头人"，提升参与度。依托各社区调解队、文明实践志愿服务队等组织，着力打造社区"法治带头人"20 余名。开展"增能训练营"活动，提升社区骨干的法律知识水平与矛盾纠纷化解能力，影响和带动身边群众形成尊法学法守法用法的行动自觉。三是建设"阵地群"，提升可见度。充分利用辖区各类资源，依托东城文化馆、北京儿童艺术剧院打造法治剧场 2 个，设立社区普法活动室 7 个，打造南锣鼓巷普法小广场 1 个，开展法治文艺演出、法治讲座、法律咨询等法治活动，为社区居民提供集法治文化熏陶和休闲娱乐于一体的体验场所，增强法治宣传教育的渗透力和感染力。

三、扎根文化，突出"新特色"

一是实施"法治文化+旅游景点"培育行动。将法治宣传融入法治文化建设，培育具有地域特色和历史文化底蕴的法治文旅景点。结合南锣历史风貌设计普法明信片，举办以"童心绘法筑梦 携手素养提升"为主题的青少年法治绘画巡回展。二是实施"法治文化+作品创作"增效行动。发挥东城区"大戏东望"品牌影响力，联合演艺界专业机构，以社区演员、社区剧目、社区演出的形式，推进法治文创作品与普法宣传有效嫁接和融合，推出《法槌的温度》《胡同儿里的"音符"》等法治节目。三是实施"法治文化+公益宣传"提升行动。结合社区邻里节等，将法治意识与"和睦、友爱、互助"的理念相融合，通过短视频、视频会议等平台，开展线上普法咨询、法治讲座等活动。

经验启示

一是坚持高站位统筹协调，形成工作"一盘棋"。要确保工作效果，必须将试点工作纳入全区普法依法治理整体工作中去系统谋划。特别是要结合地区实际，在建立完善工作体系、细化评价指标、充实工作队伍、打造特色阵地等方面精耕细作。加强区级指导部门和街道试点部门的沟通协作，构建"上下联动、齐抓共管、分层推进"的工作格局。二是持续加强试点单位自身建设，让"试点"培育"特点"、变成"亮点"。区级层面对各试点单位从制度设计、资源倾斜等方面提供更多指导和帮助。试点单位结合本区域文化资源、地域特点，挖掘探索提升公民法治素养的创新做法，同时充分调动人大代表、政协委员、专家学者等开展实地调研、研提工作建议，共同推动提升工作质效。三是从全区层面加强试点经验辐射推广，让"盆景"连成"园景"、形成"风景"。将试点经验复制推广到全区各街道，将公民法治素养提升行动作为区政府各部门依法行政年度考核加分项，用正向激励的方式引导各街道通过差异化、特色化的工作路径，为公民法治素养提升行动提供更多选择、更多探索。建立完善长效工作机制，提升对全区整体工作水平的带动、牵引能力，实现"以点带面"的工作效果。

河北省阜城县

建设高品质"民主法治示范村"
谱写法治乡村建设新篇章

近年来，河北省阜城县深入践行习近平法治思想，以建设高品质"民主法治示范村"作为深入推进法治阜城建设的重要抓手，大力推进法治乡村建设，不断提升农村治理体系和治理能力现代化水平。

一、明确思路，有序推进法治乡村建设

一是贯彻"三四五"建设思路。坚持法治乡村建设与基层党建相结合、与实施"八五"普法规划相结合、与乡村振兴相结合，建好乡村、网上和家庭三块普法阵地，强化农村党支部书记、公共法律服务、人民调解和治安防范四支队伍，深入开展道德润村、制度管村、法援惠农、执法为农、和谐睦农五个专项行动。二是明确"五区双环一覆盖"建设目标。坚持法治乡村建设科学规划和目标化管理。全县集中建设5个法治乡村示范片区，涉及20个行政村；打造2条纵贯全县的精品环线，涉及55个行政村，实现272个脱贫村法治乡村建设全覆盖。

二、夯实阵地，让法治融入乡村生活

一是法治宣传阵地实现全覆盖。坚持"一村一规划、一村一特色"原则，将法治文化融入村庄布局形态、田园风貌等村庄建设中，努力做到让群众"出门有法、抬头见法、休闲学法"。截至2023年年底，全县已建成法治一条街330多个、法治小公园280多个，设立农村法治讲堂75个。二是大力开展农村法治宣传教育活动。以推动法治"进村、入户、到人"为目标，以学习宣传贯彻习近平法治思想，普及宪法、民法典知识等为重点，通过发放宣传资料、现场讲解、文艺演出等方式，加强对农村群众的法治宣传教育，引导农村群众知法、守法、用法。

2023年以来，全县已累计开展"法律进乡村"活动70余次，发放宣传资料3万余份。

三、建强队伍，以法治服务群众需求

一是抓好乡村"法律明白人"队伍。持续加大乡村"法律明白人"培养力度，分层分级分类进行系统培训，不断提高工作能力。截至2023年年底，全县共有1830名"法律明白人"活跃在各个乡村，已经成为乡村普法宣传、法律服务、纠纷化解、依法治理中的行家里手和重要力量，在基层社会治理各项工作中发挥了积极作用。二是抓好人民调解队伍。村村建立调解委员会，建好村级调解室，选拔懂法律、有威信、热心公益的干部群众担任调解员，搭建起全天候值守、全方位覆盖的人民调解网络，做到矛盾纠纷及时发现、迅速调解，全县矛盾纠纷调解成功率达到98.7%，有力维护了社会稳定。三是抓好农村法律顾问队伍。深化"一村一法律顾问"工作，全县选派288名律师和政法机关干部作为驻村平安建设特派员暨村居法律顾问，定期入村开展"面对面""全覆盖"法律服务，有效满足了农村群众法律需求。

四、完善机制，用法治引领乡风文明

一是持续深化民主法治示范村建设。以健全党组织领导的自治、法治、德治相结合的乡村治理体系为目标，严格对标全国和全省建设标准，不断完善评价方式，探索建立动态管理机制。截至2023年年底，全县已建成"全国民主法治示范村"2个，省级"民主法治示范村"12个。二是健全村级民主决策、科学决策机制。制定《村民自治章程》《议事决策规则》《小微权力清单》等制度规范，村村制定村规民约，形成以制度管人、以制度管事的依法治村机制，实现村务管理的制度化、规范化、法治化。三是加强农村思想道德建设。以大力弘扬社会主义核心价值观为重点，设立道德评议会、红白理事会等群众自治组织，积极开展文明家庭、好婆婆好媳妇等各类评选活动，通过扬美评恶约束群众行为，调节村民关系，摒弃陈规陋习，推动移风易俗向纵深发展。

经验启示

一是坚持党建引领。坚持法治乡村建设与基层党建相结合，用心用情为农村群众办实事，持续提升"民主法治示范村"建设质量和效果，切实增强群众的获得感、幸福感、安全感。二是加强示范带动。利用各种媒体形式扩大影响，系统总结"民主法治示范村"建设成效，提炼可推广的经验做法，充分发挥"民主法治示范村"的典型引路、以点带面的示范带动作用。三是健全治理体系。健全自治、法治、德治相结合的治理体系，将普法守法与基层治理相结合，全力构建共建共治共享的乡村治理新格局，为乡村振兴营造良好的法治环境。

山西省古县

深耕乡镇法治建设沃土
助力"枫桥式"司法所建设结硕果

　　山西省古县深入贯彻落实习近平法治思想，探索完善乡镇法治建设制度机制，推动"普法+服务+化解+保障"提档升级，着力打造"政治过硬、管理规范、服务高效、群众满意"的"枫桥式"司法所，为基层社会治理注入法治内涵，努力营造和谐稳定的社会环境。

一、普法宣传多元化

　　一是开展大规模、持续性、立体式普法。组织"宪法主题宣讲""美好生活·民法典相伴""乡村振兴·法治同行""谁执法谁普法""送法下乡"系列法治宣传和法律服务活动，持续推进宪法、民法典、乡村振兴促进法等重点法律法规宣传教育。二是创新完善普法方式方法。推动各乡镇全面落实党政主要负责人履行推进法治建设第一责任人职责，将学法用法作为乡镇领导干部和村（社区）"两委"班子的"必修课""常修课"。依托法治教育基地，司法所法治宣传队伍在宪法宣传周、司法行政机关开放日，向广大干部群众和学生开展"沉浸体验式、理论解读式、法理讲述式"普法宣教，深化"看得见、摸得着、听得懂"的立体式普法格局，最大限度拓宽法治宣传教育覆盖面。

二、服务流程立体化

　　一是发挥县公共法律服务中心指导作用。在"枫桥式"司法所建设单位建成集法律咨询、法治宣传、人民调解、社区矫正、安置帮教等功能于一体的公共法律服务大厅，搭建县、乡（镇）、村三级公共法律服务平台。开通古县公共法律服务掌上平台，坚持实体、热线、网络"三台融合"。二是推行"七诊式"工作法。全力推动免费法律咨询和特殊群体法律援助惠民工程提质增效，在乡镇公共法律服务工作站开设日常咨询"常年门诊",邀请律师提供涉法难题"专家门诊",对特殊群体受援对象开通案件办理"高效急诊",在法治宣传教育重要节点开展"主动出诊",值班律师配合参与人民调解"多方会诊",优化"互联网+法律服务"的"线上网诊",对法律服务质量"定期复诊",推动公共法律服务向基层服务、移动服务、随身服务、个性服务发展。三是创新服务载体。开展法律援助惠民生、公证服务解民忧、志愿服务暖民心、人民调解在身边、律师服务进百企、法律顾问基层行等主题活动,组织律师、公证员、人民调解员等队伍走到群众身边,开展法治咨询和法律服务。

三、矛盾化解系统化

一是开展专项行动。组织开展"坚持和发展新时代'枫桥经验'化解基层矛盾纠纷助力转型发展"专项行动,坚持矛盾纠纷"全面排查、及时介入、依法调处、就地化解",严格落实县乡村三级"季研判、月分析、周摸排"排查分析预警机制,高效依法化解矛盾纠纷,发挥司法所服务大局、维护稳定的"桥头堡"作用。二是健全工作机制。完善人民调解、司法调解、行政调解"三调联动"、人民调解协议诉前司法确认、访调对接、援调对接等工作机制,同频共振,形成合力。三是完善组织网络。以村(社区)"两委"换届为契机,优化调解组织网络,促进人民调解工作阵地前移、服务前置、力量前倾,全县建立乡(镇)人民调解委员会6个、村人民调解委员会73个、社区人民调解委员会6个,配备调解人员300余名。近年来,先后为500多个案件发放补贴3万余元,人民调解满意度连续多年达98%以上,安全稳定基础不断夯实。

四、基础保障规范化

一是提升依法行政"保障力"。找准新时代司法所职能定位,切实履行政府法治工作职责,用好审查、否决、提醒、监督等方式,充分发挥司法所依法行政保障作用,夯实法治政府建设基础。紧扣乡镇法治化综合改革契机,探索形成"123"工作方法,即明晰乡镇行政规范性文件的制定范围,确保依法行政;规范制定行政规范性文件合法性审核和重大行政执法决定法制审核两个流程图;形成司法所初审、法律顾问协审、司法局提级主审的"三种审核方式",提升审查质量。二是提升阵地建设"硬实力"。按照"外观一体化、标识醒目化、布局功能化、职责明晰化、业务便民化"标准,以"枫桥式"司法所建设带动司法所规范化建设整体提升。持续巩固"雪亮行动""精品工程"成效,大力解决司法所面积不足、辨识不清、房屋老旧等问题,加强信息化平台建设,集法律咨询、人民调解、法治宣传、社区矫正、安置帮教等功能于一体,服务基层群众更加便捷。三是提升队伍建设"软实力"。在政法专编公务员统一招录基础上,通过扩充地方行政事业编制、机关干部下沉、政府购买服务、开发公益性岗位、配备专职调解员、招募志愿者等方式,下大力气充实基层司法所力量。全县6个司法所共核定政法专编11人。争创"枫桥式"司法所的单位均配备5名工作人员,基层法治建设队伍进一步壮大。四是提升业务能力"驱动力"。加强司法所队伍能力建设,围绕法治建设、依法行政、人民调解、法律法规等重点,开展岗前培训、日常培训、交流研讨,鼓励参加国家统一法律职业资格考试和心理咨询师考试,培养"全能型"司法所长,不断提升适应基层法治建设新要求的能力水平。

经验启示

一是建强机构。破解制约基层法治建设的瓶颈,找准法治工作切入点、着力点、突破点,打造乡镇(街道)综合性法治机构,培育制度机制完备、责任落实到位的"枫桥式"司法所,使其成为基层党委政府法治建设的参谋助手和服务群众的行家里手。二是规范建设。围绕设施优良、业务过硬、管理规范的目标,全面加强司法所规范化建设,筑牢基础设施"硬支撑",提升业务水平"软实力",让"小阵地"释放"大效能",推进法治建设各项决策部署在基层落地落实。三是服务大局。将司法所工作深度融入基层法治建设大局,着力推进法治宣传多元化、服务供给均等化、法制审核专业化、矛盾化解系统化,满足多层次、多领域、个性化法治需求,把司法所打造成基层法治建设的一线平台,助推基层治理体系和治理能力现代化。

黑龙江省哈尔滨市呼兰区

坚持和发展新时代"枫桥经验"
创新打造"星网式"多元解纷新模式

黑龙江省哈尔滨市呼兰区创新建立"中心+星链+网格"的"星网式"多元解纷新模式，整合人民调解、行政调解、行业性专业性调解等非诉讼法律服务资源，持续打造多元化解矛盾纠纷综合体，在资源共享、科技赋能、机制理顺、服务提升等方面全方位提档升级，有效将各类矛盾纠纷化解在基层、消除在萌芽，切实增强了辖区人民群众的法治获得感。

一、建设"智慧中枢"，成立"一站式"矛盾纠纷多元调解中心和信息化指挥中心

一是整合机构。集中优势力量，将解纷中心与综治中心、网格中心一体建设，集业务示范、指挥协调、派单流转、智力支撑、信息综合、督导考评、培训孵化等功能于一体，实现一口进、一口出、一中心统管、一张网通办。设立1个综合接待大厅，法律援助、人民调解、法律咨询、法律诊所、家事纠纷调解等12个窗口，共享调解、诉调对接、心理咨询等多个功能室，依托远程高清视频连线系统实现"不见面事照办"。二是多元参与。将调解、法援、受理、代办窗口职责科学匹配，组织司法、行政、群团工作人员及律师、法学专家，跨行业跨部门跨区域组建多元调解核心团队。相关部门干部以"常驻、轮驻、随驻"方式担任纠纷调解员、事件受理员、预约代办员、协调调度员，实现多元解纷多元参与。三是重心下移。依托区级解纷中心推进解纷力量"下沉"，压实属地、部门，主官、主管、主办"两级三方责任"，着力构建区委领导、政府支撑、政法牵头、专班推进、部门协同、多元参与落实的解纷联动新格局。

二、集聚"解纷资源",完善辖区矛盾纠纷多元调解"星链"体系,激发基层治理新活力

一是优选骨干,配强队伍。积极适应矛盾纠纷化解新形势、新特点,注重调解队伍专业化建设,专门组织乡镇(街道)、村(社区)、行业部门领导、业务骨干到解纷中心跟班轮训。区委政法委与高校法学院合作,发挥法学专家参与解纷重要作用。二是消除盲点,畅通末梢。以各级解纷中心、调解站(点、室)为星,互联网为链,将信息汇聚于解纷中心,结成联动执行体系。建立乡镇(街道)网格"一站式"多元解纷站19个,作为研判预警枢纽,负责承上启下、协调部门、收集信息;各村(社区)建立多元解纷点201个,负责化解矛盾,作为反映民意的前哨;民政、城管、住建等部门专人分片包干,在解纷中心全链条跟踪、全周期管理下运行,防止出现推诿扯皮的情况,打通服务群众"最后一公里"。三是样板驱动,激发活力。以区级解纷中心辐射带动差异化发展,区委政法委、司法局组成专班,借鉴解纷中心经验,因地制宜制定个性化配套方案。截至2023年年底,乡镇(街道)及有关单位建立各类人民调解委员会232个,涵盖婚姻家庭、交通运输、道路事故、医疗卫生等诸多领域。

三、践行"枫桥经验",创新打造"星网式"多元解纷新模式,构建多元解纷新格局

一是植入网格组团服务。把解纷工作植入全区"一张网",配备12名高校法律教师、85名法官检察官警官律师、5名心理咨询师、614名"法律明白人"、819名专兼职调解员、1589名网格调解员,形成"10分钟便民解纷服务圈",将"小单元微治理"延伸至人民群众家门口。二是订制套餐快调速办。建立"首问责任制+闭环工作流程",实行即办件、限时件、承诺件、代办件"四件式"办理机制,问题受理限时办结。村(社区)级发挥网格调解员人熟地熟优势,及时化解简单矛盾;复杂矛盾提级乡镇(街道)办理;区级解纷中心按照矛盾纠纷责任制"一事一包",组团联办化解疑难矛盾、群体性矛盾,确保矛盾不出区。2023年,全区受理网格事项1.3万余件,其中涉及各类矛盾纠纷2159件,调成2117件,调成率98%。三是智慧研判预警防范。关联信息平台法院民事判决、社会治安、行政复议、非诉调解等大数据,预警重大矛盾风险和群体性纠

纷,快调快结,充分发挥"星网式"解纷在预防化解矛盾纠纷中的"第一道防线"作用。

经验启示

一是网格化调解机制开辟多元解纷新模式。充分发挥"一站式"矛盾纠纷多元调解中心贴近群众优势,融入党委、政府综治、网格治理大局,借助"星网式"多元解纷系统,结成总部调控、扁平协作的定分止争联动体系,形成了各调解部门之间分工与合作长效机制,确保中心既是一个矛盾"接收站",也是一个信息"流通站",更是一个调解"终点站"。二是集群化资源整合挖掘多元解纷新潜能。坚持共建共治共享理念,星网体系通过整合资源、集中优势力量破解社会治理多头管理、重复建设、行政壁垒等痛点、难点、堵点问题。对群众法律咨询、寻求调解、信访诉求,实行统一接待、统一审查、统一受理、统一流转,实现了矛盾纠纷化解"一条龙"服务,矛盾纠纷调处率、化解成功率、群众满意率大幅度提升,最大限度把矛盾纠纷化解在基层,推动矛盾纠纷化解"最多跑一地"。三是智慧化平台应用赋能多元解纷新动力。通过"一张网"四级网格,推动社会治理工作向标准化、精细化、智能化加速提档升级,打通部门协作"信息壁垒"。坚持系统观念、法治思维,积极创新发展新时代"枫桥经验",推进解纷力量"下沉",实现多元参与,构建整体联动、无缝衔接、畅通高效的基层矛盾纠纷调处体系。

上海市虹口区

创新实践"三所联动"机制
深化新时代"枫桥经验"都市实践

上海市虹口区深入学习贯彻习近平法治思想，贯彻落实习近平总书记关于坚持和发展新时代"枫桥经验"的重要指示精神，针对基层矛盾纠纷量大面广、调解力量不足、资源分散、传统调解方式"治标不治本"、优质法律资源离基层远等问题，探索实践"公安派出所主动跨前、街道司法所整合资源、带动律师事务所提供法律专业支撑"的"三所联动"机制。2023年以来，虹口区累计化解各类矛盾纠纷1.3万余起，依托"三所联动"平台化解成功率超过98%。

一、多元力量整合，实现基层矛盾纠纷"就地收"

一是建构基层解纷纵向体系。"三所联动"是街道党工委领导下搭建的"一竿子到底"的矛盾纠纷精细化解平台。小区层面，由居委会联合业委会、物业开展矛盾发现和化解行动；居委会层面，由社区民警会同人民调解员、签约律师第一时间就地化解一般矛盾；街道层面，由党工委牵头派出所、司法所、律师事务所化解复杂矛盾，形成"三驾马车"分轨并进解纷模式，98%的矛盾在基层就地化解。二是融合行业力量综合赋能。对2%基层难化解的涉众疑难矛盾，由区街两级综治中心"吹哨"，引入教育、民政、卫健、房管等部门资源，会同12个专业调解委员会共商化解方案、提出有效对策。2023年4月，数十名外省市务工人员因劳动纠纷到本区的公司总部聚集，街道当即启动"三所联动"机制，协调区劳动局、争议仲裁院参与调解，2天内督促该公司支付了拖欠报酬30余万元，有效维护了劳动者权益。三是开展分级分类调解。建立"排查、评估、分流、调处、回访"五步解纷流程，对排查发现的矛盾，由派出所按照重复报警次数、复杂程度、人员数量、潜在风险等维度，分为"一般类""关注类""重点类"三级，对应至三层化解平台调处,并通过回访等措施跟踪督促调解协议履行。四是纠纷隐患全量排查。组织实施矛盾纠纷隐患动态清零专项行动,对全区197个居委会滚动开展全量排查起底工作。同时,区委政法委联合城运中心,在综治平台内开发信息化应用系统,实现矛盾纠纷统一录入、统一查询、统一调度等功能。后续将进一步扩大排查范围,争取再化解一批地区难点矛盾、沉积矛盾、隐蔽矛盾。

二、纳入法治轨道,助力基层矛盾纠纷"依法调"

一是律师"引进来"。联手律师事务所,有效弥补矛盾调处中基层专业法律知识和释法说理能力不足的缺陷。坚持"好中选优"的签约制,选择11家优质律师事务所与8个街道签约,实现每3个居委会对应1名签约律师;坚持"合理适度"的补贴制,由街道为每名签约律师提供1万元/年基础补贴和5000元到1万元的疑难个案化解奖励;坚持"优胜劣汰"的竞争制,定期对签约律所综合考评,不适合继续签约的律所或律师立即取消服务资格。二是法检"融进来"。主动对接法检机关,用司法效力提升化解公信力。区法院在凉城新村街道试点"三所+巡回审判庭"模式,开展民事纠纷诉前调解并进一步推广至曲阳路街道,有效解决了19起物业费拖欠矛盾。同时开通在线司法确认"云法庭",实现调解协议与司法确认即时对接,2023年共有61份调解协议获司法确认;虹口区检察院将有刑事和解基础的轻微刑事案件委托"三所联动"化解,通过检察官释法说理、举行公开听证等方式,促使当事人平等协商、达成谅解,2023年共对9起案件在调解后作出不起诉决定。三是流程"晒出来"。将"依法依规"理念渗透到矛盾化解每个细小环节,制定"三所联动"机制工作规范,对处置原则、研判定级、调解过程、跟踪回访、信息汇总、评估通报、工作保障等机制予以明确,配套绘制闭环式表单。推动各级调解室标准化建设,调解过程全程开启执法记录仪,避免私自接触等行为导致衍生问题,必要时引入听证程序,将处置过程晒在阳光下。

三、把握工作规律,促进基层矛盾纠纷"根上治"

一是矛盾排查在源头。在线上打造集"普法学习、法律咨询、预约调解、隐患收集"功能于一体的"三所联动"小程序,2023年共接受法律咨询591次、预约调解1059起,群众通过小程序反映的矛盾占总量的20%;在线下加强社区基础工作，组织发动"平安志愿者""平安商户联盟""保安在行动""网评员"等平安力量约 1.2 万人，发现警情之外的苗头性、倾向性矛盾，形成"线上线下、警情内外"全量矛盾纳管态势。二是问题解决在根子。在化解矛盾的同时深挖社会治理共性问题，由街道每月专题商研，形成类案处置流程，提供解决意见。如针对小区车位紧张引发的停车矛盾，制定"僵尸机动车"处置工作方案并在全区予以推广，组织集中行动清理各小区"僵尸机动车"200 余辆。三是闭环化解在末端。通过实践总结，建立 30 日回访跟进反馈制度，秉持"凡调必访"原则，由民警和人民调解员对每起矛盾每月至少回访 1 次，"关注类"和"重点类"回访 3 次和 6 次，防止矛盾反复引发事端；调解未成功的每月 1 次上门回访，确保其处于视线范围，严防激化。

经验启示

一是**聚焦群众急难愁盼**。通过调研实践，以人民法治需求为出发点和落脚点，提出"三所联动"机制，充分调动各类主体参与法律援助、普法宣传等工作，为特殊、困难群体提供公益法律服务，切实解决群众急难愁盼。二是**融合法治专业力量**。"三所联动"把分散的资源力量融合到一个平台，通过推动公安执法力量、司法解纷力量、法律专业力量等下沉基层，为基层减负增能。三是**打造共享共治格局**。基层一线干部通过平台，锤炼群众工作和法治专业能力，用心用情用力化解基层矛盾纠纷。鼓励人大代表、政协委员、团员青年等各类群体参与，积极构建人人有责、人人尽责、人人享有的基层治理共同体。

江苏省常州市武进区

"左邻右理"法官服务站　家门口的"矛盾终点站"

为深入贯彻落实中央关于加强基层社会治理部署要求，丰富拓展新时代"枫桥经验"内涵，江苏省常州市武进区人民法院充分发挥人民法庭服务群众、解决纠纷桥头堡作用，在嘉泽法庭驻地嘉泽镇20个村（社区）设立"左邻右理"法官服务站，以"1+2+N"（1名网格法官+2名调解员+N名网格员）综合团队模式推进"法官进网格"工作，"走出去"与乡镇党委政府、村社基层组织、行业市场等对接，主动推进司法服务抵边到底，预防化解矛盾纷争，助力提升基层社会治理法治化水平，受到人民群众、基层组织的广泛好评和欢迎。

一、树牢"多元共治"思维，编织乡村治理"一张密网"

针对基层解纷力量分散、法院和基层组织之间缺乏必要桥梁、矛盾升级涌入诉讼程序等问题，加强党委领导、府院协作、公众参与，切实将矛盾化解在萌芽、化解在基层。一是构建联动机制。发挥党建引领作用，打造"天平红盟"党建共同体，形成基层治理合力。签订"镇庭"联动框架协议，明确镇级部门、村（社区）、法庭开展工作的职责。创新"庭所"共建模式，与司法所、派出所携手打造"携调"嘉园工作室，构建优势互补、纠纷同调的"前哨式"工作新机制。二是推动力量下沉。组建"1+2+N"综合团队，确立"定岗位、定人员、定职责、定制度"的"四定"工作模式，把司法服务送到群众家门口。近年来，嘉泽法庭接待群众2654人次，解答各类法律问题1085个，现场调处各类纠纷687件。三是延伸司法触角。从依法管理入手，向乡镇、社区等单位提出法律风险防控预案；通过司法建议、调研报告向党委、政府、基层组织、社会公众反馈在审判中发现的社会共性问题，为科学决策提供法律支撑；对已经发生矛盾纠纷的社会问题，利用宣传类案判决、释法明理等方式，推动社会力量在法律引导下进行非诉化解。

二、运用"群众路线"法宝，激起乡村治理"一池活水"

培养更多乡村"法律明白人"，解决基层调解组织专业化人员不足，解纷途径单一等问题，实现"群众纠纷群众解"。一是构建"四调联动"平台。建立"基层村调处组织+镇司法调委会+驻庭人民调解室+诉讼调解"机制，灵活运用"法官+网格"等方式，实现诉调无缝对接。推动乡村智能诉讼服务全覆盖，利用"微解纷"等网络平台和"龙城 e 诉"服务点，提供"指间"法律服务，助力当事人跨时空解决纠纷。二是整合法律服务资源。依托"法律顾问全覆盖"工程，将各村（社区）法律顾问引入"1+2+N"综合团队，发挥驻村律师、村（社区）干部、乡贤族长等在纠纷多元解决机制中的作用，形成专业知识完备又熟悉风俗民情的民间调解队伍。近年来，吸纳民间力量参与调解 1500 余人次，开展法律培训 60 余次。三是发挥以点带面作用。挂牌成立省法院乡村服务振兴基地，以护航当地花木产业发展为重点，推行"全链条"服务营商环境建设，将"法官进网格"与"法企同行""法惠民企"深度融合，在花木市场工作站，每周开展法官"专家坐诊"，实现纠纷快速办、灵活办、联合办。法庭运用行业调解、专家评估、法官指导三方协同的工作模式，成功调解数起花木市场火灾财产损害赔偿纠纷，解决争议标的额 2000 余万元。依托高校调研点，将研究力量引入司法实践，服务法治化营商环境建设与基层社会治理工作，打造非诉解纷的"特色阵地"。

三、拓展"三治融合"路径，培育乡村治理"一方沃土"

通过走村入户、以案说法、诉前调解等多种形式，满足新形势下广大人民群众多元化、宽领域的法治需求。一是开设法治讲堂。通过"普惠式"普法教育，让群众享受专业化、零成本、零距离普法公开课，提升群众法治素养，增强依法自治能力。近年来，先后开展巡回审理、组织旁听和专项培训 100 余次，受众 5000 余人次。挂牌职业院校思想政治理论课法治实践教学基地，打造法治教育的重要平台和生动课堂。二是注重德法相融。法官在案件审理时，尊重乡村社会体系中的风俗、习惯、道德，在司法裁判中注重事理、法理、情理的有机融合，既有效解决纠纷又修复社会关系，促进案结事了人和，防止出现"一场官司三代仇"的情况，通过规范社会行为、引领社会风尚，鲜明倡导守望相助、崇德修睦的乡邻美德，弘扬社会主义核心价值观。三是助力基层自治。法官受邀参与村委议事决策、矛盾纠纷防治、村级公共服务，提供"菜单式"司法指引。深入基层村组织，通过法律释明与案例解析，助力完善村规民约，规范基层组织依法履职。从一起外嫁女土地权益纠纷案件入手，参与指导修订村规民约，一揽子化解60余起同类纠纷。

经验启示

一是以多元共治为抓手。通过源头性疏导、实质性化解、综合性治理，做深做实"抓前端、治未病"，主动融入党委政府领导的治理体系之中。二是以人民群众需求为导向。重视群众呼声，厚植为民情怀，推动司法力量前置延伸至基层村居一线，帮助群众厘清矛盾、理顺心气，将群众的烦心事、揪心事、操心事化解在家门口、田边上、乡里间。三是以因地制宜发展为路径。推进基层社会治理和乡村振兴协同共进，积极回应地方产业发展的新需求，主动延伸司法服务，为新质生产力培优培强、乡村宜居宜业、农民富裕富足提供法治保障。坚持法治德治自治"三治融合"，加大法治引导，促进基层自治的内生良性发展，稳步提升基层社会治理法治化水平。

江苏省泰州市

推进"法治小区"建设　拓展基层依法治理新路径

为提升公民法治素养、助力基层依法治理，江苏省泰州市在全省率先全域开展"法治小区"建设，围绕将法治资源、法治力量导入小区治理，着力培育组织架构完善、工作机制健全、服务供给充足、基层善治善为的"法治小区"，打通基层治理"神经末梢"。

一、坚持党建引领，突出法治赋能，凝聚依法治理合力

坚持以高质量党建引领基层高效能治理为目标，加强党对基层社会治理的全面领导，党组织统筹各类法律资源，构建"1+3+N"基层依法治理新模式。一是抓住一条红色主线。始终将党的建设挺在前面，出台"法治小区"建设方案，配套制定"法治小区"工作指引，明确由乡镇（街道）党（工）委和社区党委牵头，积极发挥基层党组织战斗堡垒和党员先锋模范作用，构建区域统筹、条块协同、上下联动、共建共享的基层治理工作格局，提升基层组织和群众运用法治思维和法治方式处理小区事务、维护生活秩序的意识和能力。二是推动三方联动共治。指导居民小区依法依规产生业主委员会，规范业主大会和业主委员会的活动，维护居民合法权益。推动物业服务企业、社区居委会、业主委员会"物、居、业"三方协同联动、密切配合，共同讨论研究小区管理和涉及居民利益的重大事项，协商解决物业管理矛盾纠纷，有效破解社区对居民"服务失能"、物业与居民之间"权利失衡"、居民与居民之间"纠纷失管"的治理困境。三是汇聚多方工作力量。动员知法守法、明理尚德的小区居民争当"法治带头人"，积极培育"学法用法中心户"，吸纳网格员、社区法律顾问、人民调解员、社区民警，充分调动离退休干部、教师、法律工作者等热心公益事业的居民和各类组织参与，全市选派500余名"三官一律"进网格担任"法治指导员"，先后培育小区"法治带头人""法律明

白人""学法用法中心户"1067个,有效凝聚小区依法治理合力。

二、践行"枫桥经验",深化"援法议事",预防化解矛盾纠纷

坚持问题导向,推广建立"一公约两清单三机制",加强和创新小区治理制度供给,积极运用"援法议事"工作机制,开展主题活动589场次,以法治方式和手段解决小区居民生活中急难愁盼的问题。一是"一则公约"促进三治融合。贯彻落实《中共中央 国务院关于加强和完善城乡社区治理的意见》,充分发挥村规民约、居民公约在城乡社区治理中的"软法"作用,指导全市980个小区制定张贴居民公约,在让小区治理和群众生活有"章"可循、有"规"可依的同时,大力弘扬公序良俗,倡导树立文明新风。二是"两张清单"明晰责任边界。新修订发布《泰州市住宅物业管理条例》,制定发布小区物业服务清单、业主委员会权责清单两张工作清单,厘清小区治理相关事务,推动小区物业服务规范化、标准化,保障业主委员会架起"连心桥"、扛起"真责任",促进小区物业和业主委员会依法履职、接受监督。三是"三项机制"着力止分息争。以司法所、派出所、基层法律服务所"三所"为主导,建立"小区管理联席会议制度""精准普法工作制度""矛盾纠纷多元化解制度"三项工作机制。2022年以来,推动65个"问题小区"加强整改,围绕违章停车、毁绿种植、电梯改造、噪声扰民等多发或重大矛盾纠纷,排查矛盾纠纷3865件,治理难点堵点1396个。泰州市群众安全感始终保持全省前列。

三、聚焦民生需求,优化法治供给,释放便民惠民红利

坚持以人民为中心的发展思想,持续推出年度法治为民办实事项目,集成法治资源、法治力量、法治元素"下沉一线",让法治融入社区服务、走到群众身边。一是构建"均等化"公共法律服务。纵深推进公共法律服务实体平台建设,依托社区党群服务中心、小区物业服务站打造公共法律服务联系点96个。实施"百人驻百点"法律服务工程,通过"定期值班+预约服务"推动社区法律顾问等法律服务力量进驻小区,延伸公共法律服务触角。二是打造"生活化"法治宣传阵地。以文明养犬、禁止高空抛物、防范网络诈骗等与群众生活密切相关的法律知识为宣传重点,依托小区现有公共空间和阵地,升级打造法治文化"微景观"

近300个,开展各类法治宣传活动2400余场。通过法治文化墙、法治橱窗、楼道"扫一扫"、民法典学习"充电站"等建设,小区内法治元素处处彰显、法治"风景"信步可寻。三是创新"数智化"基层治理路径。推广"苏解纷"小程序,实现人民调解、律师调解、行政调解、行政复议、公证、仲裁、司法鉴定等法律服务"掌上可及"。因地制宜打造"智慧法治小区",开发应用"法治管家"小程序,及时响应处理居民投诉举报、物业报修、纠纷预警等工单,让居民生活更加便捷美好。

经验启示

作为居民生活居住的重要场所,小区是各类矛盾纠纷的聚集点,是社会治理的最基本单元,也是市域治理的神经末梢。以小区为"小切口"可以撬动"大民生",激发基层治理内生动力。一是**协同联动汇聚治理合力**。健全完善党委领导、政府指导、部门联动、村(居)主体、社会齐参与的"五位一体"基层治理机制,广泛凝聚共识、汇聚民智,以多元主体合作共治助力基层依法治理。二是**需求导向优化法治供给**。立足小区管理难点、群众生活关注焦点、物业服务堵点,优化公共法律服务供给方式方法,依法依规化解矛盾纠纷、处理公共事务、维护群众切身利益,用良法善治保障美好生活。三是**智慧科技赋能法治生活**。紧跟时代步伐,将"智慧法治"嵌入基层社会治理,将普法宣传、民情沟通、便民服务精准推送到居民用户端,营造办事依法、遇事找法、解决问题用法、化解矛盾靠法的浓厚氛围,切实提升基层社会治理现代化、法治化水平。

福建省尤溪县

打造"蒲公英+朱子家训"普法模式
为基层社会治理赋能增效

福建省尤溪县是朱熹故里、理学之邦，素有深厚的朱子文化底蕴，《朱子家训》便是其中一块瑰宝。近年来，尤溪县深入学习贯彻习近平法治思想、习近平文化思想，充分挖掘《朱子家训》的深刻内涵，将遵纪守法、崇德向善、敦亲睦邻、尊老爱幼、明礼诚信等理念有机融入"蒲公英"普法活动和基层社会治理，打造"蒲公英+朱子家训"普法模式，推动朱子文化创造性转化、创新性发展，为基层社会治理赋能增效。

一、善用家训抓普法

一是紧抓青少年这一关键群体。深入开展"蒲公英+朱子家训"进校园普法活动，在法治宣传中融入《朱子家训》有关内容，以通俗易懂的语言、家风家训历史典故、身边案例"以案释法"等方式，帮助青少年理解未成年人保护法、预防未成年人犯罪法，教育引导青少年增强法律意识，远离不法侵害。二是紧盯农民群众这一重要对象。组织开展"蒲公英+朱子家训"进乡村、进宗祠、进家庭等系列普法活动，积极推动《朱子家训》融入家庭教育促进法宣传、村规民约制定等工作，以更接地气、更有生气、更聚人气的方式引导农民群众传家风、承家训，遵法纪、守村规，推动形成家风正、民风淳、村风清的乡村新风尚。三是紧扣企业经营管理者这一核心岗位。积极开展"蒲公英+朱子家训"进企业普法活动，将《朱子家训》中恪守信用、不取不义之财等理念与民法典、《优化营商环境条例》等内容相结合，引导广大企业经营管理者依法诚信经营。2023年组织"蒲公英"普法志愿者结合"法律七进"开展"蒲公英+朱子家训"普法活动230余场次，有机融入德育、教化、礼义等内容，推动法德深度融合。

二、巧用家训促和谐

《朱子家训》强调"家庭和睦观",倡导"父慈、子孝、兄友、弟恭、夫和、妇柔",这对调解婚姻家庭纠纷具有重要指导意义。尤溪县将"家庭和睦观"融入婚姻家庭纠纷调解工作中,在县婚姻家庭纠纷调解中心打造以《朱子家训》为主题的调解室,改变传统调解室严肃氛围,展示治家齐家的家风文化,传达责任担当、亲情维系、宽容理解等伦理价值,让纠纷当事人在温馨和谐的环境中得到《朱子家训》感化,促进纠纷当事人达成和解。同时,全县各级人民调解员在依法调解中注重宣传《朱子家训》关于"家和"的理念,以法、理、情劝说纠纷当事人,全力化解家庭成员之间的矛盾。2023年各级人民调解组织有效化解婚姻家庭纠纷438件,从源头上预防因婚姻家庭纠纷引发"民转刑"案件,实现以"小家"和谐促"大家"平安。

三、活用家训润心田

从朱熹名句"问渠那得清如许,为有源头活水来"中获得启发,积极打造社区矫正"活水济航"品牌,总结提炼道水沃其根、净水正其心、清水诚其意、细水养其志、流水塑其身"五水领航"工作法,以朱子"活源"润泽社区矫正对象心灵。借鉴朱熹曾设立"教思堂"教化百姓的做法,建立"朱子矫思社"社区矫正社会组织,并在朱子文化园挂牌成立"熹新堂"社区矫正公益活动基地,吸收党校讲师、法官、社会工作者等"蒲公英"普法志愿者40余名为社区矫正对象提供传统文化教育、法治教育、心理辅导等帮教服务,通过学习法律法规、开展《朱子家训》诵读、交流学习心得、参观朱子文化园等形式,让社区矫正对象从博大精深的朱子文化中汲取先贤智慧,涵养道德修为,帮助社区矫正对象树立崇德明礼、遵纪守法意识,有效预防和减少社区矫正对象重新违法犯罪。2023年全县围绕传承和弘扬朱子文化,组织开展社区矫正系列帮教活动15场次,受益社区矫正对象达540余人次,达到以文化滋养心灵,以文化涵育德行,以文化引领风尚的良好效果。

四、借用家训建阵地

充分提炼朱熹思想中的法治元素,从县、乡、村三个层面同时发力,依托三奎新城大曲洋广场、西滨镇人民公园、城西工业园区、联合镇吉祥公园等场所，以各具特色的法治雕塑、法治长廊、法治喷绘等为载体，将宪法、民法典、《朱子家训》以及与基层社会治理密切相关的法律法规融入廊、亭、儿童乐园、休闲小道等设施，打造了一批集法治宣传、文化传承、道德滋养、常识普及、娱乐休闲于一体的"蒲公英+朱子家训"法治宣传阵地。常态化举办乡村普法讲堂、法治文艺演出、法治电影展映等群众喜闻乐见的基层法治文化活动，使群众在潜移默化中接受法治文化的熏陶，在休闲娱乐中培养良好的法治意识，实现精准普法、生动普法、有效普法、高质量普法，切实满足人民群众日益增长的法治需求。

经验启示

一是通过创造性转化夯实基层之治。中华优秀传统文化在传统社会治理中发挥着关键作用，也是新时代基层社会治理中的重要资源。《朱子家训》蕴含的精神内核具有重要的时代价值，通过创造性地将朱子文化与法治宣传教育、矛盾纠纷化解、重点人群帮教、村规民约制定等有机结合，不仅有效发挥了法律的刚性约束作用，还起到了道德春风化雨、润物无声的教化育人作用，是坚定文化自信、创新基层社会治理的有益探索实践。二是通过创新性发展提升普法质效。中华优秀传统文化是中华文明的智慧结晶，朱子文化作为其中一块瑰宝，其承载的价值取向、精神品格、思想精华、道德精髓，深深地融入尤溪人民的日常生活和血脉之中。将《朱子家训》融入"蒲公英"普法活动，以贴近群众、生动形象、便于理解的方式开展法治宣传，使得晦涩难懂的法律条文变得浅显易懂、易于接受，群众学法的积极性、趣味性、实效性显著增强，广大干部群众法治观念、法律素养不断提升，办事依法、遇事找法、解决问题用法、化解矛盾靠法的社会氛围日渐浓厚。

福建省上杭县

践行"1334才溪工作法" 打造基层社会治理品牌

福建省上杭县是原中央苏区、革命老区,毛泽东同志曾三次深入中央苏区第一模范乡——才溪,写下了彪炳史册的《才溪乡调查》。习近平总书记多次亲临上杭调研指导,进村入户,为我党树立了开展调查研究、坚持群众路线的光辉典范。近年来,上杭县深入贯彻落实习近平法治思想,传承中央苏区法治建设红色基因,务实践行"1334才溪工作法",即坚持以人民为中心这一根本立场,强化党建、法治、示范三个引领,建立法治保障群众利益三项机制,切实抓住矛盾纠纷排查、调解、防控、疏导四个环节,在维护社会和谐稳定,促进提升基层社会治理水平方面发挥了重要作用。

一、坚持以人民为中心这一根本立场

上杭县始终坚持以人民为中心这一根本立场,积极发动党员干部"串门走亲",实行政法干警"联乡挂村帮户",并从群众中培育2067名调解员、1064名红土网格员、1827名"法律明白人"、3400名法治带头人、445名民情收集员等前沿"哨兵",形成了一支专群结合的法治建设服务队,协调解决群众急难愁盼问题。

二、强化"党建+法治+示范"三个引领

上杭县坚持以党建、法治、示范为引领,充分激活法治建设内生动力。一是坚持党建引领。积极探索"党建+法治"模式,以发挥党建和推进基层治理全面整合为切入点,探索"干部联社、支委联区、党员联户"服务群众的"红土近邻"党建引领社区治理模式,组织党员参与社区矛盾纠纷化解、志愿服务及小区治理等,形成双向互动、反应迅速的信息传递"神经末梢"。2022年以来,85名党员干部挂钩13个社区,发动5000余名党员联系3.8万余户,帮助群众解决问题936

件。二是坚持法治引领。全县法治工作队伍通过开展"巡回审判+现场普法"等以案释法、"法援惠民生"系列活动，构建便民高效的公共法律服务网络。2023年为群众共提供法律咨询5.3万余次，开展法治宣传1389场次，让老百姓切实感受到"法在身边，触手可及"。基层立法联系点引导群众利用余暇学法、建言、议事，2021年以来，向国家立法机关报送300条立法建议，其中25条被采纳。三是坚持示范引领。注重发挥"两代表一委员"、老党员、老政法干警、德高望重村民等先进代表的示范引领作用，建立特色调解室31个、培育"党员先锋岗"207个、组建文明评判团344个、成立"红土法治"志愿服务队65支，树立群众工作的模范，激发社会治理活力。

三、建立法治保障群众利益三项机制

传承发扬苏区干部"日穿草鞋干革命，夜打灯笼访贫家"的优良作风，建立法治保障群众利益的"三项机制"，着力解决群众最直接的现实利益问题。一是联系群众机制。聚焦百姓急难愁盼问题，建立微网格"立说立办"、乡村"集中研办"、乡镇"协调转办"的民情收集处理机制。2023年，县民情处理中心收集各类民情信息985条。完善12345便民服务平台管理中心工作机制，畅通诉求表达通道，受理各种诉求1.8万余件。二是信访接待机制。建立领导干部下访回访、定点接访、包案处理的信访接待机制，对信访件定责任单位、责任领导、责任人、督办时间、办理要求、办结时限，包掌握情况、解决困难、教育转化、依法处置，做到信访接待"心贴心"。2023年，全县共登记来信来访来邮2166批，均按《信访工作条例》规定妥善处理。三是现场办公机制。乡镇干部每周不少于3次到所包村，现场了解村情民意、限时解决问题、推进基层工作。村（社区）实行全年无休轮班制，把为民办实事、解决问题作为现场办公的重要内容。2023年，全县乡村干部为群众办好事实事1.3万余件，解决群众操心烦恼事1.4万余件。

四、抓住矛盾纠纷排查、调解、防控、疏导四个环节

着眼前置防线、前瞻治理、前端控制、前期处理，有效化解各类矛盾纠纷，提升社会治理实效。一是抓好排查研判。运用推广网格化治理模式，充分发挥网格员、党员、政法干警、"法律明白人"等作用，通过走访巡查、信息登记、分析

研判等,强化源头预防。2023年,全县1064名网格员收集各类信息近10万条。二是抓好联动调处。建立"诉调联动、公调联动、访调联动、行调联动、检调联动"的速调快处工作模式,让纠纷化解更加专业高效。2023年,县政法机关与县人民调解中心联动对接各类纠纷3743件。三是抓好防控处置。坚持对矛盾纠纷早介入、早化解,矛盾纠纷风险隐患按照一般、重点、重大三级分类处置,做到小事不出村、大事不出乡(镇)。2021年至2023年,全县共化解各类矛盾纠纷1.7万余件,实现矛盾不上交、风险不外溢。四是抓好回访疏导。常态化开展案后回访工作,深入了解当事人对调解结果满意度、协议履行情况等,依法维护特殊困难群众权益,巩固调解效果。

经验启示

一是传承红色基因。传承红色基因,弘扬苏区干部好作风,注重法治与党建的结合,探索"党员+调解"模式,打造"红色枫桥""红土文化"品牌,总结"1334才溪工作法",以点带面推进全县社会治理建设。二是牢记为民初心。坚持法治为了人民、依靠人民,积极回应人民群众新要求新期待,用法治保障人民群众安居乐业,全县群众安全感满意率、矛盾纠纷调解成功率居全市前列,命案发案率保持全市最低位。三是勇于创新实践。立足本县实际,充分发扬开拓创新精神,在深化法治实践中争优、争先、争效,以改革思维和创新办法着力破除存在的不足和短板,夯实法治建设、平安建设高质量发展的根基,为打造老区苏区振兴发展县域样板创造安全稳定的社会环境。

江西省吉安市

在继承中发展　在守正中创新　走好法治文化特色之路

近年来，江西省吉安市始终坚持以习近平法治思想、习近平文化思想引领法治文化建设，依托井冈山革命摇篮的地域优势，赓续红色血脉，传承红色基因，积极探索法治文化与基层治理相结合的有效路径，在全社会积极营造办事依法、遇事找法、解决问题用法、化解矛盾靠法的良好氛围。

一、精心谋划安排，传承红色法治基因

一是突出总体设计。把建立红色基因传承长效机制纳入市委深化改革重点项目，通过制定相关政策、加强红色文化研究、开展红色基因教育等方式，推动红色法治文化建设常态化、规范化。将"加强红色法治文化传承和宣传"列入法治吉安建设五年规划，为大力挖掘、传承和弘扬红色法治文化，推进红色基因传承提供了有力的组织保障。及时制定《吉安市红色文化遗存保护条例》，完成对红色文化遗存立法保护。二是强化智力支撑。成立市、县红色法治文化研究工作专班，编写《井冈山革命斗争时期红色法治文化读本》及画册，撰写《百年征程的法治萌芽——井冈山斗争时期法治实践的"五个第一"》，发表《以人民为中心视角下的〈井冈山土地法〉》等理论文章。三是深化法治实践。积极探索在基层治理中赓续红色法治文化，以红色治理赋能法治乡村建设，为红色文化传承发展提供坚实法治支撑。注重将烈士后代及红军后人培养成"法律明白人"骨干，深入推进"红色物业""红色交通""红色消防""红色体育""红色商圈"建设，在各行各业形成传承红色基因、赓续红色血脉的行动自觉。

二、探索创新举措，加强特色化阵地建设

一是注重"串珠成链"，打造红色法治文化新亮点。深挖中国第一个农村革命

根据地法治元素，精心打造红色法治文化带，主要包括井冈山、遂川县、永新县、青原区四个县（市、区）16个红色法治文化阵地，其中遂川县工农兵政府旧址等4个红色法治文化阵地于2022年被命名为"传承红色法治基因 弘扬新时代法治精神"江西省法治宣传教育基地。该文化带的各个景点每年接待全国各地游客均超100万人次。二是突出"法景融合"，建设法治文化新阵地。投资建成宪法广场、民法典主题公园及综合性法治文化公园，汇集宪法宣传、民法典宣传、红色法治文化展厅、"尊法学法守法用法"四区和庐陵法治先贤广场，成为当地闪亮的"法治名片"。全市各地积极加强主题公园建设，因地制宜推动法治小区、法治街区、法治景区打造，截至2023年年底，共建成法治公园27个、法治文化广场41个。三是坚持"智慧司法"，书写法治数字化新篇章。启动新时代红色基因传承数字化行动、发布"新时代红色基因传承数字化行动井冈山宣言"、公布"井冈山精神代代传"红色数字藏品，推进法治建设工作由"传统型"向"数字型""科技型"转变。30集大型融媒体报道节目"革命文物说党史"电视系列片成功制作，电视台等平台高频播出，新媒体、自媒体平台常态化开展法治宣传，法治氛围更加浓厚。

三、融入法治宣传，繁荣发展法治文艺

一是壮大法治队伍。将文艺工作者发展成为法治宣传志愿者，邀请当地曲艺协会、摄影协会、美术家协会等文化组织加入法治宣传队伍。组建"红色工匠"宣讲队伍，井冈山市"神山宣讲团"、泰和县"幸福茶馆"、万安县"红话筒"、吉安县"五老红色宣讲团"等一批深受群众喜欢的宣讲品牌，成为基层群众身边的"红色法治课堂"。二是传播法治文化。开展文艺精品创作，推动法治文艺进基层，为群众提供接地气的法治宣传。《跨越时空的井冈山精神》《吉安革命根据地全史》《三湾改编》等红色影视作品受到干部群众热捧；电影《井冈星火》全国公映，被中央党校（国家行政学院）作为党性教育必修课；2023年8月，以1928年遂川县工农兵政府成立为背景的司法主题影片《红色裁判》公映，广受好评。鼓励群众性法治文化创造活动，遂川县零田农民普法剧团，10余年来自编自演普法送戏下乡400多场，观众达20多万人次；永新县小鼓、三角班等方言说唱红色法治剧目，深受广大群众喜爱；万安县高陂镇田北村"农民画+普法"创作、遂川

县非遗油纸伞，集知识性和趣味性于一体，在推进法治文化宣传普及上进行了有益探索。三是凝聚法治合力。落实"谁执法谁普法"普法责任制，深入开展"习近平法治思想大学堂""宪法宣传周""美好生活　民法典相伴"等各类主题宣传活动，连续3年举办"禁毒宣传公益跑""公益健步走""全民反诈　你我同行"防范电信网络诈骗等各类法治主题宣传活动等，法治宣传教育做到月月有重点、全年不间断。

经验启示

　　坚持科学谋划是关键。突出总体设计，强化智力支持，从思想层面、政策层面确立正确文化导向及有效途径，方能有的放矢，在法治实践中弘扬社会主义法治精神，使法治成为全社会的共识和基本原则。**坚持人民至上是根本**。聚焦群众的法治需求，推进法治文化阵地提档升级，以法治文化润泽民心，使法律从文本走向群众生活，努力让人民群众的法治获得感成色更足、幸福感更可持续、安全感更有保障。**坚持凝聚合力是保证**。法治文化建设是一个系统工程，通过整合部门职能，凝聚共识，从挖掘、整理、宣传、传承到赋能社会基层治理等方面进行多向发力，使法治文化"有温度"，群众参与"热情高"，普法效果"可感知"。

湖北省咸宁市

完善多元解纷体系　提升市域社会治理水平

湖北省咸宁市深入学习贯彻习近平法治思想，坚持和发展新时代"枫桥经验"，探索打造"一站式"矛盾纠纷化解服务新平台，形成了矛盾纠纷源头预防、依法调解、实质化解的多元解纷模式。

一、集成化建平台，提供"一站式"解纷服务

立足新时代矛盾纠纷复杂性、多发性、群体化等特点，按照党委领导、政府建设、政法委统筹、司法局管理、法院对接、调解组织（部门）入驻总思路，集中优势资源，全力打造"一站式"多元解纷服务平台。一是建强市级平台。高起点高标准高规格建成4000多平方米的多元解纷平台，聚集多个专调委及各类解纷资源，共享调解场所、融合调解力量、汇集专家资源、集约人员管理，简单事项当场办，疑难事项协同办，让老百姓说事只进一门，只跑一地。二是延伸基层平台。推进多元解纷超市模式向基层延伸，用三年时间，推动6个县（市、区）、70个乡镇（街道）、1074个村（社区）人民调解中心全覆盖，形成中心调度、市县乡村四级平台联动工作格局，基本实现小事不出村、大事不出镇、矛盾不上交。三是打造线上平台。积极运用"互联网+调解"模式，坚持"场内+场外"相结合，实施线上线下融合发展，实现全类别调解服务"一码通办"、全流程"掌上办理"，让"数据多跑路，群众少跑腿"，最大限度便民利民惠民。

二、全流程强机制，构建"大调解"工作格局

以改革创新的思路，统筹整合的方法，构建多元、高效、便捷解纷工作机制。一是坚持预防在前。每月收集12348热线和调解数据，奔着问题分析研判，提出意见建议，为党委政府决策提供参考。书记、市长先后作出21次批示，督促相关部

门出台 60 余项制度措施，切实解决百姓的操心事、烦心事、揪心事，把解纷工作真正做到群众心坎上。二是强化"三调"对接。加强人民调解、行政调解、司法调解对接，建立多元化解纠纷联席会议制度和府院联动机制，深化调解与仲裁、行政裁决、行政复议的衔接，优先通过调解或其他非诉讼方式解决纠纷，对进入诉讼程序的案件，通过繁简分流、速裁快审解决，形成矛盾纠纷化解工作闭环。三是推进实质化解。依法规范各类解纷主体的程序衔接，对案件质量进行专业审核，发布典型案例，规范类案指导。加大调解协议司法确认力度，调解协议履行率达到 92.5% 以上，推动纠纷实质化解，实现案结事了。四是加强工作保障。出台人民调解员管理办法、人民调解员积分制管理规范，对调解员"选、育、管、用、退"进行系统化管理，不断提升调解员综合能力素质。充分发挥人民调解中心在纠纷化解中的统筹协调作用，对市、县人民调解中心明确机构、编制和工作经费。出台人民调解奖补基金管理办法，创设人民调解奖补基金，按每年 1000 万元，对全市人民调解案件实施奖补，提高基层人民调解员待遇保障。

三、长效化促治理，提升市域社会治理法治化水平

将多元解纷汇聚的基础数据应用到行政决策、行政执法环节，提高社会治理质效。一是强化依法决策。坚持法治贯穿重大行政决策全过程，对政府及政府部门规范性文件、签订的合同、协议进行法律审查，做到依法决策、科学决策、民主决策。二是加强规范执法。精准分析涉营商环境解纷数据，用好执法监督建议书，督促各级政府执法部门加强和规范行政执法，开展相关领域专项整治，实现系统治理、源头治理。三是涵养法治素养。坚持从解纷数据反向入手，查找行业性、区域性法律知识盲点，针对社会矛盾多发频发领域，利用"报、网、微、端、屏"全媒体普法矩阵精准对接人群，开展"量身定制"法治宣讲，不断提升全民法治素养。四是加快立法进程。将多元化解纠纷促进条例纳入市立法调研项目，探索通过地方立法，对实践中行之有效的体制机制、经验做法予以总结、固化和提升。

经验启示

一是坚持预防在前理念。以多元解纷汇聚的基础数据，强化风险隐患处置，在加强依法行政、严格规范公正文明执法、普法宣传等方面进一步采取硬实措施，坚持源头预防，做到"调防结合、以防为主"。二是协调联动上更加注重质效。全域搭建解纷平台，统筹解纷资源力量，加强衔接联动，健全完善引导告知、移交委托和信息反馈机制，把调解贯穿矛盾纠纷化解工作始终，为人民群众提供"综合性""一站式"纠纷化解服务。三是坚持把实质化解作为根本任务。压紧压实纠纷涉事主体责任，抓好基层、重点行业领域矛盾纠纷化解，加强人民调解、行政调解、行业性专业性调解的分类指导，深化与人民法院的协作配合，保证调解协议效力，构建"人民调解优先、行政调解补充、法院诉讼兜底"的多层次矛盾纠纷预防调处化解综合机制，推动矛盾纠纷就地实质化解。

湖南省益阳市

倾力打造医疗纠纷调解"三全"模式
筑牢化解纠纷"第一道防线"

近年来,湖南省益阳市着眼人民群众对医疗纠纷调解的现实需求,积极探索化解医疗纠纷的新路径,构建了"全要素管理、全流程解纷、全方位预判"的医疗纠纷人民调解新模式,人民调解在预防和化解医疗纠纷中"第一道防线"的基础性地位得到充分彰显。

一、高标准规范,建立全要素管理机制

一是细化调解程序。将调解工作流程细分为调解受理、调解准备、调解实施、调解结束和效果回访等步骤,明确每个步骤和环节的操作规程和要求,从程序上确保医疗纠纷的调解工作依法规范有序、高效运行有度。对医疗纠纷调解工作人员、工作规则、工作纪律、工作流程、受理范围、当事人须知、当事人权利和义务等进行张榜公示,确保医疗纠纷调解在"阳光下运行"。二是规范调解行为。严格落实人民调解不收任何费用的规定,受到医患双方,特别是因病致贫患者的欢迎和好评。创建联动单位联席会议机制,建立医疗纠纷调解工作联动单位联系卡,合力依法处置重大医患纠纷。制定印发的《益阳市医疗纠纷预防与处理责任追究办法》共11条硬性规定,对调解参与人员在医疗纠纷调解过程中存在无故不到、工作拖延或未采取积极有效调查处理措施等问题影响医疗纠纷处理的,依法依规依纪查处。三是强化工作保障。充实医疗纠纷调解机构人员力量,市医疗纠纷调解中心设主任1名、副主任1名、聘请专职调解员3名,分别由退休医师和法医组成,还聘请25名律师、基层法律服务工作者组成兼职人民调解员队伍,建立由332名医学、法学专家组成的专家库,有效保障了城区医疗纠纷调处工作顺利推进。加强医疗纠纷调解经费保障,办公经费和人民调解员的工作

补贴均由市财政全额拨款，列入财政预算，保障了医疗纠纷调解中心工作的有序运行。

二、高水平调处，建设全流程解纷机制

一是提供"四位一体"一站式服务。坚持"矛盾纠纷不上交"的担当精神和"把纠纷调到人民群众心坎上"的群众观念，打造调处、鉴定、法律服务、理赔"四位一体"的医疗纠纷调解模式，充分发挥人民调解作为化解医患纠纷第一道防线的重要作用。2023年，益阳市各医疗纠纷人民调解委员会共受理医疗纠纷201起，成功调处188起，调处成功率达93.5%。二是推动"四方联动"立体式解纷。建立联动应急处置机制，根据应急事件和疑难案件的需要，整合社会多方力量搭建大调解平台，构建党委政府、政法单位、调解组织联动互动的调解格局，及时平息"医闹"事件，化解疑难"骨头案"，逐步形成了权威性与成功率明显提高，反应和调处结案速度明显加快的"两高两快"医疗纠纷调解特色。三是做到"四个到位"，实现案结事了。始终恪守"立场中立、工作独立"的调解准则，做到了解、沟通、监督、整改"四到位"，通过采取"背靠背"为主，"面对面"为辅的方式，听取诉求、了解情况、耐心疏导，促使医患双方消除隔阂，在平等协商、互谅互让的基础上达成调解协议，把医患纠纷风险控制在合理范围内。益阳市医疗纠纷人民调解委员会成立以来，患者诉求赔偿金额达1.3亿元，经调处实际达成协议赔偿金额3483.6万元，经调解后无一引发其他后续纠纷。

三、高效率响应，构建全方位预判机制

一是构建医疗纠纷预测机制。印发《医疗纠纷案件调处情况年报表》，将案由、调解情况通报卫健部门和相关医院，实现信息共享，为各单位总结教训、提高医疗质量提供信息数据支撑。编写医疗纠纷调解《要情专报》47期，对重大医疗纠纷进行专门分析总结，并及时与医院沟通反馈，有效预防了医疗纠纷的发生。二是构建医疗纠纷应急处置机制。建立医患纠纷处置预案快速启动联动机制，通过与公安机关等单位联动对接，对"医闹"行为采取果断措施，防止事态扩大，有效制止犯罪活动。建立并完善稳控医疗纠纷调解现场制度，对调解过程中可能出现的情况做好应对方案，保障医疗纠纷调解工作有序开展。三是构建交流与监

督工作机制。拓展畅通调解员沟通交流渠道,协调相关部门解决纠纷调处中遇到的困难和问题。邀请各家医院业务副院长、医务科长每年举行一次研讨座谈,分析医疗纠纷发生原因,交流源头预防经验,形成纠纷预测共识。深化宣讲培训机制,先后组织专职调解员到市、县两级医院授课20余次,通过以案释法、现场指导,传授预防医疗事故的经验。同时,针对近三年发生的300余起典型医疗纠纷,益阳市先后多次邀请相关医院业务副院长参加人民调解案卷评查现场点评活动,达到了举一反三、防患未然的目的。

经验启示

规范管理是基础。通过健全完善管理制度,细化工作流程,推动医疗纠纷调解工作在"阳光下运行",使人民群众更加相信医疗纠纷调解。情理结合是关键。医疗纠纷调处专业性很强,患方往往因为缺乏医学知识和法律知识而容易产生过激行为,调解过程中坚持情理结合,在医患之间架起一座思想沟通的"连心桥",有利于促使医患双方互相理解,最终握手言和。源头预防是重点。通过构建医疗纠纷预测等机制,督促相关医院规范医疗行为,进而促使医疗纠纷案例数量和医患双方矛盾程度明显下降,防止了医疗纠纷可能引发的事件,有力维护了社会稳定。

广东省广宁县

普法战斗"叽"奏响动漫普法新乐章

广东省广宁县深入学习贯彻习近平法治思想，坚持以人民为中心，着力打造"小叽说法"、普法战斗"叽"动漫普法品牌，以群众关心的法律问题为蓝本，塑造了以"小叽"、普法战斗"叽"为主角的动漫形象，通过运用简洁明了的语言和幽默轻松的表现形式，讲述贴近百姓生活的法律故事，以群众喜闻乐见的形式开展普法宣传，让广大群众潜移默化地接受普法教育。

一、创新宣传形式，推出动漫普法，法治宣传形象更活

一是以鲜活的动漫形象拉近距离。"小叽说法"诞生于2016年，原型是一只小黄鸡，为凸显活泼的形象和说法的热情而采用叽叽喳喳的"叽"，取名"小叽"。普法战斗"叽"诞生于2021年，穿上盔甲后作为"小叽"的升级版，凸显普法队伍的朝气蓬勃和精力旺盛，以及普法形式的与时俱进。"小叽"、普法战斗"叽"形象阳光可爱，普法风格轻松活泼，使原本专业、复杂的法律知识，通过动漫形象解说变得通俗易懂，让群众"喜欢看""能理解""有收获"。二是以幽默的语言贴近心灵。广宁县普法办"小叽说法"主创团队把握微视频特点，推动法律条文故事化，满足公众阅读习惯。团队聚焦老百姓"注意力""兴趣点"，用"小叽"鲜活的语言生动演绎专业的法律条文，实现普法"有形有声、入脑入心"。在 You should know（《您应该知道》）中，"小叽"以日常生活中食品安全、劳动保障、网络传播、酒后驾驶等具体事例释法，将事例和普法内容浓缩在3分钟视频内。"小叽说宪法"用轻松易懂、直白幽默的语言，通过不同场景的转换，生动地展现和讲述出宪法在生活中有着重要意义。"小叽说司法行政"生动形象地展现了新时代司法行政的历史使命和担当作为，提高司法行政工作的社会认知度。三是以优秀的作品阐明道理。广宁县普法办"小叽说法"主创团队致力精品创作，把

贴近实际、贴近生活、贴近群众作为创作准则，着力丰富、活跃、外化"小叽说法"要素和表现形式。2020年6月，"小叽说民法典"开始连载，每出一期都有群众留言"催更"，成功把法条转化为动漫，加上鲜活的地方语言——广宁话，接地气、入民心，有"回味"，让人念念不忘。截至2023年年底，创作"小叽"系列法治动画10余部、法治漫画40余期，制作"小叽"生活用品、玩偶、摆件等衍生品20余类，向群众派送近10万个，当地群众对普法"小叽"形象耳熟能详。

二、紧扣时事热点，创新表现手法，法治宣传效果更佳

一是互动体验，传播法治文化"接地气"。2018年6月、2020年2月"小叽说法"主创团队推出"小叽"表情包，下载量达95万次，发送量达2100万次，至今仍有近90万活跃用户使用。推行"订单式"普法，围绕群众关于反校园霸凌学法需求，"小叽说法"主创团队制作《普法战斗"叽"说"杜绝校园欺凌，从你我做起"》漫画，倡导社会各界共同防治校园霸凌，单篇阅读量超2万余人次，成为市内法治宣传顶流。二是品牌发力，筑牢法治阵地"有新气"。2018年10月，成名后的"小叽"从屏幕里走了出来，广宁县省级法治文化主题公园专门设立了"小叽说法"实体化系列景观，市内首个民法典主题公园也以"小叽"形象展现，将漫画法治元素与园林环境相融合，成为法治宣传前沿阵地，年接待观众11万余人次。三是精选案例，弘扬法治精神"树正气"。以身边案例为素材，精心筛选具有重大典型教育意义、与群众关系密切的"身边案例"作为释法重点，编印"小叽说法"漫画合集，累计派发1万余册，成为普法实用的"法律参考书"。普法讲师团、"砚都春雨"志愿服务队、村居法律顾问、"法律明白人"、农村学法用法示范户在日常普法中将"小叽说法"作为教材，通过一部手机推送，将课堂内外、田间地头变成一个个普法讲坛。

三、遵循传播规律，打造传播矩阵，法治宣传范围更广

一是奏响普法号角，提高法治宣传传播力。"小叽说法"形象可爱、画面生动、语言有趣，自推出以来就受到了众多网友和媒体的热捧。截至2023年年底，"小叽说法"系列动画、漫画全网累计阅读量近500万人次。借助电视、广播、电台、电子显示屏等宣传载体，推出"小叽说法"普法动漫、表情包、情景剧，

2021年以来，广宁县连续三年承办广东省法治文化活动肇庆市系列活动之普法战斗"叽"动漫活动，累计近5万人参与，广泛集聚普法人气。二是丰富产品供给，增强法治宣传吸引力。普法战斗"叽"说"扫黄打非"、未成年人保护、法律援助、预防网络沉迷等漫画、动画获得国家、省、市新媒体推广，普法战斗"叽"说"防范养老诈骗十件事"，图案简单、文字精短、事理清晰，老年人也喜欢阅读和浏览。三是立足群众需求，提高法治宣传渗透力。针对群众普遍关注的热点事件、热议话题，"小叽"深入生活收集素材，通过鲜活独特的方式，生动解说了国家安全、平安建设、城市管理、森林防火等20多部相关的法律法规。定制"小叽说法"公交车，让法治宣传融入城市交通、穿梭大街小巷、进入群众身边。推出"村村响"农村普法模式，"小叽"作为情景剧角色以案释法，依托覆盖全县的198个站点、587个大喇叭（音柱）播出终端，在全县15个镇（街）、178个行政村间架起了普法"空中桥梁"。

经验启示

一是创新普法形式，回应群众关切。以摸底研判的方式定位群众法治需求，精心选取禁毒、预防诈骗、食品安全、未成年人保护等重点民生领域案例，结合各类法律法规，通过动漫新媒体作品的形式展示给社会公众，使法治宣传教育内容更贴近群众日常需求。二是依托新媒体融合发布，提高法治宣传影响力。运用现代传媒的辐射效应、老百姓喜闻乐见的表现形式，以趣味性强、传播性快、覆盖面广的新媒体普法模式，讲述贴近百姓生活的法律故事，法治宣传"有趣""有料"，受到群众好评。三是丰富互动社交体验，强化普法效果。融入动漫普法概念，制作互动性强、沉浸感高的"表情包"类产品，通过社交场景进行贴近群众的动漫普法，实现法治宣传接地气、全覆盖的传播效果。

广西壮族自治区金秀瑶族自治县

"四用"石牌律 创新法治与民族区域自治相融合的社会治理新模式

广西壮族自治区金秀瑶族自治县境内瑶族占总人口的39%，被誉为"世界瑶都"。石牌律是瑶族的一种社会管理制度，拥有500多年历史，在当地素有"石牌大过天"之说。近年来，金秀瑶族自治县深入学习贯彻习近平法治思想，把瑶族石牌律文化融入法治建设中，探索出一条法治与民族区域自治相融合的社会治理新模式。

一、巧用石牌律，夯实基层组织建设

"石牌头人"是执行石牌律的人，善于言辞、办事公正、有胆识，是瑶族社群自然产生的领头人。金秀瑶族自治县通过大力培养"石牌头人"加入基层党组织、选拔"石牌头人"充实村两委干部、组织"石牌头人"开展形式多样的法治活动等措施，充分发挥其凝聚力、号召力和亲和力。金秀瑶族自治县82个村基层党组织共有"石牌头人"86名，280名村两委干部中有"石牌头人"151名，2023年"石牌头人"组织开展各种法治活动242场次。"石牌头人"积极发挥党员先锋模范作用，将石牌律作为联系群众的桥梁和纽带，带动村民养成尊法学法守法用法的良好习惯，使新时代法治文化与传统石牌律文化悄然融合，潜移默化融入瑶乡社会治理。

二、妙用石牌律，有效化解矛盾纠纷

金秀瑶族自治县充分发挥石牌律自我约束、自我管理作用，组建"泰玛"（意为兄弟）团、"舍棱"（意为调解）团、"代仗"（意为判事）团，多维度化解矛盾纠纷。一是"泰玛"团以情促和谐，确保小事不出寨子。由村寨中辈分高、有威信、处事公正、群众拥护的村民组成"泰玛"团，带头遵守石牌律定下的村规民

约。"泰玛"团运用石牌律"平等互敬、以理互让"的约定，发挥瑶族"认理又认人"的民风作用，在化解矛盾纠纷时动之以情、晓之以理，通过瑶语解开群众心结。二是"舍棱"团以仪止纷争，确保中事不出村子。聘请瑶族人大代表、政协委员、法律顾问组成村"舍棱"团。"舍棱"团尊重瑶族群众敬畏祖先的心理，依托"盘王是瑶族始祖"的特殊地位，在调解前举行"面盘王说真言"仪式，教育引导当事人说实话、说真话。三是"代仗"团以法化矛盾，确保大事不出瑶乡。采取"瑶胞+司法"的方式，邀请司法行政、公安、法院等部门瑶族干警组成乡"代仗"团。在"泰玛"团、"舍棱"团调解疑难重大矛盾纠纷受阻时，"代仗"团及时介入，根据新石牌律关于"有矛盾找头人调解，调解不通依靠法律解决，不得武力暴力解决"的约定，用通俗易懂的瑶语给瑶族群众阐明法理，引导群众依法妥善解决矛盾纠纷。

三、善用石牌律，提升瑶乡法治水平

在传统石牌律的基础上，融入新发展理念，以"新队伍、新理念、新形式"提升治理水平。一是大力培育新式"石牌头人"。把"石牌头人"的特质作为培养"法律明白人"的要素之一，使"法律明白人"成为新式"石牌头人"。全县10个乡镇82个村（社区）共遴选出410名"法律明白人"。2023年以来，通过举办培训班、现场学习等方式，组织"法律明白人"学习石牌律内容及其文化32场次，让"法律明白人"既掌握法律知识，又了解传统石牌律文化，成为法治乡村建设的主力军。二是大力完善新石牌律。按照一乡一组的原则，成立石牌摸排工作小组，发现、拆除旧石牌42块，并将其中18块移送至金秀瑶族博物馆作为国家级文物永久收藏。结合本土石牌律文化和新农村村规民约，整合法院、统战、民宗、宣传、民政等9个单位部门力量，发动53名专家、村民代表参与新石牌律研究和修订工作，由县司法局、法院等部门对石牌内容进行审核把关，在全县10个乡镇645个村屯全覆盖适用新石牌律。三是大力推行新式"料话"（宣讲石牌规约）。深入瑶族村寨开展汉语+瑶语"双语普法课堂"，通过以案释法、专题讲座等形式，让瑶族群众深入了解法律知识。同时，利用盘王节、功德节等瑶族节庆活动，开展"法治进乡村"活动，通过"石牌头人"把法治思想、常用法律条文等用瑶语传递给瑶族群众，打通瑶族群众学法用法"最后一公里"。

四、活用石牌律,促进民族团结进步

发扬石牌律精神,铸牢中华民族共同体意识。一是立足地方优势积极开展地方立法。1951年,在中央代表团的帮助指导下,瑶乡各族人民以立石牌的方式,订立大瑶山团结公约。近年来,金秀瑶族自治县充分运用民族自治地方立法权,制定了《金秀瑶族自治县瑶医药发展条例》,研究制定《金秀瑶族自治县旅游发展条例》《金秀瑶族自治县古茶树资源保护条例》等,从维护团结、有利生产的原则出发,聚焦民族文化优势、生态资源优势和特色产业优势开展立法。二是构建民族和睦相处的社会治理体系。全面推广"义警"和"一村一律师"工程,健全村级公共法律服务体系。如长垌派出所结合瑶族同胞历来有"结佬同"的传统,联合各瑶族代表组成"瑶佬同"巡逻调解队,实行"1+1+N"(1名民警+1名警务助理+N名"瑶佬同")模式,在辖区内开展治安巡逻、安全检查、案事件处理,保障社会生活和谐稳定。

> **经验启示**
>
> 一是以民族传承促治理。石牌律在瑶族群众中认同度很高,传承石牌律治理方式,能有效解决日常生产和生活中的问题,较好维护社会秩序。二是以民族文化促稳定。继承和发扬石牌律文化,将民族优秀传统文化融入法治建设中,有利于树牢法治意识,促进瑶族群众成为社会主义法治的忠实崇尚者、自觉遵守者、坚定捍卫者。三是以民族融合促发展。尊重地方少数民族公序良俗,是团结各族人民、凝聚人心的良策,"四用"石牌律是构建和谐稳定法治环境的重要途径。

海南省陵水黎族自治县

构建"大调解"格局 提升基层社会治理法治化水平

海南省陵水黎族自治县坚持和发展新时代"枫桥经验",以党建引领基层社会治理现代化为主线,以服务群众为出发点和落脚点,探索新时代矛盾纠纷化解机制,不断完善"大调解"工作格局,在促进基层治理现代化、法治化方面发挥了积极作用。近 3 年来,人民调解员共开展矛盾纠纷排查 4772 次,调解成功 3006件;行政争议调处中心、诉前纠纷调解委员会成立以来充分发挥作用,行政调解成功 29 件,司法调解成功 1225 件,未发生因调解不及时引发民转刑案件、重大伤亡事件,人民群众对法治建设满意度和认同感得到明显提高。

一、建机制,构筑三调联动"大调解"格局

充分发挥调解维护社会和谐稳定"第一道防线"作用,不断完善调解工作机制,积极打造以非诉联动为抓手,人民调解为主体的工作模式。一是构建矛盾纠纷多元化解机制。出台建立人民调解与行政调解、司法调解"三调联动"大调解工作机制的意见,成立"三调联动"大调解工作领导小组。在完善乡镇、村居委会人民调解组织的基础上,建立婚姻家庭、物业、校园、知识产权、劳动争议、交通事故等行业性专业性调解组织,在行政业务较重的单位成立行政调解委员会,在县法院成立"诉前纠纷调解委员会"。建立联席会议、联合排查、信息通报、工作交流、跟踪回访等工作制度,开通人民调解司法确认便捷通道,实现诉调对接。二是推行调解联动共治共商机制。建立健全基层矛盾纠纷调处、分析研判机制,推动落实基层调委会群众座谈会、司法所矛盾调处分析研判会及乡镇平安建设部署会"三会一体"的共治共商机制,建立全覆盖、无缝隙的调解工作体系,切实做到把矛盾纠纷化解在基层,消除在萌芽状态。三是完善调解工作长效保障机制。根据《陵水黎族自治县镇务村务工作人员管理暂行办法》,专职人民调解员作为镇

务村务工作人员每月领取基本生活补贴，享受意外伤害、基本医疗、基本养老三项保险待遇。制定出台《陵水黎族自治县矛盾纠纷调处奖励暂行办法》，根据《海南省多元解纷工作补贴发放标准的指导意见》出台新的"以案定补"实施办法，不断完善调解工作长效保障机制。

二、强支撑，锻造专兼结合调解队伍

积极打造一支符合当地实际和民族特色风俗的专兼结合的人民调解员队伍，专职人民调解员了解群众情况，具备群众基础，能够以最快速度赶到纠纷现场，第一时间倾听群众心声，提供最接地气的调解建议；兼职人民调解员多数具有扎实的法律专业知识，能够有效发挥法律专长化解纠纷。一是实现专职人民调解员全覆盖。陵水县推动由基层群众推选、政府以购买服务方式聘任专职人民调解员，实现全县各行政村（居）委会专职调解员全覆盖，做到"哪里有矛盾，哪里就有人民调解员"，基本实现"小事不出村、大事不出镇、矛盾不上交"。出台专职人民调解员聘任管理办法、工作规范等制度，细化选拔和考核标准，不断规范专职调解员队伍建设。二是加强兼职人民调解员队伍建设。整合各类调解力量，充实壮大调解队伍，开启"法官+司法所所长+派出所所长+法律顾问+人民调解员+网格员+法律明白人"的多条联动大调解模式，逐步建立了一支专职人民调解员为主力，兼职人民调解员配合的纠纷调处工作队伍。同时充分发挥队伍中法官和专业律师的法律优势，为调解员开展业务培训和法治宣传，安排庭审观摩、专业技能提升等课程，不断提升调解队伍业务水平。三是充分发挥党员调解员优势作用。专兼职人民调解员中有党员575人。党员调解员在处理矛盾纠纷方面的优势逐渐体现，在辖区开展调解工作时亮身份、亮职责、亮承诺，创新面对面、背对背等多种调解模式，在田间地头、乡间小道树党旗做调解，树立起良好的群众口碑。

三、搭平台，开启"多元化"调解新篇章

全流程一站式矛盾纠纷"线上+线下"基层服务模式，让法律服务始终在群众身边、手边，使多元化纠纷解决机制辐射到每个乡镇、村。一是全面建设实体平台。建立健全覆盖城乡每一个社区、村和行业的人民调解组织网络。高标准建设县级公共法律服务中心，规范化推进乡镇公共法律服务工作站建设，在全县118个

村（居）委会普遍建立了村（居）公共法律服务工作室，由专职人民调解员担任联络员，加强与基层派出法庭、检察室、公安派出所以及乡镇综治专干联系，妥善处置各类治安、信访及矛盾纠纷案件。2023年7月，陵水县行政争议调处中心在县法院和县司法局分别揭牌成立，组建由专业律师、退休法官、退休干部为调解员的行政争议调处人才库，专门调解行政争议工作。二是创建"陵水法网"法律服务平台。2023年6月，具备陵水特色的公共法律服务系统正式上线，既保留海南法网原有的基础服务项目，还开发了具备陵水地方特色的8大模块，增设"法律淘宝"。同时，18台公共法律服务智能终端机已投放到11个乡镇和县政府服务中心、劳动监察大队等单位，实现了法律服务进社区、进园区、进营区、进湾区。三是打造调解个人工作室品牌。充分发挥优秀人民调解员的模范带动和示范引领作用，推动实现调解"品牌化""专业化"。县司法局为群众信赖、具备良好口碑的调解员成立个人调解工作室，为擅长调处农民工薪资纠纷和擅长调处医疗纠纷的调解员分别成立了个人调解工作室，进一步发挥专职调解员调解经验丰富、深受群众信赖的优势，示范带动调解工作纵深推进。

经验启示

一是以"党建引领"为核心。坚持和发展新时代"枫桥经验"，必须把加强党的领导作为贯穿基层社会治理的主线，真正把基层党建的政治优势转化为基层社会治理的工作优势。二是以"群众路线"为依托。组建离群众最近、深得群众信任、能解决群众问题的专职人民调解员队伍，充分发动群众、依靠群众，强化群众"主人翁"意识，引导群众参与到城乡基层治理中来，做到民事民议、民事民调、民事民决，实现"矛盾不上交"。三是以"多元共治"为主线。构建党委领导、政府主导、政法综治协调、司法行政牵头、各职能部门积极参与的矛盾纠纷多元化解大格局，实现矛盾纠纷调处"一窗式受理、一站式调处、全链条解决"，有效提升基层社会治理科学化、精细化、便民化水平。

重庆市南川区

最差行政效能乡镇（街道）大家评
促进提升基层治理能力与治理效能

为完善权力制约监督机制，重庆市南川区在"最难办事科室群众评"行政权力监督机制的基础上，将权力监督体系向乡镇（街道）延伸，探索"最差行政效能乡镇（街道）大家评"，持续发挥"评差"的反面典型警示作用，进一步增强乡镇（街道）党政领导干部及工作人员责任意识、服务意识，打通优化营商环境的"最后一公里"，全面提升基层治理能力与治理效能。

一、聚焦基层一线，构建监督体系

"最差行政效能乡镇（街道）大家评"是南川区在探索完善"一把手"五不直管、"最难办事科室群众评"方式后的又一权力监督模式，在全区构建由上至下的立体式监督体系。一是紧盯基层权力。评议聚焦乡镇（街道）这一联系群众、服务群众的前沿阵地，将全区34个乡镇（街道）作为评议对象，梳理出乡镇（街道）在抓各项工作落实过程中容易出现的"不作为""慢作为""乱作为"3类行为、18种表现形式，紧盯薄弱环节加强对权力行使的监督。二是沿用逆向倒逼。评议沿用"最难办事科室群众评"不评"最优"评"最差"的逆向评议模式，充分发挥反面典型警示作用，通过"评差"倒逼"最短板"向其他"长板"看齐，激发乡镇（街道）主动提升行政效能。三是采取过程评价。有别于过去对乡镇（街道）一年一次的经济社会发展考核，评议采取"季度评"，每季度初，收集汇总上季度情况，通过加快考核频率，全面掌握日常情况，线性推进工作落实。

二、聚焦痛点难点，注重靶向评议

评议紧紧围绕推动高质量发展、创造高品质生活的时代主题，以乡镇（街道）

权责清单为依据，采取进度评议、定向评议、特殊评议3种评议方式，力求准确了解乡镇（街道）效能"原生态"。一是以项目推进为抓手。进度评议围绕乡镇（街道）在建项目推进情况展开，重点评议用地保障"拦路虎"和建设工程中的矛盾纠纷调处情况。鉴于各乡镇（街道）项目数量不一，为有效防止"洗碗效应"，评议设置加减分对冲机制，推动乡镇（街道）加速推进项目建设的同时积极向上争取项目。二是以群众满意为导向。定向评议围绕办事是否方便、政府承诺是否兑现等具体问题制定调查问卷，由第三方机构收集项目业主、中小微企业业主等9类人员对乡镇（街道）行政效能的满意度情况，视满意度不同梯级减分，把评判标尺交给群众，以"公民权利"监督"行政权力"。三是以重点工作为牵引。特殊评议在综合分析、归纳乡镇（街道）工作基础上，突出重点核心工作，评议将乡镇（街道）的安全稳定、生态环保、乡村振兴等重点工作细化为13种具体加减分情形，确保评议对乡镇（街道）行政效能的综合检视。

三、强化压力传导，推进以评促改

评议结束后，向全区各部门通报评议结果，通过《南川日报》、网站向社会公示。评议结果直接与干部职工奖惩措施、干部使用挂钩，并督促"上榜"乡镇（街道）上报整改方案和整改情况，真正达到以评促改的目的。一是问题反馈全方位。评议结束后，将评议过程中发现的问题逐一反馈各乡镇（街道），建立以评促改的长效机制，让各乡镇（街道）对行政效能建设需要补齐的短板、亟待努力的方向更加明晰。二是责任压实全链条。首次上榜，由区委组织部、区纪委监委直接约谈乡镇（街道）党政主要负责人；连续2次上榜，责令乡镇（街道）向区委区政府作书面检讨；连续3次上榜，启动分管领导、项目直接负责人调整程序；连续4次上榜，启动党政主要负责人调整程序。三是限期整改全落实。约谈结束后，要求排名后3位乡镇（街道）限期上报整改方案和整改情况，强力推进整改。同时对整改事项进行"拉网式"明察暗访、"随机式"抽查暗访以及"点穴式"定点暗访，检查整改成效，推动整改落实。截至2023年年底，全区已开展评议8次，评出"最差"乡镇（街道）25个，分级约谈领导干部77人次，全区项目建设加速推进，营商环境进一步优化，阻工报警数量同比下降34.8%，中小微企业业主满意度同比提升3.5%。

经验启示

一是监督重心下移，夯实基层治理根基。乡镇（街道）作为最基层的政权组织和党执政的基础层级，是各项工作落实的执行者，将乡镇（街道）单独作为权力监督对象的机制，积极回应基层群众和市场主体的客观需求，有利于保障工作重心下移、力量下沉，有力有效提升基层治理水平和能力。二是**拓宽评价维度**，检视基层整体效能。评议内容围绕项目建设、安全稳定、生态环保、耕地保护等多项基层工作展开，评议主体范围由党政部门延伸至企业与群众中，通过不同人群对不同工作内容的评议，全方位客观检视乡镇（街道）日常工作情况，有效防止基层行政权力错位、越位、缺位。三是逆向评议方式，倒逼基层提升服务。以反向倒逼的内在逻辑，评"最差"的反向评议方式，调动基层党政领导干部与工作队伍积极性，进一步增强基层服务意识，为市场主体和群众提供规范、便利、高效的服务环境。

云南省景东彝族自治县

探索构建"六八四"工作模式
推进法治乡村建设走深走实

云南省景东彝族自治县除汉族以外，还有彝族、回族、哈尼族、瑶族等17个少数民族杂居，是典型的边疆民族地区。近年来，景东县曼等乡立足边疆民族地区特点，把法治乡村建设作为提升乡村治理能力水平的基础性工作和主体性工程，从最基层的村小组营造法治氛围，探索构建融贯乡、村、组体的法治乡村建设"六八四"模式，即在乡级层面打造法治乡村建设"六个一"：一个法治乡村建设领导协调机构、一个法律服务所、一支法治宣传队伍、一个法治文化宣传阵地、一支综合行政执法队伍和一家法治动力超市；在村级层面打造法治乡村建设"八个一"：一个公共法律服务工作室、一个法治文化中心、一个农村流动警务室、一张乡村治理片区网、一份村规民约、一个村风文明评议团、一个矛盾纠纷化解评议组和一个法治公益岗；在村小组层面打造法治乡村建设"四个一"：一个法治宣传阵地、一支法律服务队伍、一个纠纷调解队和一个百姓风尚文明评议组，走出了一条符合边疆民族地区特点的法治乡村建设之路。

一、强化阵地建设，营造浓厚法治氛围

"六八四"模式把实体化法治阵地建设作为重要内容，通过可视、可触的法治阵地让法律走近群众身边。一是建设法治文化广场。在乡镇中心修建占地约3600平方米的法治文化广场，依托广场设置法治文化廊、法治文化墙和法治文化栏，将法条、法谚配以生动活泼的小故事，让群众在潜移默化中了解法律规则、感受法治文化。二是配置"乡村法治通"。在各村设立公共法律服务工作室和法治工作室，并配置"乡村法治通"公共法律服务机器人。通过"乡村法治通"，群众可以与律师进行实时视频语音连线，进行一对一、"面对面"的法律咨询。同时，依托

公共法律服务工作室设立法治文化中心，群众可以随时在线下查阅法律法规、文书范本等，确保法律信息可线上线下随手获取。三是建设法治宣传专栏。在村小组层面，依托小组活动室建设法治宣传阵地，把法治元素充分融入日常环境，让群众在日常生活中感知法治。

二、强化机制建设，形成良好社会风尚

"六八四"模式构建了贯通乡、村、组三级的矛盾纠纷化解、村风文明评议、学法用法动力激励等机制，真正让纸面上的法成为行动中的法。一是构建矛盾纠纷化解机制。通过增加矛盾纠纷化解机会，在多次调解中使当事人回归理性，将当事人的心理预期调整到合理范围。群众之间出现矛盾纠纷，首先由村小组的纠纷调解队进行调处，无法调处的由村一级矛盾纠纷化解评议组调解，如果依然无法调解，则交由乡里的法律服务所及乡人民调解委员会进行调解。截至2023年年底，景东县曼等乡矛盾纠纷化解成功率达100%。二是构建村风文明评议机制。村一级成立村风文明评议团，村小组一级成立百姓风尚文明评议组，负责在村小组和村一级开展人居环境质量、"好婆婆·好儿媳"、致富标兵、法治示范户等先进代表评选活动。通过多样化评议，让群众以普遍认可的道德标准相互评价，在评价中规范行为，提升村风文明程度。三是构建学法用法双向激励机制。被评为各类先进的家庭或个人可获得一定数量的法治积分，法治积分可在法治动力超市兑换物品，充分激发群众学法用法内生动力。

三、强化队伍建设，带动群众学法守法

加强法治队伍建设，在乡、村、组三级打造各有所长、各司其职又相互配合的三支法治队伍，通过法治队伍引领带动法治意识提升，实现"一支队伍引领一片"的效果，让法治扎根村里、扎根心里。一是在乡一级注重吸收法律专业人士。把政法委员、公安派出所、司法所、党政办、综治办人员以及市场监管、农业林业等部门执法人员分配编入乡一级法治乡村建设领导协调机构、法律服务所、法治宣传队伍和综合行政执法队伍中，提升乡一级"六个一"的法治专业化水平。二是在村一级注重吸收有影响力的人士。把村干部、驻村干部、党员代表、青年代表、致富带头人等分配编入村一级的公共法律服务工作室、村风文明评议团和

矛盾纠纷化解评议组中,发挥其号召力、影响力,形成"头雁"效应,带动群众尊法学法守法用法。三是在村小组一级注重吸收有道德权威的人士。把德高望重的老人、退休干部、乡村教师、乡村医生、妇女代表、小组长等分配编入组一级的纠纷调解队和百姓风尚文明评议组,发挥他们在群众中威信高的优势,作为传播法治的桥梁,将法治精神融入农村熟人社会。

经验启示

一是在资源整合上下功夫,健全统筹协调机制。"六八四"工作模式充分考虑到基层人少事多、无法面面兼顾的实际情况,在保留乡、村、组各层级原有各项机构制度的基础上最大限度整合资源,将法治建设纳入基层社会治理总体格局。二是在调动积极性上下功夫,凝聚法治文化认同。将作为法治符号和载体的硬件设施建设下沉到村小组及家庭,将广大群众的"协商""共识"转化为乡风文明建设资源,采取"法治动力超市"等双向激励机制,让法治真真切切地成为村民日常生活的重要组成部分。三是在"三治融合"上下功夫,推动共建共治共享。法治层面全面推进乡村振兴法律服务和法律法规、法治文化宣传教育,德治层面开展村风文明评议,大力弘扬社会主义核心价值观,自治层面通过村规民约实现自我管理、自我服务,最终实现德治、法治、自治三治融合,构建共建共治共享的法治乡村社会治理新格局。

云南省泸水市

"玛腊"调解探路
创新边疆民族地区矛盾纠纷多元化解机制

　　云南省泸水市称杆乡是傈僳族和白族支系勒墨人聚居区，多数村寨位于中缅边境，山高路远，地广人稀，交通不便。在称杆乡傈僳族家庭中，嫂子的地位较高，平日家庭里有矛盾，也多由嫂子出面调和。近年来，称杆乡立足辖区特点与当地习俗，坚持和发展新时代"枫桥经验"，以"玛腊"（"玛腊"是傈僳语，汉译为嫂子）特色解纷服务为切入点，创新矛盾纠纷多元化解机制，有效推动边疆民族地区基层社会治理现代化。

一、立足民族风俗，完善"玛腊"调解实施路径

　　一是以"玛腊"调解为抓手，健全基层调解网络。2021年，称杆法庭依托傈僳族风俗习惯成立了独具民族特色的"玛腊"调解工作室，构建起"'玛腊'调解员+法官"组合。经过探索实践，2023年6月，称杆乡党委政府、称杆法庭、称杆司法所联合成立"玛腊"调解服务中心，并在各村（社区）设立"玛腊"调解室，调解员队伍由乡综治办、司法所、边境派出所、法庭、乡妇联、各村（社区）妇联主席组成，不断将"玛腊"调解向村组延伸，形成调解资源整合、调解功能聚合、调解人才荟萃的"玛腊"调解新格局。截至2023年年底，"玛腊"参与调解群众矛盾212件，调解成功156件，案件成讼率降低26%，遇事找"玛腊"成为辖区群众的共识。二是强化指导培训，壮大队伍力量。为提高"玛腊"调解员的法律素养和业务能力，争取矛盾纠纷实时化解，"玛腊"调解服务中心成立后，称杆乡政府、市人民法院、称杆法庭、称杆司法所等部门分别就有关人民调解的法律法规、调解程序、调解技巧、现场调解注意事项等内容对"玛腊"调解员开展培训，使其进一步明确工作职责，学习掌握人民调解平台运用及材料归档等业

务。三是依托科技法庭,延伸"解纷"触角。"玛腊"调解员进驻人民调解平台,依托科技法庭力量,指导当事人线上操作,应用在线调解、在线司法确认等模式,实现线上线下同步推进,解决当事人远程调解需求。截至2023年年底,依托"智慧法庭",已为50余名当事人进行线上立案服务,为60余名当事人提供线上调解,科技赋能"玛腊"调解为民服务水平不断提升。

二、立足独特优势,积极发挥"玛腊"调解员作用

一是挖掘知民情、晓风俗的优势。"玛腊"调解员大多是熟悉当地民族习惯、风土人情的少数民族女性,能熟练运用方言及少数民族语言,在矛盾纠纷进入法庭之前,会同法官共同开展双语诉前联调,把法律适用和民族习俗有机结合,引导少数民族当事人依法依规解决纠纷,筑牢矛盾化解的"第一道防线"。此外,称杆乡辖区地域广阔,群众居住分散,"玛腊"调解员熟悉地理环境,既当调解员又当联络员,与辖区33个村(社区)人民调解委员会建立联动机制,整合调解资源,协助开设田间法庭、夜间法庭,将大量的矛盾纠纷化解在田间地头、百姓门口。二是发挥化解婚姻家庭矛盾的优势。"玛腊"调解员往往有着善表达、易沟通、更具亲和力的特点,以"拉家常式"进行交流,能够充分了解当事人的生活状态、矛盾根源,全面掌握基本案情,探索出非对抗性、灵活高效的家事调解模式。在"面对面"全程参与处理婚姻、赡养、抚养等家事纠纷中,通过耐心说服教育、公正评判是非,寓情于法、融法于情,打开当事人心结,修复双方感情,引导家庭成员正确处理矛盾问题,构建和谐婚姻家庭关系,真正做到"案结事了人和"。自"玛腊"调解机制形成以来,调和12件婚姻纠纷,定期回访案件40件。

三、立足法治宣传,让"玛腊"成为法治精神的传播者

一是"调"中讲法,群众法治意识进一步提升。"玛腊"参与处理了5起高价彩礼纠纷案件,其参与调解的过程也是法治宣传的过程。用本地语言为群众讲解法律知识,并聚焦移风易俗,治理封建迷信、高价彩礼等不良习气,推动乡村文明进步。会同法官选择典型案件,深入案发地、纠纷地开展巡回办案,对年老体弱、行动不便或路途偏远的少数民族当事人"送法上门",把法律适用、民族习俗

有机结合,引导当事人办事依法、遇事找法,营造崇法尚德的乡村法治环境,真正达到处理一件、教育一片的效果。二是联动普法,法治宣传渠道进一步拓展。构建"'玛腊'调解员+法官"队伍,法官从法律专业角度进行释明讲解,"玛腊"从道德层面进行情理感化,协作配合普法说理,多点联动进行宣传。将法治宣传"搬"到群众家门口,进行现场普法和一对一答疑活动,现已分别到古登乡马垮底村、季加村、洛本卓白族乡巴尼小镇、称杆乡勒墨村、堵堵洛村、赤耐乃村开展普法宣传30余场次。关注校园法治宣传,法官被聘请为法治副校长后,"玛腊"配合法官定期入校,了解控辍保学情况,进行民族理论政策及法律法规宣讲,邀请师生观摩法庭,在未成年人心中播下法治的种子。

经验启示

一是深挖边疆民族地区法治资源。新时代"枫桥经验"的内涵是:坚持和贯彻党的群众路线,在党的领导下,充分发动群众、组织群众、依靠群众解决群众自己的事情,做到"小事不出村、大事不出镇、矛盾不上交"。"玛腊"文化具有极强影响力和渗透力,发掘此类法治资源,找准民族感情和现代法治的共鸣点,是边疆民族地区践行新时代"枫桥经验"的重要举措。二是优化调解制度机制。"玛腊"调解始于称杆法庭,成型为"玛腊"调解服务中心,充分整合各方调解资源,将调解模式延伸至村(社区),依法建立健全基层调解组织网络,为矛盾纠纷多元化解机制体系建设提供借鉴。三是促进调解和普法融合。"玛腊"调解切实做到了把普法贯穿调解工作始终,同解决群众的实际问题、服务群众需求结合起来,讲好法治故事、用好法治讲堂,引导群众参与法治实践活动,让群众在潜移默化的法治宣传中接受法律熏陶,让法治意识深入人心。

陕西省安康市

"无忧调解超市"一站式化解矛盾纠纷

陕西省安康市镇坪县认真贯彻落实习近平总书记关于调解工作的重要指示精神，坚持和发展新时代"枫桥经验"，2017年，探索建立了"无忧调解室"，聘请已经退休的镇人大主席、法庭庭长、司法所所长、村党支部书记等经验丰富的人员作为调解员。2020年，镇坪县将"无忧调解室"优化升级为"无忧调解超市"，并拓展延伸至7个镇。2022年以来，安康市司法局将司法、行政、道德"三力联调"融入"无忧调解超市"，在各县（市、区）全面推广运用，构建"一站式受理、点单式服务、要素式保障"的矛盾纠纷多元化解平台，成功化解各类矛盾纠纷4万余起，全市矛盾纠纷调处满意率连年位居全省前列。

一、条块联动，搭建一站式超市

整合资源、融合力量、聚合功能，推动属事属地协同联动，变"无忧调解室"为"无忧调解超市"，实现基层调解工作从"室"到"超市"的集成式、服务式、开放式转变。一是多方资源整合。"无忧调解超市"接受县委政法委统一领导，镇党委、政府和县司法局具体负责统筹协调、业务指导和日常管理，由镇综治中心和司法所整合综治中心、司法所、派出所、人民法庭、交警中队、法律服务工作站、镇村调委会等资源共同组建，凡属于"无忧调解超市"受理的事宜，坚持调解优先、应调尽调、多元化解，使基层调解资源发挥叠加倍增效应。二是多重力量融合。坚持专职干部专职调解、配合力量协作调解、社会贤达聘任调解，将懂业务知识的基层行政调解人员、懂方针政策的行业站所专干、懂法律法规的基层政法干部整合起来，选聘"熟悉本地事、掌握本地情、知晓本地俗，调解技巧好、群众威望高、能够持公心"的农村"五老""两代表一委员"加入调解队伍，归口充实到各镇"无忧调解超市"，每个"超市"平均整合吸纳各类调解员50余人。

三是多种功能聚合。改变传统矛盾纠纷调解以司法力量或行政力量为主的老模式，充分运用"无忧调解超市"中的司法调解、行政调解、人民调解以及专业性、行业性调解资源，综合释法说理、政策引导、道德评议等举措，推动形成联合调解工作模式。

二、双向互动，提供点单式服务

推出"订单式"矛盾纠纷调处机制，只要群众点单，就全心全力、用心用情将矛盾纠纷及时就地化解。一是线上线下点单。对调解员按照调解类别进行分类，注明个人职业、专长、联系方式和主要职责等基本信息，在"无忧调解超市"张榜公示，并统一装订成册形成清单，放置于各村（社区）调委会。群众遇到矛盾纠纷、法律困惑时，当事人即可根据需求选择1名"信得过、能放心"的调解员进行法律咨询和矛盾纠纷调解。如果群众在居住地找不到自己信任的调解员，可以跨区域到其他镇点单，自主选择调解员和调解方式。同时，"无忧调解超市"资源和运行机制将纳入"智慧调解小程序"，通过智能调解员匹配推荐，利用"机器+人工"方式，方便群众实现"不见面"线上调解，进一步提高调解效率。二是下访走访找单。坚持预防走在排查前、排查走在调解前、调解走在激化前的工作理念，聚焦重点人群、重点地域、重点行业、重点时段，围绕项目建设、产业发展、政策兑现、劳务纠纷等领域，组织调解人员主动下沉一线察民情、访民困、解民忧。充分利用调解员人熟、地熟、情况熟的优势，及时排查群众身边矛盾隐患，定期向"无忧调解超市"报告，由单一处理来信来访向定期约访、带案下访、主动走访延伸，变"群众访"为"上门调"。三是一事一策结单。对受理和发现的简单易处理矛盾纠纷，即时就地做好调处工作。对头绪繁多、成因复杂、时间跨度长或多次调解仍不能有效化解的矛盾纠纷，启动大调解机制，实行司法、行政、道德"三力联调"，因人因事施策、一人一事一策制定化解方案。对可能引起治安案件、刑事案件等的矛盾纠纷，及时预警提醒、规范分流，落实疏导措施，严防矛盾纠纷激化升级。

三、政策驱动，强化要素式保障

以学习培训为基础"强人"，以规范管理为关键"治事"，以绩效考评为手段

"赋能",人、财、物下沉支持,保障"无忧调解超市"高效运转。一是强化培训提能力。根据调解员的职能职责和能力素养条件,采取集中授课、交流研讨、案例评析、现场观摩、旁听庭审、实训演练等形式,围绕专业知识、法律政策、调解技能等方面,对调解员进行多层次、多元化业务培训。2022年以来,对全市各级各类调解员进行全覆盖培训。二是完善机制促规范。制定"无忧调解超市"工作制度、点名调解流程、调解员选任管理工作办法等方案,实现有场所、有标牌、有印章、有调解、有台账、有档案的"六有",推进机构标牌、机构印章、场所标识、工作程序、工作制度、文书格式"六统一"的规范化标准化建设。三是绩效考评重激励。按调解难度安排调解力量,以调解结果确定调解绩效,为专职干部定奖惩、配合力量定考核、社会贤达定薪酬,为每个村(社区)调委会主任、专职调解员发放绩效薪酬;对无固定收入的聘任制调解员,根据矛盾纠纷案件的难易程度和调解成效实行"以案定补",近3年来全市发放矛盾纠纷调解案件奖补资金300余万元,有效提高了调解员的工作积极性。

经验启示

一是调解力量有效融合。通过推行"无忧调解超市",将司法调解、行政调解、人民调解以及专业性、行业性调解资源有机整合,综合释法说理、政策引导、道德评议等举措,贯通不同类型调解方式,促进形成了基层调解工作强大合力。二是调解组织建在一线。基层调解工作主要依靠村(社区)调解组织和"两委"干部,将"无忧调解超市"建在镇和村(社区),挺在基层社会和谐稳定"第一线",既壮大了基层调解组织力量,又减轻了基层组织工作负担。三是调解形式自主选择。群众点名调解方式,让群众自主选择公道、正派、可靠的调解员,使其更放心、更安心,有利于达成调解协议、促进顺利履约、赢得双方满意。

青海省互助土族自治县

"四注重四结合"
努力打造法治文化建设新模式

青海省互助土族自治县（以下简称互助县）是全国唯一的土族自治县，是土族人口最多、居住最为集中的地方，也是一个民族特色鲜明的地区。近年来，互助县深入践行习近平法治思想和习近平文化思想，全面落实中共中央办公厅、国务院办公厅印发的《关于加强社会主义法治文化建设的意见》，主动适应法治宣传教育新形势、新任务、新要求，结合土乡实际，通过"四注重四结合"，努力打造互助县法治文化建设新模式，促进提升重点人群法治素养。

一、注重法治文化与居民生活相结合

坚持以群众需求为导向，常态化开展法治宣传教育，不断提高辖区居民法治意识。一是建设法治文化小区。2022年，在县城人口最多的两个居民小区建成法治文化小区。利用小区门口、楼层墙面、醒目地段、健身休闲场所等，打造以与城镇居民生活息息相关法律法规为重点内容的1200平方米永久性墙面展板和44块镶嵌不同风格法治标语的标识牌，使居民进门可见、休闲能见。二是推进法治文化进家庭。法治文化小区积极宣传妇女权益保障、反家庭暴力、反电信诈骗、禁毒及防艾等知识，营造了"人人学法、法护人生，家家学法、法润家庭"的浓厚氛围。每年定期开展普法趣味竞答、法治文艺演出、法治讲座、居民代表法治座谈等"送法进小区"活动，积极发挥家庭在法治社会建设中的独特作用，切实提高家庭成员法律素养，推动居民养成"遇事找法、解决问题用法、化解矛盾靠法"的行动自觉。

二、注重法治文化与土乡民俗相结合

立足互助县多民族民俗文化特色，大力推进农村法治文化阵地建设，努力构

建立体化、全方位、多层次的法治宣传阵地网。一是打造乡村法治文化载体。先后筹资510万元，在全县19个乡镇（街道）建成含基层社会治理、乡村振兴、村规民约、反有组织犯罪、反邪教等内容，集法治元素、文化元素和土乡风貌于一体的乡村法治文化长廊40座。在西山、蔡家堡等乡镇绘制法治文化墙1900余平方米，为广大村民提供了茶余饭后学习法律的休闲去处。用好互助县游客众多的优势，在北山景区和威远镇卓扎滩等游乐场所建成法治文化长廊2座，通过"休闲娱乐+法治板块+荧屏播放"模式，让广大游客在闲暇娱乐中汲取法治养分。二是多样化开展特色宣传。组建"八五"普法法治文艺宣传队，将具有浓郁地方特色的《三句半："八五"普法谱新篇》《青海道情：法律援助惠民生》《西宁贤孝：法治宣传进乡村》等与普法相融合，在农闲时节、传统节日、庙会等期间巡回演出，深受广大农民群众的欢迎。创建"乡村法治小喇叭"普法专题广播，每周编辑录制2期不同形式、紧贴农村生产生活的法治宣传音频，按时推送至全县294个村的"小喇叭"进行循环播放，让广大农民在家门口就能学到法律知识，实现了"乡村小喇叭，传播法治声"的普法目标。

三、注重法治文化建设与宗教事务管理相结合

结合宗教特点，大力推进宗教场所普法依法治理工作，通过寺院法治文化建设，引导广大僧侣及信教群众正确处理国法和教规的关系，提高法治观念。一是深入推进法律进寺院。按照"贴近寺院、贴近僧侣、贴近实际"的思路，积极开展法律进寺院活动，让法律、政策进寺规、进头脑，不断增强僧人和教职人员的法治意识。近年来，互助县在4个宗教场所建成以爱国主义教育、民族团结、宗教管理、加强朝觐管理服务以及消防安全等为主要内容的寺院法治文化长廊4座、法治文化墙1处、"学法书屋"2个，为宗教人士和广大信教群众提供了学法场所。二是加强法治宣传教育。以"入寺送法""法治座谈""上门讲法"形式开展宗教场所法治宣传活动，通过以案释法、以案学法，向寺院民生管理委员会成员及僧侣代表解读法律法规，引导寺院僧人学法用法、守法持戒，自觉维护法律尊严。

四、注重法治文化与校园文化相结合

积极推进校园法治文化建设，促进青少年从小树牢法治意识，努力营造平安

和谐校园环境。一是打造法治校园。在中学建成以法治宣传橱窗、法治文化墙、法治宣传标识牌为载体,以提高学校依法治教能力和青少年尊法学法守法用法意识为目标的法治校园,让学生在日常学习、生活中潜移默化接受法治教育。二是开展法治实践活动。积极推广"模拟法庭"实践活动,指导学生认知庭审程序,理解法律人物关系,激发学生学法用法的兴趣和积极性,实现了法治教育从"要我学"到"我要学"的转变。三是发挥好法治副校长作用。为全县144所中小学、幼儿园配备154名法治副校长、辅导员,采取线上线下不同形式开展法治教育,有效促进了依法治教、依法治校工作。法治副校长认真上好法治教育"第一课",从预防青少年犯罪、校园霸凌、主动抵制不良行为、未成年人保护等方面,用生动案例警示教育引导广大学生学法懂法、明辨是非,提高自我保护意识。

经验启示

创新载体是手段。群众喜闻乐见的宣传方式是最有效的。通过民俗曲艺等载体,可以让村民在欣赏中国传统文化魅力的同时,享受法治文化"大餐"。**提高针对性是关键**。提高普法针对性是确保普法效果的重要方式,也是确保普法工作取得实效的关键。通过对居民、村民、寺院僧侣、青少年等人群采取有针对性的普法方式,能够取得更好的普法成效。**贴近群众是重点**。法治宣传内容必须贴近群众需求,反映群众生活,才能让群众产生共鸣,提高群众关注度。结合民族地区广泛关注的民族团结、宗教事务等内容开展法治宣传,更容易受到当地群众的欢迎。

新疆维吾尔自治区和田地区

打造"国旗下普法"模式
推进全民守法普法工作走深走实

新疆维吾尔自治区和田地区是少数民族聚居区，少数民族人口比重高，农牧民群众基数大。近年来，随着乡村振兴战略和对口援疆的深入实施，村容村貌焕然一新，各族群众的生活水平大幅提高，幸福指数不断提升。各族群众感恩于党的惠民政策，自发组织开展周一升国旗活动，年复一年，风雨无阻。和田地区抓住这一有利条件，贯彻落实新时代党的治疆方略，积极探索"法耀昆仑·国旗下普法"活动，引导群众尊法学法守法用法，全面提升各族群众法治素养。

一、注重"两个融合"，强化群众的法治意识

在长期调研和探索的基础上，强化政府引导，逐步构建起以法治宣传为主的国旗下宣讲模式。一是将周一升国旗活动与普法微宣讲相融合。灵活运用周一升国旗这个平台，在周一升国旗后对各族群众开展5—10分钟微宣讲活动，在宣讲内容中逐步加大法律法规的比重，将庄严神圣的升旗仪式与基层群众法治宣传教育相结合，让群众在礼敬国旗的同时学习国家法律。二是将国旗下普法与落实普法责任制相融合。发挥市场监管、农业农村等各部门普法宣传主体责任，从农村多发易发的问题入手，结合重要法律法规宣传日，明确"谁执法谁普法"普法责任制成员单位全年各个重要时段任务分工，形成"法耀昆仑·国旗下普法"品牌，不断丰富拓展其内涵，带动品牌塑造和提升。

二、突出"三个坚持"，提升"国旗下普法"活动质效

着眼于提升普法的针对性和实效性，建立健全工作机制，高标准、高质量推进"国旗下普法"活动。一是坚持内容统一化。全地区各村、社区和学校"国旗

下普法"内容均由地区层面撰稿，地区各普法责任制联席会议成员单位围绕婚姻家庭、民间借贷、房屋买卖等与群众生产生活密切相关的内容，结合法律法规颁布实施纪念日等重要时间节点撰写宣讲稿件，注重用群众语言、讲群众身边案例，确保群众听得懂、易接受、接地气。2023年，共组织普法责任制联席会议成员单位撰写"国旗下普法"宣讲稿50余篇。二是坚持组织规模化。在周一升国旗仪式结束后，全地区各村、社区和学校同一时段全覆盖对基层干部、群众和青少年学生宣讲法律法规，同一时段受众可达数十万人。三是坚持流程规范化。规范"国旗下普法"活动"四步法"，各村、社区和学校按照"分享法治小故事、讲解法律条款、教育群众守法、互动检验学法效果"四个规范化流程，用通俗易懂的语言对案例进行分析讲解，"以案明理、以案讲法"，引导群众远离违法犯罪。对现场互动答题正确的基层群众，村（社区）还准备小奖品作为鼓励，进一步激发群众学法兴趣。

三、着眼"四个强化"，以"国旗下普法"推动法治社会建设

一是强化"精选+宣讲"。选派地县乡三级科级以上懂政策法规、表率作用强、双语能力好的少数民族领导干部每周一前往村和社区担任主讲员，帮助村（社区）党组织开展"国旗下普法"活动，用接地气、"苞谷馕式"语言进行普法宣传教育，推动领导干部做尊法学法守法用法的模范。二是强化"平台+实践"。组织"法律明白人"、农村学法用法示范户、村（居）法律顾问等基层法治工作队伍积极参与"国旗下普法"活动，为其开展法治实践活动提供平台，实现基层群众和基层法治工作队伍法治素养的"双向提升"。三是强化"法治+德治"。坚持法德并举，协同发力，将中华民族优秀传统文化、社会主义核心价值观等内容融入"国旗下普法"活动，在具体社会实践中探索铸牢中华民族共同体意识的法治路径，全面强化各族群众的国家意识、公民意识和铸牢中华民族共同体意识。四是强化"全覆盖+精准化"。在全覆盖、互动式"大普法"的基础上，针对群众的不同法律需求，组织法援工作者、人民调解员等向基层群众提供"点单式"普法服务，在满足群众法律服务需求的同时，进一步增强基层群众通过法律渠道解决问题的意识。目前，全地区公共法律服务、法律援助、人民调解等涉法服务需求量呈逐年上升态势。

经验启示

一是打造"大普法"工作格局。通过开展"国旗下普法"这一常态化、制度化的工作，司法行政部门发挥对普法工作综合协调职能，统筹各普法责任制联席会议成员单位落实"谁执法谁普法"普法责任制，把普法与各部门业务工作结合起来，把群众急需了解掌握的政策法规，通过"国旗下普法"模式进行普及，引导群众尊法学法守法用法，有力维护了基层和谐稳定的大好局面。二是提升了群众的学法兴趣。"国旗下普法"活动以群众喜闻乐见、入脑入心为导向，突出"用身边事教育身边人"的方式"以案释法"，并设置有奖知识问答等互动环节，充分调动群众主动参与的积极性，通过寓教于乐的形式，让法律知识变得更加生动有趣，进一步提升了基层群众的学法兴趣，确保群众能够真正参与其中、学懂弄通。三是铸牢了中华民族共同体意识。通过将社会主义法治文化、中华优秀传统法律文化、家风家训等融入"国旗下普法"活动，实现了法治与德治的良性互动、融合促进，进一步铸牢了各族群众的中华民族共同体意识。

新疆生产建设兵团第六师五家渠市

打造齐抓共管"大普法"工作格局
普法依法治理迈出新步伐

近年来,新疆生产建设兵团第六师五家渠市深入学习贯彻习近平法治思想,不断健全普法工作机制,积极推进社会治理法治化,加快建设社会主义法治文化,发展壮大普法宣传队伍,"一盘棋"统筹、"一张网"调度的齐抓共管"大普法"工作格局逐渐形成,凝聚起推动"八五"普法规划实施的强大合力。

一、开展"谁执法谁普法"履职评议,不断压紧压实普法责任

一是建章立制打基础。制发国家机关"谁执法谁普法"履职评议工作实施办法,明确国家机关"谁执法谁普法"履职评议的对象、原则、组织及程序、结果运用等内容,推动普法内容从"工作需求"向"受众需求"转变,普法形式从"灌输式"教育向"服务式"转变,普法方法从"突击式"向"常态化"转变。二是督促落实显真功。每年制定国家机关年度普法责任清单,加强普法重点事项跟踪督促、完善普法责任制的闭环管理。根据时间节点发送普法重要工作提示单,对推进不力、进度严重滞后的部门,发送普法重点任务督办单。依法治师市办根据平时工作情况对各部门履行普法责任情况进行整体评估,形成履行普法责任评价报告,督促工作落实。三是以评促干出实效。召开履职评议会,重点部门现场报告落实普法责任制情况,由人大代表、政协委员、法学专家、媒体代表等组成评议小组,依次对重点部门的履职情况进行点评并提出意见建议,切实让评议工作会议开出质量、开出效果、不走过场。会前,通过公众号开展落实普法责任制网络票选活动,让职工群众充分参与、了解、评判各部门普法工作。将投票分数、现场互评分数、专家点评分数按不同比重核算总分,形成年度"谁执法谁普法"普法责任制履职评议专题报告,并以通报形式印发,将评议结果纳入年度法治建设绩效考核指标,进一步压实普法主体责任。

二、系统打造法治文化"三块阵地",持续提升全民法治素养

一是打造"互动式"掌上阵地。创办具有六师特色的"逢六说法"法治直播间,在每月6日、16日、26日及前后邀请师市机关各部门业务骨干、法官、检察官等轮流当主播,采用"主题宣讲+有奖竞答"等形式开展直播42场次、覆盖38万人次,现已逐渐成为常伴职工群众手心的学法平台、便民平台、惠民平台。探索开发"法治大培训"小程序,职工群众注册后即可线上学法,通过观看普法小视频、普法问答测试等方式累积法治积分,达到相应额度便可到辖区司法所兑换不同价值的法治宣传品,激发职工群众学法热情。将青格达湖和郁金香等地域特色与法治元素结合,原创设计法治动漫人物"达达""香香",围绕动漫人物设计制作105部法治微动漫、32个法治表情包,在朋友圈、电视台等新媒体平台大力推广宣传,让职工群众用一分钟的时间学到一个法律知识点,收获一致好评。二是打造"立体式"现场阵地。将法治元素和自然景观融合,依托口袋公园、休闲步道等景观带因地制宜建成宪法宣誓广场、民法典长廊等法治阵地,以点带面打造各具特色的法治小区、边境法治长廊等法治"微景观"。将法治文化与生活出行融合,在小区出入口、公交线路车、公交站台、出租车、高层电梯全覆盖投放法治宣传广告,建成集"教育性、观赏性、实效性"为一体的法治文化阵地集群,实现职工群众出门遇法、抬头见法、乘车学法。将普法学法与休闲运动融合,定期组织开展趣味法治运动会,精心设置"法在心中"篮球比赛、"执法如山"拔河比赛、"绳之以法"跳绳比赛、"人人有责"步调一致比赛、"环环相扣"套圈比赛等多个比赛项目,打造行走中的"普法课堂"。三是打造"情景式"视听阵地。以"郁金香文化旅游节""阿肯弹唱会"等为契机,组织"法律明白人"、普法志愿者摆上"法治摊位",弹起冬不拉,唱起"法治歌",有形有感有效铸牢中华民族共同体意识,让职工群众体验特色文旅的同时接受法治熏陶。将辖区特有的"迷糊戏""曲子戏"等非遗文化与法治文化结合,组织民间新疆曲子戏表演队伍编排《李彦贵卖水》《砸烟灯》等戏曲,用通俗易懂的曲子戏唱词演绎民间法治故事。发挥师市将军纪念馆、知青纪念馆、亮剑团史馆等红色教育基地优势,邀请抗美援朝老兵、老红军宣讲革命故事、兵团精神,以文化涵养法治,以法治浸润人心。

三、多措并举扎实开展法治培训，着力助推基层依法治理

一是培训起点高。五家渠市充分发挥兵团组织优势和动员能力，连续4年利用"冬闲"时间组织职工群众参加"群众法治大培训"，切实引导职工群众在法治轨道上解决诉求。师市领导及各团镇"一把手"结合"四下基层"，重点围绕兵团的职责使命、弘扬兵团精神等，为法治大培训讲好"法治第一课"。二是培训方式活。培训采取"线上+线下""集中+走读""现场+文艺"等方式，将"法治大培训"与"民兵冬训""技能培训""普通话培训"等相结合，让职工群众在提升法治意识的同时掌握就业技能。通过专题调研掌握辖区职工群众法治需求，建立法治培训讲师团提供"点单式"培训。4年来累计举办法治培训班4300余场次、覆盖36万人次，让职工群众在"冬闲"之际提升法治素养、收获满满。

经验启示

一是压实责任有保障。通过建立"谁执法谁普法"普法责任制履职评议制度，压实各部门普法责任，通过扎实开展履职评议、跟踪督促，让各部门各司其职、各负其责，协同推进、形成合力。二是线上普法有新意。充分结合地域特色创办直播栏目、设计动漫人物、开发普法小程序，充分发挥新媒体传播快、易推广、受众多的特点，实现群众听得懂、学得会、用得上的普法宣传效果。三是紧贴实际有特点。把法治文化与当地特色节日、文化、场馆有机结合，让群众在潜移默化、欢声笑语中接受法治熏陶，切实让普法宣传接地气、有人气。

新疆生产建设兵团第十四师昆玉市

坚持和发展新时代"枫桥经验"
打造"昆仑山下古丽花"人民调解品牌

新疆生产建设兵团第十四师昆玉市坚持从实际出发，结合地域特色、民俗风情、从业人群等实际，着力打造"昆仑山下古丽花"人民调解品牌，把矛盾纠纷化解在基层、消除在萌芽。"古丽"是维吾尔语对年轻女子的泛称，"古丽花"寓意像花朵一样纯洁、漂亮、坚韧，赋予了"昆仑山下古丽花"人民调解品牌"美丽、自信、坚韧、包容"的精神内涵。自品牌创建以来，累计化解纠纷4217件，涉及金额6102.9万元，调解成功率达99.9%。

一、抓好"三个强化"，锤炼过硬队伍

坚持优势互补、提档升级，严把入口关、加强培训关、严格考核关，努力打造一支政治素质过硬、调解能力出众、职工群众满意的调解队伍。一是强化多元渠道选队伍。坚持多渠道、全方位选优配强调解员队伍，采用筛选、考察、考核等方式，选聘75名高学历、懂双语、熟环境、明情况的专职人民调解员，确保专职人民调解员源自基层、扎根基层、熟悉基层、服务基层。二是强化教育培训提能力。采取业务骨干和调解标兵轮流授课，评析调解案件质量、分析矛盾纠纷形势、交流调解心得，不断提高调解员队伍综合能力。累计举办"专职人民调解员暨法律明白人"培训班9期，参训570余人次，发展中共党员11人，当选人大代表4人，取得基层法律服务工作者资格8人，提升至本专科及以上学历50人。三是强化宣传引导树典型。建立常态化宣传机制，组织编写人民调解典型案例100例，以生动案例为指导，帮助调解员提升业务能力。以司法所、司法行政干警、调解员获评行业荣誉称号为契机，开展调解事迹宣传，营造学先进的浓厚氛围。

二、创新"四项举措",筑牢调解防线

坚持创新举措、健全制度,完善矛盾纠纷多元调处机制,筑牢人民调解化解矛盾纠纷的"第一道防线",为建设"平安昆玉"提供强有力的保障。一是健全调解网络。印发人民调解工作体系建设方案,推动构建覆盖团场、连队(社区)、片区(小区)、楼栋(单元)的四级人民调解网格体系,成立各类人民调解委员会82个,建成以"昆仑山下古丽花"人民调解品牌命名的规范化人民调解室54个,做到了点、线、面全覆盖。二是完善调解机制。建立"中心吹哨,部门报到"工作机制,矛盾纠纷调处中心作为"吹哨人"向相应职能部门进行吹哨,职能部门作为应哨人到矛盾纠纷调处中心进行调解,着力推进"中心吹哨吹响吹好,师市部门报到快速有效",打通服务职工群众的"最后一公里"。三是拓展调解平台。创新"互联网+"人民调解模式,依托兵团智慧调解系统、远程视频等,为职工群众提供高效便捷的法律服务,实现面对面指导团连矛盾纠纷调解,现场解答当事人的法律咨询和疑难困惑。四是提升调解质效。坚持"以人民为中心"发展理念,注重源头治理,深入开展"以案释法"活动,做到以法育人、以法润心,达到"调解一件、普法一片"的良好效果。

三、坚持"五个心系",提升品牌价值

坚持植根群众、服务群众,积极探索和创新基层治理新思路新举措,从拓展调解渠道、丰富调解内涵、提升调解成效着手,奋力打造具有昆玉特色的调解品牌。一是心系和谐,当好矛盾纠纷"调解员"。"昆仑山下古丽花"专职人民调解员以调解为本职,把调解作为看家本领,以实际行动获得辖区职工群众的赞誉。一专职人民调解员获悉辖区某公司拖欠23名农民工79万元工资后,采取"访调对接+司法确认"方式调处,成功帮助农民工讨回全部薪资,大家纷纷称赞"小古丽大作为"。二是心系法治,当好普法工作"宣传员"。以"法治大培训"为抓手,深入开展法治文艺节目巡演、法律进连队(社区)、国旗下学法等活动,切实提高职工群众的法律意识。2023年,专职人民调解员普法宣传480余场次,受众5.2万余人。三是心系群众,当好为民办事"服务员"。持续提供高效便捷的法律服务,累计为职工群众提供线上线下法律咨询1055件,代写法律文书156份,起草合同236份。四是心系稳定,当好社情民意"收集员"。运用好"古丽"调解员

为人亲和、心思细腻的特点,以走访排查为契机,积极搜集社情民意,特别是对群众在劳动和社会保障、婚姻家庭、赡养抚养方面可能出现的纠纷做到早发现、早处置。五是心系安全,当好平安建设"守护员"。积极参与基层平安建设各项工作,全面摸排安全生产隐患。针对安全生产、民生工程等领域,开展进企业、进工地、进社区活动20余场次。

经验启示

一是立足实际,将政治意识贯穿始终。昆玉市坚持政治引领,强化组织保障、人员保障、经费保障,立足南疆地域特征、民俗风情,重点在"选、提、树"上发力,打造了一支懂双语、善沟通、高效便民的专业化调解队伍。二是打造特色,将品牌意识贯穿始终。师市以打造"昆仑山下古丽花"人民调解品牌为抓手,根据女性为主要从业人员等特点,赋予其"美丽、自信、坚韧、包容"的精神内涵,在民族婚姻家庭纠纷等领域,形成了独具特色的经验做法。三是务求实效,将服务意识贯穿始终。师市坚持贯彻落实"以人民为中心"发展理念,注重源头治理,充分发挥专职人民调解员"五大员"作用,把矛盾化解在基层,消灭在萌芽状态,为职工群众化解"疙瘩事",解开"心头结",打通了服务职工群众的"最后一公里"。

第八编

强化市县法治建设基础保障

上海市杨浦区

实施法治人才"三项工程"
锻造新时代高素质法治工作队伍

近年来，上海市杨浦区深入践行习近平法治思想，全面贯彻落实新时代上海法治人才培养规划，形成"关键少数"学法、讲法、考法、述法、用法"五位一体"法治建设责任落实工作闭环，实施法治人才"强基工程""同心工程""育才工程"，持续推进与区域高质量发展相适应的法治队伍建设，为杨浦"四高城区"建设提供有力法治保障和人才支撑。

一、磨炼"内功"，夯实法治实务部门"强基工程"

聚焦重点法治部门、关键实务岗位，加强政治历练、思想淬炼、实践锻炼、专业训练，提升法治意识和依法办事能力。一是聚焦政法部门人才培养。以政治建设为统领。抓好典型培育及政治培训，促进队伍建设。构建以"人民城市·政法故事"为主题，以"双星·双十佳"为内容的典型选树新机制，充分发挥示范群体在服务保障杨浦高质量发展中的带动作用。以落实政治轮训制度为抓手，依托杨浦"三区联动"即整合大学校区、科技园区和公共社区的功能优势和"三师三顾问"即社区政工师、规划师、健康师和社区党建顾问、治理顾问、法律顾问资源，探索建设杨浦政法"大思政课"品牌，推动全区政法干警进一步提高"政治三力"，不断激发"四敢"精神。二是聚焦行政执法人才培养。建立健全行政执法标准化制度化培训机制，开展分类分级分层培训，统一开展全区新上岗执法人员培训考试、基层综合执法队伍跨部门培训、法制审核和执法监督队伍专项培训，组织全区各执法单位制定不少于60个学时的年度执法培训计划，切实做到"关键少数"带头学，法治专门队伍全面学。三是聚焦复议应诉人才培养。建立"双周研讨"+"四维并举"学习机制，即"每双周固定开展一次案件学习研讨活动，按照案件集体讨论规则运行""四种交叉融合学习方式和活动，政治理论与业务工作融合学、行政工作与法律知识交叉学、群众工作锻炼与庭审听证实战促进学、复议机构与专业外脑联动学"，组建1个调解团队和2个办案团队，形成团队办案、集体讨论、审委会审议等以案促学工作机制，每月召开行政复议听证会、常态化庭审观摩和应诉实战答辩训练，确保复议应诉队伍政治过硬、业务精湛、作风优良。四是聚焦基层司法行政队伍。联合法学院校建立能力建设培训基地，制定《青年干部成长评价实施办法（试行）》和培养计划，健全完善法制轮岗、实践课题等培养机制，建立成长档案，准确掌握干部履职情况、优势特点。全区12个司法所实现在编持法律职业资格证人员全覆盖，占比达56.4%，所长、副所长持证比例近半数，新提任所长、副所长持证比例达100%。

二、融合发展，聚力法律服务行业"同心工程"

推进法律职业共同体建设，教育引导法律服务工作者坚持正确政治方向，认真履行社会责任，不断强化职业认同。一是落实党政法律顾问制度。建立区委法律顾问团，制定区政府法律顾问行为指南，配套出台管理办法。2021年以来，区委区政府法律服务顾问团共审查、修改各类合同137件，参与行政诉讼25件，参与信访矛盾化解179件。二是加大公益法律服务培育力度。发挥示范引领作用，培育"优秀律师事务所、优秀律师、优秀青年律师"，成立律韵杨浦志愿团，开展助企纾困专项法律服务，编印法律服务指引和法服地图，开展一对一免费"法治体检"，2021年以来，累计服务民营企业1019家。培育12家各具特色的法律服务社会组织，扎根社区服务基层治理。完善人民调解员职业培训体系，打造"头羊工程"，涌现出多位荣获国家级荣誉的先进调解代表。三是打造涉外法治人才"蓄水池"。现有24家律所可开展跨境投融资、并购、国际贸易等涉外业务，尤以海事海商和国际仲裁事务见长。专门组建具有涉外公证资格的服务团队，拓展涉外家事公证服务，使境内公证"法律意见书"被境外法院在审理中国新型复杂案件中运用。

三、巧借外智，打造区校联动特色"育才工程"

贯彻落实中共中央办公厅、国务院办公厅《关于加强新时代法学教育和法学理论研究的意见》，联合4所高校法学院（马克思主义学院）共建"杨浦·法治荟"品牌。一是将法治实践学习纳入高校法治教育教学。举办行政诉讼出庭、旁听、讲评"三合一"进高校活动，在行政复议局、公共法律服务中心等设立实践基地，常态化参与行政复议案件模拟听证、12348线上线下法律咨询，在实战岗位进行"沉浸式"体验。二是将法治理念方式融入基层依法治理。深度参与基层立法联系点建设，为多部地方性法规、市政府规章草案提供立法建议160余条。在2所高校设立基层法治观察点，首批招募33名师生，结合基层法治观察制度进高校等问题提出观察建议。三是将高校法治资源引入法治领域前沿探索。杨浦区作为由政校联合申报的国家智能社会治理实验综合基地，与政法院校在杨浦滨江联合主办2023世界人工智能大会智能社会论坛，成立"人工智能合规服务中心"，聚焦"智能社会与数字治理生态"，发布多份重量级研究实践成果。

经验启示

一是把高素质法治人才队伍建设摆在重要位置。着眼服务上海"五个中心"建设，为杨浦区奋力推进"人民城市新实践、创新发展再出发、重振杨浦'一股劲'"提供支持，着力培育造就一支忠于党、忠于国家、忠于人民、忠于法律的社会主义法治人才队伍。二是构建多位一体的法治队伍。围绕解决法治领域突出问题，研究推进法治队伍建设的机制和路径，构建以法治实务部门为基础、法律服务行业为重点、高校法治资源为补充的司法行政、行政执法、复议应诉、法律服务等法治队伍建设体系。三是以区域特色引领推动法治队伍建设。结合杨浦区"人民城市"重要理念首提地，发挥区域高校集聚、在线经济企业集聚的优势，坚持以高站位引领、高标准培育、高质量服务为抓手，不断实践打磨，为新时代上海法治人才建设贡献杨浦经验和杨浦智慧。

江苏省仪征市

借智借力促进双向交流　助推法治人才队伍建设

近年来，江苏省仪征市深入学习贯彻习近平法治思想，认真贯彻落实新时代法治人才培养有关要求，部署开展检察机关与行政执法机关双向交流挂职工作，充分发挥交流挂职干部的参谋员、调查员、联络员作用，借智借力提升履职能力，有力有效促进检察工作、行政执法工作和干部培养锻炼"双赢多赢共赢"。

一、借田育苗，激活人才培养"内外动能"

一是健全制度保障。精心部署、先行先试，积极探索建立检察机关与行政执法机关双向交流挂职工作机制，市委组织部、市委政法委专门出台开展检察机关与行政执法机关双向交流挂职的实施意见，先后有11名行政机关专业人员和10名检察干警交流挂职。二是推行动态管理。精准定位、择优挑选，重点加强年轻业务骨干挂职历练，从检察院选派法律功底扎实的检察官助理、从行政机关选派具备从事具体执法工作经历的干部进行交流，并选任至科室负责人助理、检察官助理等重点岗位挂职半年，根据工作需要实行定岗制或轮岗制。互派机关制定培养计划表，业务处室主要负责人主动跟进督导，每月听取述职报告，每季形成工作总结，确保底数"清"、状态"稳"、工作"实"。三是明确挂职任务。精选领域、明确导向，安排检察干警挂职一线执法岗位，全过程参与行政执法工作，学习掌握行政执法工作程序、要求，着力提升线索发现、案件办理能力。安排行政执法机关业务骨干参与刑事检察、公益诉讼、民事行政检察部门工作，深入了解检察职能，强化行政执法与检察工作"关联点"和"协作点"。

二、借脑引智，增强司法办案"智慧助力"

一是提升"跨界"能力。实践磨炼、摔打"墩苗"，挂职检察干部积极适应多岗位需求变化，主动参加行政机关日常执法，参与校园食品安全巡查、特种设备安全巡查、保健品专项检查等行动，办理市场监管领域案件 60 余件。在办理食药领域违法犯罪人员从业禁止案中，对被判处缓刑人员是否应终身禁止从事食品行业，挂职干警为行政机关提供法律建议，帮助准确界定从业禁止人员范围。在应邀参与食品药品安全执法检查中，发现某药房未能提供已售处方药"头孢克洛分散片"处方单，执法部门现场对该药房依法作出行政警告处罚。二是发挥"外脑"助力。广泛聚力、发挥特长，行政机关挂职干部利用执法专业知识，提供案件线索，帮助解决案件中的专业问题。例如，在一起河道安全监管行政公益诉讼案中，应急管理部门挂职人员调查取证时围绕事故定性、监管责任划分等问题提供专业意见，帮助检察机关准确认定监管责任。又如，在一起本地某商业步行街商户使用音响器材宣传叫卖、噪声扰民行政公益诉讼案中，生态环境部门挂职人员采用专业设备现场监测，帮助检察机关准确确定噪声污染等级，为后续开展联合执法推动噪声污染治理发挥积极作用。三是汇聚"治理"合力。通力协作、优势互补，检察机关与交流的行政机关联合开展专项行动，先后办理船厂安全生产隐患、燃气安全隐患、铁路沿线环境安全隐患、快递驿站和养老机构消防安全隐患整治等案件。坚持办案与治理并重，通过制发检察建议、开展诉前磋商等形式，放大行政执法和检察监督参与社会治理合力，推动完成 2 家船厂安全改造、查处 3 处燃气违法储存点、整改 3 处铁路沿线安全隐患。

三、借势使力，打造执法司法"协作样板"

一是优化监督关系。在行政执法机关支持下，检察机关就校园周边食品安全、网络餐饮食品安全、固体废弃物污染防治等领域开展专项监督。在办理网络餐饮食品安全系列案件中，相关部门负责人前往检察机关回复检察建议落实情况，主动提供执法办案台账资料供办案查阅。在同办公、同调查、同办案过程中，检察机关与行政机关之间职业同理心持续强化。二是深化协作配合。以双向交流为契机，搭建检察机关与行政机关沟通协作平台，通过联合专项行动、召开联席会议、联合发布案例等方式，深化双向交流效果，促进工作互信。检察机关会同生态环境、司法行政部门，在当地建立生态环境损害赔偿暨生态环境检察公益诉讼修复宣教基地；联合农业农村、市场监督管理部门，开展"仪征绿杨春茶"农产品质量安全保护专项行动，府检联动保护地方"老字号"。三是强化人才培育。科学设定挂职目标，具体制定不同岗位培养计划，对挂职干部开展传帮带，大胆放手使用，多路径共同培育复合型法治人才。交流挂职工作开展以来，5名交流干部走上中层干部岗位，1名挂职干警获评全省检察机关"行政检察业务标兵"。

> **经验启示**
>
> **搭建平台是基础**。联合相关部门出台实施意见，明确双向交流挂职的具体要求，实行"3+2"工作制（3天派出单位+2天挂职单位），实现辅助办案与做好本职工作"两不误"，不断完善履职管理和保障机制，提高双向交流挂职人员履职效能。**"双向奔赴"是重点**。检察干警"走出"检察院，深入学习行政执法工作流程；行政机关人员"走进"检察院，为相关案件办理提供智力支持，推动互学、互促、互融，实现信息共享、专业互助、双赢共赢。**提升素能是核心**。把填补知识空白和经验盲区作为双向挂职锻炼的重点，补齐短板弱项，提升整体能力，有效帮助挂职干部尽快成长为工作中的多面手，培育出一支优秀的执法、检察人才队伍。

山东省济南高新技术产业开发区

实施事中事后模块化智慧监管
推进新型监管机制落地见效

山东省济南市高新区深入学习贯彻习近平法治思想，创造性构建智慧监管平台，依托"互联网+"实施事中事后模块化智慧监管，借助"量子+"等新质生产力，一体推进法治监管、信用监管、智慧监管，不断顺应法治政府建设要求和趋势，推进新型监管机制落地生根、丰富发展，取得良好成效。

一、坚持需求导向，创新探索走在前列

2013年，高新区整合原工商、食药、质监局职能组建市场监管部门。整合之初，针对市场监管部门部分监管执法人员业务技能短缺的问题，积极探索建设事中事后模块化监管机制。一是"一体化"建设思路清晰明确。为破解监管能力不足的难题，市场监管部门深入分析工作痛点、难点，在充分调研论证的基础上确定向科技要生产力的工作思路，通过打造智慧监管平台全量融合市场监管业务，以App端为主、PC端为辅，为监管执法人员提供"智慧外脑"支持，推动提升监管服务水平。二是"人性化"平台设计逻辑科学。在监管内容上，根据不同监管领域，将监管执法服务所需的书面检查表格转化为电子表单并归纳，作为图标内置于系统，"一个图标就是一个业务领域"。现已设置30余个模块，使监管人员告别原有30余种书面表格，仅用一部终端、一台便携式彩色打印机、空白A4纸即可完成现场监管执法。在流程步骤上，通过分析不同业务的共性规律，将所有类型的监督检查流程归纳固化为App软件"一选主体、二查事项、三显结果、四定意见"的"四步操作法"，流程更加标准、规范。在具体操作上，将复杂业务工作转化为智能终端的简单点选操作，最大限度缩减点选频次和内容输入，以"驾驶舱"模式实现人性化互动，大幅提升执法人员使用体验和工作效能。三是"实效

化"迭代升级与时俱进。智慧监管平台以消费者权益保护、社会共治、经济秩序维护、监管执法等需求为导向，自2014年开发建设并投入使用。运行期间，通过平台迭代升级助力监管服务效能提升，先后融合物价、知识产权、商务等领域监管执法职能，全流程全量整合12345市民热线工单处置，上线明厨亮灶、食品抽检、异常名录列入移出管理等功能模块。

二、坚持法治引领，依法行政务实笃行

坚持以法治为引领、以技术为手段，推动行政执法全流程数字化运行、管理和监督，增强市场监管综合效能，不断提高行政执法能力水平。一是以法律为准绳，严格规范执法。以"法有明文规定"为原则，整合监管事项、监管内容、监管标准、执法依据、处罚措施等全要素，将权力清单事项和上级部门明确的检查事项予以分解，经合理编程转化为程序语言后，设定在智慧监管平台中，以数据形式展现，实现了法律数字化、数据法治化、执法规范化。二是以精准为抓手，行政有法可依。通过平台将监管事项数据以星号标记实施分级分类管理，自动精准关联和提示采取告诫、责令改正、强制措施等。每个监管执法事项均设置法律法规链接，执法人员在准确适用法律依据的同时还可以在监管执法现场向行政相对人宣读，落实"谁执法谁普法"普法责任制。三是以规范为目标，提升执法水平。智慧监管平台对执法事由、执法过程、处置结果予以规范，构建监管事项清晰、监管过程规范、监管结果法定的智慧化监管新模式。智慧监管平台有效融合不同业务领域监管标准、内容和方式，实现人员无差别标准化结果输出，提升监管标准化和规范化水平。

三、坚持数字赋能，智慧建设久久为功

在数字赋能下注重从工作实践中汲取经验，打造出"融合型、服务型、创新型"智慧监管应用。一是突出专业，打造"融合型"应用。数据业务融合之前，需要10个部门、20名执法人员通过10次检查才能完成的任务，现在区市场监管部门只需"1个机构、2名人员、1次检查"即可完成，真正实现"进一次门、查多项事"，行政效能增加数倍。二是突出全面，打造"服务型"应用。监管执法人员登录平台对业务数据的处理行为被全部记录，自平台启用以来，生成各类业务

数据超300余万条。通过对全局数据、个人数据、时段数据的解读,总结工作、查摆问题、分析形势,为决策形成提供强有力数据支撑。三是突出质效,打造"创新型"应用。引入"量子"新质生产力,通过量子随机数信标服务确定抽查对象,经由智慧监管平台"重点监管"功能实施食品安全监督抽检。引入并不断扩大RPA(机器人流程自动化)数字人应用范围,在异常名录列入移出方面与全省综合业务系统实现数据精准推送。通过智慧监管平台年均实施重点领域监管4000余次,处理12345热线、12315热线办理单超6万件,高效服务辖区14万市场主体、42万常住居民,构建良好共治格局。

> **经验启示**
>
> **法治是依托。**将法治监管的根本原则贯穿模块化事中事后监管建设、应用、发展全过程,将监管服务法律依据、权责清单全量内置于系统,以法治程序设计规范行政行为,夯实工作履职尽责基础。**规范是关键。**梳理业务、全量覆盖、再造流程,以人性化设计规范"四步操作",以实体、程序、文书"三规范"确保执法结果标准输出,推动从"物理整合"转变为"化学融合",实现"单兵专才"向"全能通才"转变。**技术是保障。**将智慧监管思维融入市场监管理念,不断吸收运用先进技术、新质生产力,实现监管要素跨界协同、集成应用、智慧赋能。

山东省济宁市

打造"三平台"数智化引擎
助推行政执法监督体系化改革

山东省济宁市坚持信息化赋能推动行政执法监督体制机制改革，以"行政执法人员培训考试云平台""行政执法网上办案平台""行政执法监督平台"（以下简称三平台）为信息化载体，有效推进业务数据融合，实现市县乡三级应用全覆盖改革目标，构建起了机制顺畅、规范高效、监督有力的行政执法监督工作模式。

一、坚持高点定位，建立高效推进工作机制

一是聚焦执法下沉。出台《关于构建市县乡三级行政执法协调监督工作体系的意见》，全市156个乡镇（街道）全部成立综合执法办公室，实行"一支队伍管执法"。扩充基层执法监督队伍，调整司法所编制为每所不少于4名，建立行政执法监督专家库，聘任行政执法监督员、执法监督网格员，扎稳三级执法监督体系队伍架构。发布市县乡三级行政执法监督权责清单，细化分解34项职责，构建职责清晰明确、监督有力高效的执法监督工作体系。二是突出智慧监管。聚焦解决"三平台"部署应用过程中的各种疑难问题，出台《济宁市人民政府办公室关于推进行政执法网上办案和移动执法能力建设的指导意见》《济宁市行政执法监督平台建设实施方案》《关于加强市县乡三级行政执法监督体系建设　推进信息化平台深度应用的实施方案》，全力推进市县乡三级系统联网全覆盖。为确保数据安全，依托山东省政务云平台建设，市大数据中心为"三平台"数据运行提供了集约、安全、稳定的"数字底座"。三是强化平台应用。实行定期通报制度，对全市行政执法网上办案和移动执法工作情况实行"月调度、月亮牌、月通报"，亮出"蓝黄红"榜挂牌督办，减少行政执法案件"体外"循环，实现"三平台"归集行政执法信息全覆盖。2021年以来，全市各级行政执法主体开展行政检查92.4万余次，办理行政处罚（强制）案件10.2万余件，网上运行率96.6%，基本实现执法程序网上流转、执法信息自动采集、执法活动网上监督，"三平台"运用工作驶入快车道。

二、注重智慧赋能，推动执法监督方式数字化变革

一是建立"网上办案+移动执法"平台，实现执法案件"网上办"。平台建立用户、流程、表单管理中心，规范统一执法办案的法律用语、法律适用、执法流程和电子执法文书制作标准。打通与"企业法人库""公民身份信息系统"数据通道，实现案件登记、现场检查、法制审核、文书生成、现场打印"零距离"办案，"教科书"式程序设定。与"信用济宁"双公示平台对接，结案行政处罚案件公示信息24小时内推送并公示。"行刑衔接"功能在线生成案件移送函，实现非自建执法领域电子证照应用全覆盖。二是运行"行政执法监督信息化平台"，实现执法监督"网上管"。包含1个行政执法监督门户，4个业务子系统和移动执法监督App。汇聚全市各区域各领域行政执法数据，实时生成行政执法大数据分析。将网上办案平台上流转案件文书一键生成电子案卷，实现了执法案卷线上评查和统计分析。设置量化执法监督考核指标，实现数字化执法绩效考核。创新"12345热线+执法监督"，建立信息共享、会商研判、督办回应、效能评估机制，按月调取12345热线涉行政执法类工单数据，归类热点执法问题、共性执法问题，拓宽案源渠道，推动靶向精准监督。三是运用"执法人员培训考试平台"，实现行政执法人员"网上练"。平台包含学习任务、培训课程、模拟测试、考试等板块，实行积分制管理。将行政执法人员资格认证、培训考试、执法证件管理、网上办案等信息自动关联，形成执法人员完整的"数字档案"。移动端培训考试功能与移动执法功能实现集成，2022年以来，以线上线下同步方式，开展全市行政执法人员"知识大学习、岗位大练兵、技能大比武"活动，全市共有2万余名行政执法人员完成学习任务，通过率92.3%。

三、创新效能评估，建立科学评估反馈机制

一是开展指标研究，构建执法评估指标体系。成立行政执法效能评估中心，建立由5个一级指标、17个二级指标、60个三级指标为主体的"5—17—60"评

估指标体系，强化执法数据资源利用，开展动态监测、智能预警、分析研判、效能评估。二是强化数据运用，进行行政执法大数据分析。发布行政执法大数据分析报告、行业监管与综合行政执法大数据分析报告等6项报告，为执法工作绩效评价、执法部门依法履职监督等提供客观翔实的参考数据。截至2023年年底，已汇聚主体人员信息1.5万余条、行政权力事项3.9万余条、法律法规依据7.2万余条，全市各级执法部门网上办案12.1万余件，已公示6.9万余条案件信息。培训执法人员7.8万余人次，平均合格率达到93%，开展电子案卷在线评查220卷。三是注重群众体验，组织群众满意度调查。通过"三平台"的应用，济宁市已基本实现了执法程序网上流转、执法信息自动采集、执法活动网上监督，各级执法部门执法程序更加规范。开展行政执法人民群众满意度在线问卷调查，2023年行政执法社会满意度综合评分93.9分，行政执法权威性和公信力逐步提升。

经验启示

高效的信息平台是动力。 "三平台"建设是执法监督工作数字化转型、体系化变革的有益探索，以"三平台"为带动，济宁市行政执法监督三级体系建设深入开展，为行政执法、执法监督插上了"数字科技"的翅膀，提高了执法效率，延伸了监督触角。**健全的制度规范是保障。** 通过发布工作指引、文书示范文本、操作规程等制度标准，为提升行政执法规范化水平提供了依据和示范。**科学的评价体系是导向。** 成立行政执法效能评估中心，通过评估指标体系，实现对行政执法的全方位分析、多角度评价，为行政执法队伍建设、行政职权运行、行政执法行为和行政执法效能等主题进行精准"画像"，全方位立体呈现行政执法总体情况和发展趋势。

山东省泰安市

创新"三个一"工作模式
加快推进高素质法治人才队伍建设

　　山东省泰安市深入学习贯彻习近平法治思想，紧紧围绕"人才强法"做文章，在全省率先设立法治型干部队伍建设协调小组，制定全省首个法治工作队伍建设地方标准，完善法治人才管理使用评价制度，形成"一个平台、一个标准、一套机制"的工作模式，加快推进高素质法治人才队伍建设。截至2023年年底，全市培养各类法治人才4.7万余人，参与制定地方性法规、规章26部，推动2023年度行政诉讼败诉率同比下降5.5%，年均承办党委政府法律事务1500余件、部门法律事务1.1万余件，化解矛盾纠纷2.2万余件，为全面依法治市提供了坚实人才支撑和智力支持。

一、搭建一个平台，加强法治人才队伍建设组织保障

　　一是加强组织领导。建立党委领导"人才强法"工作的组织机制，由市委常委、组织部部长牵头，相关部门参加，推动联合开展领导班子和领导干部年度述职述法，解决法制审核人员配备等问题，实现了制度化运行。二是健全"1+X"制度体系。围绕履职述法、法治能力提升、人才管理使用等方面，以《泰安市法治型干部队伍建设工作暂行规定》为基础，先后印发《关于贯彻落实国家工作人员学法用法制度的实施方案》等10余个制度文件，构建覆盖领导干部和法治人才队伍的工作体系。三是实施队伍建设系列工程。实施"关键少数"头雁工程，创新述法工作机制，压实党政主要负责人履行推进法治建设第一责任人职责，推动领导干部带头尊法学法守法用法。实施法治人才队伍建设"赋能"工程，实现习近平法治思想学习教育全覆盖、依法行政纳入各类党校培训课程，贯通入职培训、在职培训、法治实践全过程，实现法治素养跨越提升。

二、制定一个标准，推动法治人才队伍规范化建设

一是注重标准统领。编制《法治工作队伍建设规范》，覆盖立法、执法、司法、律师、公证员、司法鉴定人、基层法律服务工作者、人民调解员等法治工作队伍，全面规范队伍建设主体、内容、形式、要求，有效提升队伍建设系统化、规范化水平。二是构建五个维度建设体系。立足新时代法治人才队伍建设"四化"要求，将法治素养提升作为首要目标，构建组织建设、思想政治建设、法治能力建设、职业素养建设、监督惩戒"五个维度"建设体系。坚持系统思维、实践导向，以思想政治建设促进忠诚履职，推进队伍革命化；以组织建设促进规范权力行使，推进队伍正规化；以法治能力建设促进尚法公正，推进队伍专业化；以职业素养建设促进服务群众，推进队伍职业化；以监督惩戒促进廉洁守纪，强化队伍建设保障，实现法治工作队伍全链条、全方面规范提升。三是精准提升法治素养。建立法治人才培训基地，组建由高校专家学者和省、市法治工作部门业务专家组成的师资库，对领导干部、法治工作队伍、基层法治工作队伍分类培训，提高学习培训精准性。编写《合法性审查要点指引》《行政应诉指引》《行政败诉案例选编》等学习教材，利用线上、线下多种形式开展统一培训。各类法治人才队伍年均开展学习活动1200余次，参加考法11万余人次。

三、完善一套机制，提升人才队伍建设工作实效

一是建立全市法治人才库。建立法治人才库，由法治专门队伍、法律服务队伍两个分库构成，设立立法、执法、司法、律师、公证员、司法鉴定人、基层法律服务工作者、人民调解员、仲裁员等9个子库。分类制定法治人才评选标准，明确法治人才推荐评选程序，建立法治人才动态管理机制，共入库500余名法治人才，进一步发挥法治人才的典型带动和示范引领作用。二是完善法治人才管理使用机制。出台《泰安市法治人才库管理细则（试行）》，明确各类法治人才子库工作职责。建立委托法治人才申请机制、法治人才履职"双向"评价机制，确定法治人才履职期间的权利和义务，推动法治人才参与重大决策合法性审查、研究处置重大涉法问题、化解重大矛盾纠纷等工作，在推动改革、服务发展、维护稳定等方面贡献法治智慧和力量。三是创新法治人才队伍评价奖惩机制。延伸述法成果应用，推动将领导干部、中层干部履行法治建设职责情况作为履职评价、评先

树优重要参考。在市场监管等部门试点建立个人法治档案,记载行政执法人员学法、考法、依法履职等情况,使重视法治素养用人导向更加精准。探索法治人才激励制度,宁阳县等地对取得法律职业资格的在职法治人才给予奖励,切实增强法治人才职业自豪感。

经验启示

党的领导是建设法治人才队伍的根本保证。市委加强组织领导,将法治人才队伍建设纳入全面依法治市总体布局、系统部署、专门推进,形成强有力的领导机制,实现各类法治人才队伍建设一体推进、同向发力。**科学规范是建设法治人才队伍的基础保障**。立足于新时代法治人才队伍建设要求,着眼于解决队伍法治素养与全面依法治国要求脱节、依法履职能力短板等问题,制定《法治工作队伍建设规范》,推进队伍建设由经验化走向标准化,建立了"五个维度"培养体系,提升队伍建设规范化、精细化水平。**服务实践是建设法治人才队伍的重要任务**。坚持以队伍建设标准为依托,以法治实践为导向,大力提升法治人才队伍思想政治素质、业务工作能力、职业道德水准,为全面依法治市提供了高素质人才队伍保障。建立法治人才库,完善管理使用激励机制,推动法治人才在重大决策合法性审查、研究处置重大涉法问题等方面发挥积极作用,有力助推法治建设工作高质量发展。

河南省新乡市

构建"三个体系"
以"智慧法治"开启法治建设高质量发展新阶段

近年来,河南省新乡市委、市政府高度重视数字化赋能法治建设,于2022年11月建成启用市级智慧法治综合管理平台,将云计算、大数据、人工智能等技术与法治建设工作高度融合,形成了互联互通、融合共享、科学高效的"智慧法治"体系,为市县法治建设数字化、网络化、智能化高质量发展提供了有益的实践经验。

一、高标准规划设计,构建互联互通的全覆盖体系

平台围绕全面依法治市高标准规划设计,涵盖1个门户网站、1个管理系统和1个移动App应用,是全市法治建设的总门户、总平台、总枢纽。一是擦亮法治建设总门户。"法治新乡"门户网站积极践行法治为民,着力打造便民利民、群众满意的法治建设工作综合网站。设置网站首页、组织领导、动态要闻、法治为民、科学立法、严格执法、公正司法、全民守法、法律法规9大板块,是全市各级各部门宣传法治工作的统一门户,是广大群众在线学法用法的网络平台,为公众了解、参与、共享法治提供了一站式服务。二是做强法治建设总平台。平台管理系统包括CMS(内容管理系统)信息发布、OA(办公自动化)协同办公、法治督导考核、在线培训考试、行政执法监督、平台运维管理6个功能完备的子系统,是综合管理平台的核心支撑;CMS信息发布系统规范信息采编、审核、发布程序,确保信息发布安全、及时、准确;OA协同办公系统通过任务分解、督导提醒、公文流转等程序,实时掌握工作进度,形成工作闭环;法治督导考核系统借助人工智能技术,将考核指标、方式编码化,实现线上考核全覆盖;在线培训考试系统高效便捷开展线上法治教育培训、无纸化考试、服务型行政执法大比武等全市性活动,累计参与人数达8万人;行政执法监督系统进行跨部门执法数据对接,有效打通部门协同共享渠道，完善全流程监督；平台运维管理系统设置流程管理、任务管理等模块，对平台各子系统的整体运维状况进行全面监管和分析统计。三是畅通法治建设总枢纽。移动 App 应用是对 PC 端功能的延伸，是各级各部门互联互通的总枢纽，涵盖消息、协作、工作台、通信录和个人中心 5 大板块，可随时随地利用手机实现资讯浏览、办公交流、督导考核、培训考试，有效打破了传统工作模式的局限性，使交流协作更加智慧、便捷、高效。智慧法治综合管理平台有效构建起内外贯通、上下联动、左右协同的全覆盖体系，为全面谋划、统筹推动全市法治建设工作提供了重要技术支撑。

二、多领域调查研究，构建融合共享的跨部门体系

以智慧法治综合管理平台建设为有力抓手，构建全市法治建设跨部门协作配合体系。一是坚持双向攻坚。成立平台项目建设工作专班，建立业务与技术双向攻坚、对接机制，凝聚业务团队、技术团队合力，通过对县（市、区）、政法、人大、法院、检察院、发改、市场监管、城管、大数据等多部门调研走访，广泛征求意见建议，查阅文件依据，全面梳理业务流程，摸排重点难点问题，确保平台各栏目、功能、模块设置精准、全面、有效。截至 2023 年年底，平台已设置功能模块 186 个，发布信息 3195 条，访问量达 24 万人次。二是优化整合资源。从新乡市实际出发，本着"节约、务实、高效"的原则，全力推进跨部门数据融合共享，重点在打通网络、字段等技术壁垒上下功夫、攻难关。多次召开平台建设推进会、意见征集座谈会等，实现跨部门对接检察院"两法衔接"、发改委"信用新乡"等监督平台，有效实现多平台数据互联互通，现已接入跨部门执法监督协同数据 212 万余条。三是提升办公质效。充分运用办公管理系统和移动 App，构建线上、线下协同办理，市、县、部门互联互通的高效办公体系，实现了工作信息全域、全时便捷直达，有效提升了各级各部门落实工作任务的积极性、主动性。截至 2023 年年底，系统覆盖市县乡三级 1370 个部门，注册人数 6.1 万余人，切实形成了部署高效、督办及时的办公新格局。

三、全方位迭代优化，构建科学高效的抓落实体系

充分发挥智慧法治综合管理平台智能化优势，在实际应用中根据工作需求不

断优化升级,科学高效服务保障全市法治建设责任落实,提升人民群众的法治获得感、满意度。一是纳民意、集民智。门户网站设置9大栏目、46个信息模块、7个便民系统,链接19个政府网站,融合立法意见征集、行政执法监督、群众满意度调查等交互系统,研发智能在线问答、法治地图查询等特色功能和无障碍、适老模式、手机版等便民功能,联通公众号,多维度搭建群众参与法治建设的线上渠道,实现实体平台、热线平台、网络平台"三台融合",及时收集民生诉求、回应群众关切,服务党委政府科学决策。二是抓考核、促提升。抓住法治考核这一关键环节,将年度考核与日常考核相结合,明确全市各级各部门年度法治建设任务、目标、时限、责任"四张清单",实现任务、指标、责任、进度、问题"五上网",将任务事项的落实责任具体到件、落实到点、推送到人,全程跟踪、督导,畅通了基层法治建设抓落实的"最后一公里"。全市法治建设重点领域和关键环节实现了全方位部署、按节点督导、按实效考核,各级法治考核更加公正、科学、高效,有力推动了全市法治建设"一规划两方案"和年度重点工作的有效实施。

经验启示

一是谋划决策科学务实。市委、市政府高度重视法治化、数字化政府建设,全面贯彻落实习近平法治思想,紧紧抓牢全国"数字法治·智慧司法"信息化建设发展战略机遇期,坚持"统筹规划、技术支撑、应用牵引、融合发展"的工作理念,在资源投入和部门协调等方面提供了大量支持,有力推动了项目的顺利实施和成功落地。二是调查研究细致深入。项目开展初期,工作专班通过会议研讨、用户走访、意见征集、查阅资料等多种方式,收集功能需求,完善平台设计,以问题为导向加强分析研判,结合实际制定执行方案,为全面建成纵横贯通、全面覆盖、融合共享、智能高效、安全可控的信息化体系奠定了坚实基础。三是贯彻执行高效有力。信息化工作是业务部门与技术部门的深度合作,要对整体任务科学分解,对项目成员合理分工,按照方案步骤和时间节点高效有序开展工作,以技术手段规范业务流程,用信息技术为法治业务提供高效服务,继而保障法治建设高质量发展。

广东省佛山市南海区

打造无人机执法新模式　推进镇街综合行政执法改革

近年来，广东省佛山市南海区深入学习贯彻习近平法治思想，以科技赋能为核心，依托区"空天地"一体化社会治理体系，打造智能化、规范化、集约化的"综合飞一次"无人机执法新型监管机制，着力破解基层执法人员短缺、执法取证工作繁复等问题，实现佛山市委提出的"市场打扰最小化和执法效能最大化"目标。

一、加强统筹谋划，点、线、面渐次推开逐步实现无人机执法全面应用

区委、区政府高度重视无人机执法应用工作，多次召开专题会议进行专门部署，印发《全面推进无人机执法取证工作方案》，组建工作协调推进机制，明确工作目标、任务分工和时间节点。2022年7月27日，南海区政府发布《关于启用无人机开展执法的公告》，选取丹灶镇、桂城街道于2022年12月1日开始试点，自2023年8月5日正式在全区范围内全面铺开。截至2023年年底，全区累计产生有效案例560宗。

二、出台政策文件，为规范无人机执法提供有力支撑

一是赋予无人机开展执法基础身份认证。出台规范应用无人机开展行政执法的指导意见，明确无人机采集的各类数据作为证据使用时应符合的形式要件，通过"统一采购、统一布点、统一路线、统一公示、统一标识、统一审核、统一操作、统一检修"，确保证据采集的真实性、合法性，实现无人机执法的规范化。二是明确无人机执法取证领域。区司法局严格按照"八个统一"要求，组织区有关部门对无人机执法相关内容进行法制审核和技术审核，在广东省司法厅的指导下，梳理出85项应用无人机执法取证的事项，涉及林业和草原、生态环境、市场监管、

水利、住房和城乡建设、自然资源6个执法领域。三是规范无人机执法办案流程。出台无人机执法应用办案流程指引，对应用无人机开展行政检查和行政处罚工作的每一工作环节进行了详细说明，为执法人员提供了切实可用的规范指引。同时，利用区"空天地"一体化社会治理平台直接生成要素齐全、不可篡改的证据材料，有效规范执法行为、提高执法效率。

三、充分发挥优势，无人机执法成为镇街综合行政执法工作重要组成部分

一是巡查效能大幅提升。一架无人机可在2.5天内飞行20架次，巡查面积达20平方公里。应用无人机开展"综合飞一次"巡查，可集约化开展违法用地、违法建筑、占道经营等多个执法事项的全天候、全覆盖巡查，并通过数据分析、整理对违法行为提前预警和实时告警，实现"早发现早处置"。自2022年5月区"空天地"一体化社会治理平台上线以来，截至2023年年底，共派出无人机3.1万架次，累计飞行时长7856小时，识别4683条疑似问题线索，已处理3923条。二是执法效率明显提高。应用无人机开展智能化执法，平均每宗案件为执法人员各节省至少20分钟的前期取证时间和后期复查时间，同时大幅节省执法人员的调度成本。在工地扬尘等个别场景中，进一步打造了"无人机巡查取证、工地责任人到中队配合办案、无人机跟进复查"的执法模式，实现违法行为"零距离"观测、企业群众"零打扰"巡查、执法人员"零跑腿"办案。三是执法资源明显节约。如在农业农村领域实现了禁渔期巡查成本的大幅下降，南海区农业农村局从平洲码头出发到北江水域巡航一趟需约2小时，执法快艇耗油约192升，按照8元/升的汽油价格计算，使用无人机代替巡航检查一次可省1500多元油费。同时，震慑效应亦逐渐显现，违法事件增量持续减少。以西樵镇为例，接收"空天地"平台案件线索量从2023年6月的190条下降至11月的71条，半年下降率达62.6%。

> **经验启示**
>
> 一是统筹联动凝聚合力。在区委、区政府的领导下，通过驻班指导、蹲点调研等方式掌握实际情况，制定方案压实各单位责任，同时积极争取上级支持，

集中力量推进无人机执法应用工作，打造智能执法新模式。**二是规范建设把握方向**。通过依法制定规范和科学设计流程，能够有效避免创新技术应用产生的风险，引导 AI 执法朝着更加安全、高效、智能的方向发展，推动"智能+执法"的持续进步和广泛应用。**三是数智赋能解决难题**。无人机执法应用能够有效提升执法效能，缓解基层执法压力。同时，通过智能化手段开展行政执法工作，可进一步优化提升执法办案质量，促使基层一线执法人员规范开展执法工作。

广西壮族自治区藤县

建立首席法律咨询专家制度　助推社会治理法治化

广西壮族自治区藤县于2019年探索首席法律咨询专家制度，以法学会会员法律咨询专家团队为"智囊团"，由首席专家做"总把关"，围绕重大公共决策论证、重大法律风险防控、重大矛盾纠纷调处、重大信访积案化解"四个重大"为党委政府提供高质量法律服务，形成"党委领导、政府主导、部门联动、专家会诊、首席把脉、各方参与"的工作模式。

一、创推"选、引、储、配"聚才模式，分类搭建专家库

探索首席法律咨询专家制度，人才是基础。一是内部选才。搭建法官、检察官、警察、律师、综合5个法学会会员专家库，分别从法学会中遴选一批拥有法院、检察院、公安、司法行政等工作背景，具有较高理论素养和工作经验的人员进入会员专家库。二是外部引才。打破地域、身份等限制，统筹整合社会法律人才资源，通过自愿报名、行业组织推荐、法学会审核等程序，遴选具有良好职业道德和社会声誉、热心公益法律服务事业的社会法律工作者，根据各自专业特长分类进入5个会员专家库。三是梯次储才。从5个会员专家库中进一步遴选出专家组建首席专家库，再从首席专家库里遴选出一名群众威望高、业务素质精、统筹能力强的专家作为首席法律咨询专家，负责牵头组织首席法律咨询专家团队开展工作。四是按需配才。按照专业能力、个人所长，从首席专家库和会员专家库中差额遴选符合需求的专家，组建首席法律咨询专家委员会，根据工作需要配置到藤县各部门、各乡（镇）进行法律咨询。

二、创推"探、梳、诊、评"管理模式，完善制度优服务

推行首席法律咨询专家制度，机制是核心。一是探索出台管理制度。制定法

律咨询专家委员会管理办法，明确专家推选规程、职责权利、工作流程、议事规则、工作保障等具体事项。二是梳理重点工作清单。围绕县委、县政府"四个重大"有关事项，根据县委办、政府办、发改、工信、信访、园区等部门梳理重点难点工作和涉法涉诉涉稳重大事项，由县委政法委和法学会对重大事项进行汇总、分类和选取，形成工作清单。三是专家把脉精准会诊。由首席法律咨询专家主持法律咨询专家委员会工作，组织法律咨询专家委员围绕"四个重大"开展调研、分析、研判、会商，专家委员提出"会诊"意见，首席专家综合"把脉"，最终确定并出具专业的法律意见书。同时，指导和参与委托单位采纳事项的执行，确保见行见效。四是双向反馈动态考评。委托事项办结后，一方面由服务对象评价反馈专家履职情况，另一方面由咨询专家总结反馈咨询服务内容、成效及经验，为动态管理、考核评价提供依据。

三、创推"研、析、判、商"咨政模式，把脉会诊解难题

推行首席法律咨询专家制度，落实是重点。一是研究论证重大公共决策，助推产业发展项目建设。充分发挥首席法律咨询专家"智库"作用，为地方政府进行重大公共事项决策提供专业法律意见，确保重大公共决策合法合规。2019年以来，参与重点项目会审100多次，出具法律咨询意见书83份，有力促进了重大项目落地开工。如首席法律咨询专家推动梧州千万吨冶金新材料钢铁基地项目顺利完成征地拆迁任务，推进占地26000亩总投资80亿元的新材料产业园项目快速落地，为工业振兴保驾护航。二是分析防控重大法律风险，护航民营经济健康发展。首席法律咨询专家在帮扶民营企业处理涉法事务、防范法律风险等方面发挥了积极作用。2019年以来，累计帮扶当地陶瓷龙头型民营企业10多家，助推营造良好的法治化营商环境。三是诊判调处重大矛盾纠纷，维护社会和谐安全稳定。首席法律咨询专家以其专业性、中立性优势，在协助调处一些重大矛盾纠纷中起到了很好的社会效果。2019年以来，及时介入处置重大矛盾纠纷71起。如成功协助化解利某公司拖欠800名员工1600多万元工资的欠薪案；成功调解涉及3个县市4000多人的某村坟山纠纷等一批重大案件，为推动藤县社会治理体系和治理能力现代化作出了有益探索。四是商讨化解重大信访积案，推进信访工作规范化法治化。针对重大信访积案，首席法律咨询专家运用专业法律知识分析剥离非法诉求，

保留合理要求,对基层政府和信访人"双向发力",推动信访事项合法合理解决。2019年以来,先后参与重大疑难案件、重大信访积案协调解决98件。

> **经验启示**
>
> 一是坚持高位推动。党委政府高度重视,召开县委专题会议研究部署,列入县政府常务会研究事项,纳入法治建设以及平安建设等重要内容,确保推动有力量、经费有保障、工作得落实。二是注重探索创新。工作范围从化解重大信访积案扩展运用至征地拆迁、环境保护、县域治理等领域,由县级到乡镇首席法律咨询专家团队全覆盖,再到重点村(社区、园区)法律服务站点的拓展,通过专家下沉、法律服务前移等创新举措,推动新时代"枫桥经验"在基层社会治理实践中创新发展。三是健全制度机制。通过建立完善首席法律咨询专家选任、履职、管理、保障等制度性举措,有效推进工作规范化、长效化。

海南省万宁市

推行"审管法信"一体联动改革
提升基层依法行政效能

海南省万宁市探索"一枚印章管审批""一支队伍管执法"改革，成立了市行政审批服务局和市综合行政执法局，并联合省大数据局、省发展和改革委员会等单位推行"审批、监管、执法、信用"一体联动改革，开发上线信息平台，打造闭环管理模式，助推基层法治建设、数字政府工作高质量发展。

一、坚持问题导向，改革创新行政管理模式

聚焦审批与监管衔接不顺、监管与执法联动不畅、信用评价结果运用不足等堵点问题，制定建立"审管法信"一体联动制度工作方案，推出"审管法信"一体化解决方案。建立健全信息共享、业务协同、闭环管理、一体服务的联动工作机制，开发建设"审管法信"平台并实现与省一体化政务服务平台、省综合行政执法平台、信用中国（海南）以及各部门监管业务系统的对接，打通系统间数据链路，整合信息资源，互相跟踪督办，将过去传统"条块式"行政管理模式转变为全流程闭环式管理。"审管法信"系统于2021年11月正式上线运行，截至2024年3月底，万宁市已有41个部门启用"审管法信"系统开展审批服务和事中事后监管工作，审批结果自动告知实施事中事后监管或复核件4.1万余件，作出行政检查9131件，作出行政处罚决定811件，录入市场主体共4万余家。

二、实行在线联动，优化行政审批工作流程

全市1460项行政许可业务全部纳入"审管法信"平台办理，与行政审批密切相关的行业监管部门、行政执法部门全部纳入平台实现联动管理。行政审批部门在省一体化在线政务服务平台办理行政相对人的行政审批申请时，自动从平台获

取申报企业或个人是否存在影响审批办理的失信行为，并将审批结果通过平台即时自动推送至相应行业监管部门、行政执法部门。行业监管部门、行政执法部门通过平台及时掌握相关审批信息。对"告知承诺"类审批等需要做批后核查的事项，平台自动形成限时复核任务，由行业监管部门实施复核，如复核通过的，将结果反馈至平台存档；复核不合格的，推送行政审批部门撤销该行政审批决定并重新进行信用评价。在此基础上，对信用信息进行分类分级应用，陆续推行了"信用+秒批""信用+容缺受理""信用+绿色通道"等场景应用，建立诚信守法优先优待服务机制，对具有优良信用记录的主体提供绿色通道、容缺办理等政务服务；对失信主体进行重点管理、严格审查；对严重违法者实行联合惩戒，推动形成"违法者处处受限、守法者一路绿灯"的良好环境。

三、厘清职责边界，完善事中事后监管机制

在厘清监管与审批、执法等环节的工作职责边界的基础上，制定监管事项目录，完善协同机制，强化工作衔接。行政审批服务部门在省政务服务事项目录管理系统中做好行政许可事项的认领和维护工作。监管部门和综合行政执法部门在监管事项目录管理系统中做好行政检查、行政处罚、行政强制事项的认领和维护工作，并根据实际情况将政务服务事项与监管事项建立关联关系，为推动审批、监管、执法闭环联动奠定基础。行业监管部门在实施事中事后监管过程中，发现承诺严重失实等依法应当撤销或吊销行政许可决定情形的，通过"审管法信"平台推送相关证据材料及决定至审批服务部门，由其依法撤销或者吊销行政许可决定。

四、强化移动监管，赋能基层执法工作

充分利用省政府内部协同办公平台——"海政通"，将"审管法信"集成在"海政通"应用门户上，作为移动端统一入口，统一登录账号，避免执法人员访问不同平台、使用不同账号，为一线执法人员减负。同时，支持执法人员快速响应、及时反馈、科学取证、全程信息留痕，帮助执法人员在监管执法过程中"于法有据、有法可依"，提高一线执法人员的规范化执法能力。行业主管部门在实施日常监管、专项检查和专项核查等过程中，对发现的违法违规行为，能现场第一时间

通过"审管法信"平台锁定违法违规证据线索，通过平台推送至行政执法部门进行立案查处，并由平台实时跟踪案件查处情况。行政执法部门作出的吊销许可证等行政处罚决定，不仅能通过平台推送至行政审批部门执行，还能即时同步至信用中国（海南）平台进行公示。

经验启示

　　一是加强部门工作协同。建立信息共享、业务协同、闭环管理、一体服务的联动机制，实现全流程管理，持续推动审批与监管高效衔接、监管与执法协调联动，能够有效提升工作效率，提高政务服务水平。二是加快政府数字化转型。通过开发建设"审管法信"平台并与其他政务服务系统对接联通，打通了多领域多层级政务管理数据壁垒，提高数据共享效率，探索增加政务服务应用场景，推动加快转变政府职能，提升行政效能。三是便利市场主体和个人办事。通过部门之间的信息共享，减少一些不必要的审批环节，优化政务服务流程，简化办事材料，不断降低市场主体的制度性交易成本，有效提升市场主体的获得感。

海南省定安县

全方位推进"法律明白人"培养工程
不断为法治乡村建设添动能

"法律明白人"培养是全国"八五"普法规划中的四个专项工作之一。海南省定安县深入学习贯彻习近平法治思想，着力打造基层高素质法治工作队伍，加强"法律明白人"遴选、培训、激励、使用等工作，深入有序推进"法律明白人"培养工程。2023年新增培养1998名"法律明白人"。截至2023年年底，全县共有2377名"法律明白人"，已实现村（居）小组全覆盖，为定安县推进民主法治建设，构建自治、法治、德治相结合的乡村治理体系提供有力支撑。

一、周密部署安排，统筹推进"法律明白人"培养工作

一是健全工作机制。县委宣传部、司法局、民政局、农业农村局、乡村振兴局、普治领导小组办公室联合出台乡村（社区）"法律明白人"培养工程实施方案，建立县司法局统筹指导、县委宣传部等部门协助配合、乡镇党委和政府负责具体推进的工作机制，分步骤推进"法律明白人"培养工作。二是规范制度程序。明确"法律明白人"遴选、任前培训、上岗、业务培训、日常管理、激励、清退等程序；明确工作职责，要求"法律明白人"全面参与人民调解、综治维稳、法律援助、普法宣传等基层法治建设工作；按照启动实施、全面推进、总结考核三个阶段分别细化明确具体的工作要求。

二、压实工作责任，认真做好"法律明白人"遴选工作

一是分解工作任务。为更快更好完成"到2023年年底每个村（居）民小组至少培养1名'法律明白人'"的目标任务，县司法局会同县委宣传部等部门加强对各乡镇的工作指导，制定2023年乡村（社区）"法律明白人"培养工程方案，对全县1998个村（居）小组至少培养1名"法律明白人"的总任务分目标分阶段进行安排，把年度"法律明白人"培养任务分解到月、责任落实到司法所，压实工作责任。二是细化工作需求。乡镇党委和政府高度重视，进一步细化工作要求，指定分管政法工作的副书记主抓，司法所负责协调指导，包点村（社区）的干部负责具体实施，尽快推动每个村（社区）配备"法律明白人"。2023年5月，完成本省规定的目标任务，共遴选"法律明白人"1998名，并于8月初全部完成任前培训并持证上岗。

三、加强业务培训，不断提高"法律明白人"工作能力

一是明确培训重点。培训围绕解决"法律明白人"本领恐慌、法治素养不够高等问题，集中开展法治实践观摩培训9场次、动员学习家风家训144人次，并组织编印常见法律法规与案例读本，做到人手一本。二是找准工作抓手。以新修订的县村（居）法律顾问工作季度考核办法为抓手，把"法律明白人"培训工作实效纳入村（居）法律顾问考核内容，建立健全年终"末位淘汰"和"以分定酬"的机制。三是发挥律师"传帮带"作用。把村（居）法律顾问定期坐班的村委会打造成"1名村（居）法律顾问+N名法律明白人"密切协作、分享经验的平台，双方定期交流信息、研究推进工作，整合村（居）法律顾问专业优势和"法律明白人"熟悉辖区公共事务、了解社情民意的优势，转化成为群众提供优质公共法律服务的实践成果。2023年，定安县村（居）法律顾问围绕土地确权、土地承包、遗产继承、电信诈骗等群众关切的法律知识，为"法律明白人"开展"法治讲堂"22场次，并常态化组织"法律明白人"现场观摩人民调解、参与矛盾纠纷调处。通过村（居）法律顾问面对面、手把手帮助，"法律明白人"运用法律知识分析和解决问题的能力逐步提高。

四、强化工作保障，有力推动"法律明白人"担当作为

针对缺乏专项经费保障，导致"法律明白人"身份认同感和工作参与度不高的问题，县司法局采取多种方式提高"法律明白人"的工作积极性。一是增强身份认同。为"法律明白人"建立档案，对"法律明白人"开展法律宣传、参与法治实践等工作进行记录归档；为"法律明白人"发放证书，提供徽章，让其持证

上岗并佩戴徽章开展工作，进一步增强工作的识别度。二是加强表彰奖励。出台"法律明白人"工作奖励办法，明确奖励条件、程序、金额等，以规范的奖励机制推动"法律明白人"争先创优。2023年12月组织召开全县"法律明白人"先进个人表彰大会，评选出工作表现突出、有显著成绩和贡献或有其他突出事迹的33名先进个人，不断增强"法律明白人"荣誉感，"法律明白人"的工作积极性明显提升。2023年，"法律明白人"共参与法治宣传603人次；参与基层矛盾纠纷调处448人次，其中调解成功390人次，调解成功率87%；参与法律咨询315人次、以案释法190人次。"法律明白人"的参与，有效破解了普法宣传、纠纷调解等基层工作中"群众听不懂、干部说不通"的窘境和难题，对提高群众满意度起到了促进作用。

经验启示

一是以谋为先，分步推进，把队伍建起来。县领导高度重视、高位推动实施"法律明白人"培养工程，将该项工作作为实施乡村振兴战略和推进基层法治建设的重要抓手积极推进。通过出台工作量化考核制度，注重全程指导、细分目标，为组建高素质"法律明白人"队伍打下坚实基础。二是以人为本，查缺补漏，使队伍活起来。"法律明白人"多为网格员、村（社区）干部、大学生村官、退伍军人、致富能手等人员，开展工作也多属于公益服务。由司法行政部门主导，从培养能力和激发能力入手，想方设法为"法律明白人"提供学习和经费等必要保障，有利于帮助其补足短板、提高积极性，真正成为村（社区）法治带头人。三是以学促干，实战练兵，让队伍强起来。充分运用"法律明白人"人熟地熟事熟语言熟的优势，发动"法律明白人"广泛深入参与基层普法宣传、法律咨询、矛盾纠纷调处等工作，推动提升全县基层治理水平。

甘肃省天水市秦州区

用好"选育管用"四字诀 培养"法律明白人"队伍

近年来,甘肃省天水市秦州区将"法律明白人"培养作为法治建设和乡村专业人才培养的重点工作,注重念好"选育管用"四字诀,健全培养机制规范、队伍结构合理、作用发挥明显的"法律明白人"工作体系,培养了一支素质高、结构优的"法律明白人"队伍,为基层治理强化法治人才保障。

一、注重"选"字强基础

一是高位推动强支撑。坚持把"法律明白人"培养作为深入推进基层依法治理的重要抓手,摆在经济社会发展大局中谋划,纳入"八五"普法规划重要内容,深度融合乡村振兴、基层治理等重点工作,构建区、镇(街道)、村(社区)三级联动,各方参与的"法律明白人"培养工作机制。二是压实责任共参与。制定"法律明白人"培养工程实施方案,建立遴选范围、培养方式、教育管理、考核激励等制度机制,整合资源力量,构建司法行政部门统筹协调、多部门协同配合、社会力量积极参与的"法律明白人"培养工作格局。三是聚焦"三化"选对象。坚持"年轻化、知识化、专业化",把农村热心公益的致富能手、大学生村官等培养成"法律明白人"。注重村两委干部和"法律明白人"双向培养,2022年以来,全区村(居)班子换届中,有60余名"法律明白人"被推选为"两委"班子成员。截至2023年年底,全区共选育"法律明白人"2100名。

二、突出"育"字促提升

一是"一网一校"常态化补能充电。依托"12348甘肃法网"、甘肃省"法律明白人"培训网校,以"视频授课+案例学习+结业考试"相结合的形式,对"法律明白人"开展常态化培训,印发"法律明白人"培训手册,每个镇街都组建了小分队开展培训，让"法律明白人"成为"法治带头人"。截至2023年年底，开展区级轮训6次、镇（街道）培训55次、小分队培训90次。二是"三级联动"网格普法扩面增效。建立三级网格普法宣传体系，设置总网格（区级）1个，精选主流媒体发布与转载的法律法规、典型案例，确定专人在大网格推送；组建大网格（镇、街道级）23个，由各司法所所长负责转发至470个小网格（村级），不断增强"法律明白人"学法用法意识。三是"现场实训"发挥引领示范作用。通过以案释法、旁听庭审等法治实践形式，邀请"法律明白人"参与婚姻家庭、邻里纠纷等矛盾纠纷排查化解，切实提升实训效果。"法律明白人"以电商+普法模式，通过视频、直播带货等形式拍摄法治"三农"内容，带动农户人均增加收入3000元，实现了"法律明白人"培养与乡村振兴、产业发展等工作有机融合。

三、强化"管"字抓规范

一是推行"法治积分超市"。将普法宣传、纠纷调解等"法治元素"纳入"积分超市"积分项目，引导"法律明白人"模范遵守村规民约，积极参与"农村学法用法示范户"培育，以"小积分"汇聚"大动能"，示范带动村民积极参与乡村治理，推动实现从被动"知晓"到主动"参与"转变。二是建立评价机制。建立"法律明白人"日常履职和参与法治实践工作台账，开展年终履职考评，对工作成效突出的"法律明白人"，在发展党员和聘用网格员、人民调解员等方面优先考虑，在各级普法先进个人推荐评选中预留专项名额，有效激发"法律明白人"积极性，保证育得好、管得住，群众找得到、用得上。三是实行动态管理。印制"一计划两册三表"（培养工作计划，培养对象花名册、培训人员花名册，宣传活动登记表、矛盾纠纷登记表、法治实践登记表），在村（居）委会办公场所醒目位置公示"法律明白人"姓名、联系电话等信息，畅通监督渠道。实施动态管理，建立退出机制，对有不积极履职、发生违纪违法行为，以及在年度考核中业务指标不达标等情况的，及时予以清退。

四、围绕"用"字重实践

一是打造"五员"队伍。教育引导"法律明白人"争做法律法规"讲解员"、矛盾纠纷"调解员"、社情民意"传递员"、法治建设"示范员"、法律援助"引导员",解决了一批群众的操心事、烦心事、揪心事。"八五"普法以来,全区"法律明白人"调解矛盾纠纷1100多件,开展法治宣传3000多次。二是深化职责"三转"。聚焦身份向岗位转变、能力向职责转换、服务向成果转化,精准为"法律明白人"设岗定责,引导"法律明白人"深入田间地头、村居院落、集市庙会,积极宣传习近平法治思想、宪法法律知识和党的政策,讲好法治故事,组织法治文化活动,参与基层依法治理,打通服务群众"最后一公里"。三是明确"六必访"群体。聚焦重点人群,探索推行"六必到必访"工作法,组织"法律明白人"对村(居)民代表、矛盾纠纷户、刑释人员、发生刑事案件户、五保户必到必访,有效夯实安全稳定基石。四是开展"三服务"活动。服务基层民主,引导"法律明白人"积极参与基层群众自治活动;服务稳定和谐,拓宽"法律明白人"有序参与基层治理渠道;服务法治建设,将培养工作与法治乡村建设、平安建设等工作有机结合。

经验启示

坚持党的领导是前提基础。坚持把习近平法治思想贯穿到培养工作全过程,着力发挥基层党组织的战斗堡垒作用和党员的先锋模范作用,依靠党组织统筹推进"法律明白人"各项工作,确保培养工作正确方向。**践行法治为民是出发点和落脚点**。坚持人民至上,积极回应人民群众法治新需求新期待,着力解决群众日常生产生活中的法律问题,当好群众"贴心人",推动法治解民忧、惠民生。**坚持和发展新时代"枫桥经验"是重要法宝**。牢牢把握新时代"枫桥经验"实践要求,鼓励"法律明白人"做定分止争实践者、推动者,让办事依法、遇事找法、解决问题用法、化解矛盾靠法的法治理念在基层落地生根。**注重守正创新是动力源泉**。延伸服务触角,"法律明白人"在宣传政策法规、引导法律服务等"微服务"中,不断丰富发展服务的内涵,更好发挥"法律明白人"在基层依法治理中的作用。

新疆维吾尔自治区沙雅县

用好"法律明白人" 汇聚法治正能量
全面提升基层治理法治化水平

新疆维吾尔自治区沙雅县深入学习贯彻习近平法治思想，推行乡村"法律明白人"培养工程，探索建立"选、育、管、用、励"工作机制，发挥乡村"法律明白人"的示范带动作用，促进提升群众法治意识，治安案件、矛盾纠纷数量逐年下降，有效促进尊法学法守法用法在全社会蔚然成风。

一、选育为先，高标准、严要求育好乡村"法律明白人"

一是高站位部署。立足实际，建立完善乡村"法律明白人"遴选、培养、保障等六大机制，按照人均100元拨付保障经费，建立健全五级（县培训实践基地、乡"法律明白人"管理办公室、村"法律明白人"工作室、组学法用法示范户、户"法律明白人"调解室）乡村"法律明白人"服务体系，形成了"党委统一领导、部门共抓共育、乡镇（管委会）主体实施、村（社区）使用"的良好格局。截至2023年年底，已培养乡村"法律明白人"6016名，选树"学法用法示范户"730户，实现了每个村（社区）3—5名"法律明白人"的培养目标。二是高标准选树。严格按照村民自荐、"两委"推荐、初选公示、初审核实、任前培训、颁发证书徽章、签订承诺书、宪法宣誓、考核上岗"九步法"的程序，从优秀村干部、"四老"人员、人民调解员、致富能手等10类群体中选拔、认定和培养乡村"法律明白人"，并从思想政治、法律素养、群众基础、家庭状况、文化水平、工作热情6个方面进行全面考察，让更接地气、群众认可的乡村"法律明白人"成为乡村基层一线的治理力量。三是高质量培育。聚焦目标、对象、内容、方式、师资等方面，全面推动乡村"法律明白人"培育走深走实。采取"线上讲座+线下咨询""集中宣讲+互动交流""观摩实践+现场模拟""解读法条+以案释法"等方式，利用冬季大培训时机，依托县乡两级党校和"法律明白人"培训基地等开展全覆盖轮训和任前培训。开办"法治讲堂·周周必讲"网络培训22讲，每周组织乡村"法律明白人"走进庭审现场，编印乡村"法律明白人"培养、宣传等手册，拍摄30部原创民法典微视频，按户配备电视进行观看。开设"民法典小剧场"，通过"沙雅县零距离"视频号、"沙雅好地方"客户端、"法治沙雅"短视频平台将微视频推送至群众手上，让学法成为常态。2023年以来，全县开展乡村"法律明白人"培训57期4200余人次，实现了"双培双带"的目标。

二、履职为本，推动乡村"法律明白人"参与法治实践

通过打造县（公共法律服务中心）、乡（公共法律服务工作站）、村（公共法律服务工作室）、组（学法用法示范户）、户（法律明白人）五级公共法律服务实体平台，建立"专业（法律顾问）+专干（司法专干）"与"法律明白人"结对制度，为乡村"法律明白人"搭建新平台，激活乡村"法律明白人"新动能。一是宣传舞台唱响普法大戏。挖掘有文艺特长的乡村"法律明白人"组建法治文艺宣传队，通过传唱法治歌曲、演绎法治小品、说唱法治快板和三句半、表演情景剧等群众喜爱的形式举办法治文艺汇演，将普法宣传寓教于乐。二是法治讲台传递法治精神。依托"巴扎"、家庭聚会、周一升国旗仪式、农牧民夜校和各类法律法规宣传节点等时机或平台，利用公共法律服务工作室、矛盾纠纷调处中心、法治文化广场（大院）、网格点等阵地组织乡村"法律明白人"开展"集中+入户+田间地头"各类宣讲1万余场次。三是调解平台助推基层治理。积极引导乡村"法律明白人"紧盯"人、事、地、物、情"等关键要素，深度参与矛盾纠纷排查、社情民意收集等工作，涌现了一批"忠孝茶馆""米大姐"等品牌调解室，营造了乡风文明、治理有效的良好法治氛围。充分发挥血缘、亲缘、地缘"三缘"和人熟、地熟、事熟优势，引导乡村"法律明白人"参与排查化解矛盾纠纷2000余件。截至2023年年底，"法律明白人"发展为党员1149名，培养入党积极分子265名，有效推动了全县基层农村共建共治共享社会格局的形成。

三、激励为要，加强乡村"法律明白人"动态管理

一是建立激励保障机制。建立乡村"法律明白人"培养工程激励保障机制，

落实给待遇、给岗位、给补助、给扶持、给荣誉、给关怀6项激励措施，鼓励、奖励、激励乡村"法律明白人"参与各级各类评先选优，通过开展道德模范暨"学法用法好公民"评选活动，大力挖掘并广泛宣传先进事迹，激发乡村"法律明白人"的荣誉感、自豪感，引导更多的群众自觉尊法、主动学法，营造争当乡村"法律明白人"的良好氛围，营造全社会关心、理解、支持、参与"法律明白人"培养工程的社会氛围。截至2023年年底，乡村"法律明白人"中培养致富带头人371名。二是建立动态管理机制。将乡村"法律明白人"培养工程纳入法治建设考核，将乡村"法律明白人"遵纪守法、培训考核、履职尽责等纳入考核评价内容，通过群众满意度测评，"一年一评估"，实现"能进能出"。通过发放群众满意度测评调查问卷对乡村"法律明白人"履职情况进行定期评估，加强对乡村"法律明白人"的动态管理。对表现优秀、工作成效突出的，在发展和培养党员、村干部、网格长（网格员）、人民调解员时予以优先考虑，在涉农贷款、技术帮扶、评优评先等方面予以倾斜。三是建立示范带动机制。建立"专业（法律顾问）+专干（司法专干）"与乡村"法律明白人"联动机制，采取"常态培训+结对帮扶+业务指导"的方式，带动培养乡村"法律明白人"，通过"法律明白人"带动周边邻里，通过"学法用法示范户"带动村民小组，以点带面提升基层群众尊法学法守法用法的质效。截至2023年年底，已有559名乡村"法律明白人"骨干被培养成为村干部，620名乡村"法律明白人"被培养成为网格长，并按照村干部工资和网格长补贴落实费用；制发《沙雅县人民调解案件补贴实施方案》，凡乡村"法律明白人"参与调解矛盾纠纷均按照"一案一补"落实补贴，目前已有356名乡村"法律明白人"被聘为人民调解员。

经验启示

高站位谋划推进是坚强保障。县委、县政府主要领导亲自统筹谋划、亲自安排部署、亲自推动落实，加强制度设计，建立健全体系、完善工作机制，将乡村"法律明白人"培养作为履行推进法治建设第一责任人职责的重要抓手，纳入法治建设考核，逐步构建"党委领导、部门共育、乡镇（管委会）实施、村（社区）使用"的良好格局。高标准选树管理是有效途径。"选、育、管、用、励"五字方针培养"法律明白人"是在实践中探索形成的管用有效措施。坚持"学用结合、普治并举、点面结合、综合施策"的工作思路，注重结合基层治理实际，严格选拔、科学培育，让更接地气、群众认可的"法律明白人"成为乡村基层一线的治理力量。**高水平参与治理是目标任务。**充分利用血缘、亲缘、地缘"三缘"，人熟、地熟、事熟"三熟"，乡情、亲情、友情"三情"等资源优势，充分发挥政策法规的宣讲员、矛盾纠纷的调解员、法律服务的联络员"三员"角色功能，讲好农村法治故事、化解邻里矛盾纠纷、参与基层社会治理，让乡村"法律明白人"在促进乡村基层社会治理中发挥越来越重要的作用。

图书在版编目（CIP）数据

市县法治建设案例选编／中央全面依法治国委员会办公室编. -- 北京：中国法治出版社，2024.9.
ISBN 978-7-5216-4551-4

Ⅰ. D920.0

中国国家版本馆 CIP 数据核字第 2024C8L993 号

| 责任编辑：李小草　王熹　吕静云　贺鹏娟　李若瑶 | 封面设计：蒋怡　杨泽江 |

市县法治建设案例选编
SHI-XIAN FAZHI JIANSHE ANLI XUANBIAN

编者／中央全面依法治国委员会办公室
经销／新华书店
印刷／保定市中画美凯印刷有限公司

| 开本/787 毫米×1092 毫米　16 开 | 印张/ 24.25　字数/ 311 千 |
| 版次/2024 年 9 月第 1 版 | 2024 年 9 月第 1 次印刷 |

中国法治出版社出版

| 书号 ISBN 978-7-5216-4551-4 | 定价：88.00 元 |

北京市西城区西便门西里甲 16 号西便门办公区

邮政编码：100053	传真：010-63141600
网址：http：//www.zgfzs.com	编辑部电话：010-63141795
市场营销部电话：010-63141612	印务部电话：010-63141606

（如有印装质量问题，请与本社印务部联系。）